O QUE AS BRUXAS FAZEM

EDITORA ARDANE

AVISO

A editora e seus escritores não se responsabilizam por eventuais lesões ou prejuízos sofridos pelo leitor que possam decorrer da utilização do conteúdo presente nesta obra e sugerem prudência ao ponderar sobre as práticas apresentadas neste livro. O conteúdo desta leitura não tem como objetivo substituir orientações de profissionais da área médica ou psicológica. Recomenda-se aos leitores procurar seus especialistas em saúde pessoal para tratamentos. O uso de ervas, plantas e óleos essenciais deve ser feito com cuidado, e uma investigação detalhada acerca de qualquer planta citada neste livro deve ser conduzida pelo leitor antes de manuseá-la. Ao lidar com fogo, siga as medidas de segurança contra incêndios e jamais deixe velas ou outras fontes incandescentes sem supervisão.

Stewart Farrar

O QUE AS BRUXAS FAZEM

Revelações de um Coven Moderno

Tradução:
Claudiney Prieto

EDITORA ARDANE

Publicado originalmente em inglês sob o título: What Witches Do

Tradução autorizada do inglês

Direitos de edição para a Língua Portuguesa

Editor: Claudiney Prieto
Coordenação Editorial: Luciana Papale
Tradução: Claudiney Prieto
Diagramação: Ana Laura Padovan
Capa: Ardane Books
Revisão: Grupo Papale's

DADOS INTERNACIONAIS DE CATALOGAÇÃO NA PUBLICAÇÃO (CIP)
CÂMARA BRASILEIRO DO LIVRO, SP, BRASIL

F242 Farrar, Stewart
What Witches Do / Stewart Farrar; tradução de Claudiney Prieto
Editora Ardane| 1ª edição | São Paulo | 2023

Tradução de: WHAT WITCHES DO
ISBN 978-65-85370-06-6

l. Wicca. 2. Esoterismo. 3. Bruxaria. 4 Magia I. Título.

CDD 133.43
CDU 133.4

Índice para catálogo sistêmico:
1. Bruxaria: Ocultismo 133-43

EDITORA ARDANE
www.ardane.com.br
Tel.: (11) 97774-4013 | E-mail: contato@ardane.com.br
Instagram: @ardanebooks

Conteúdo

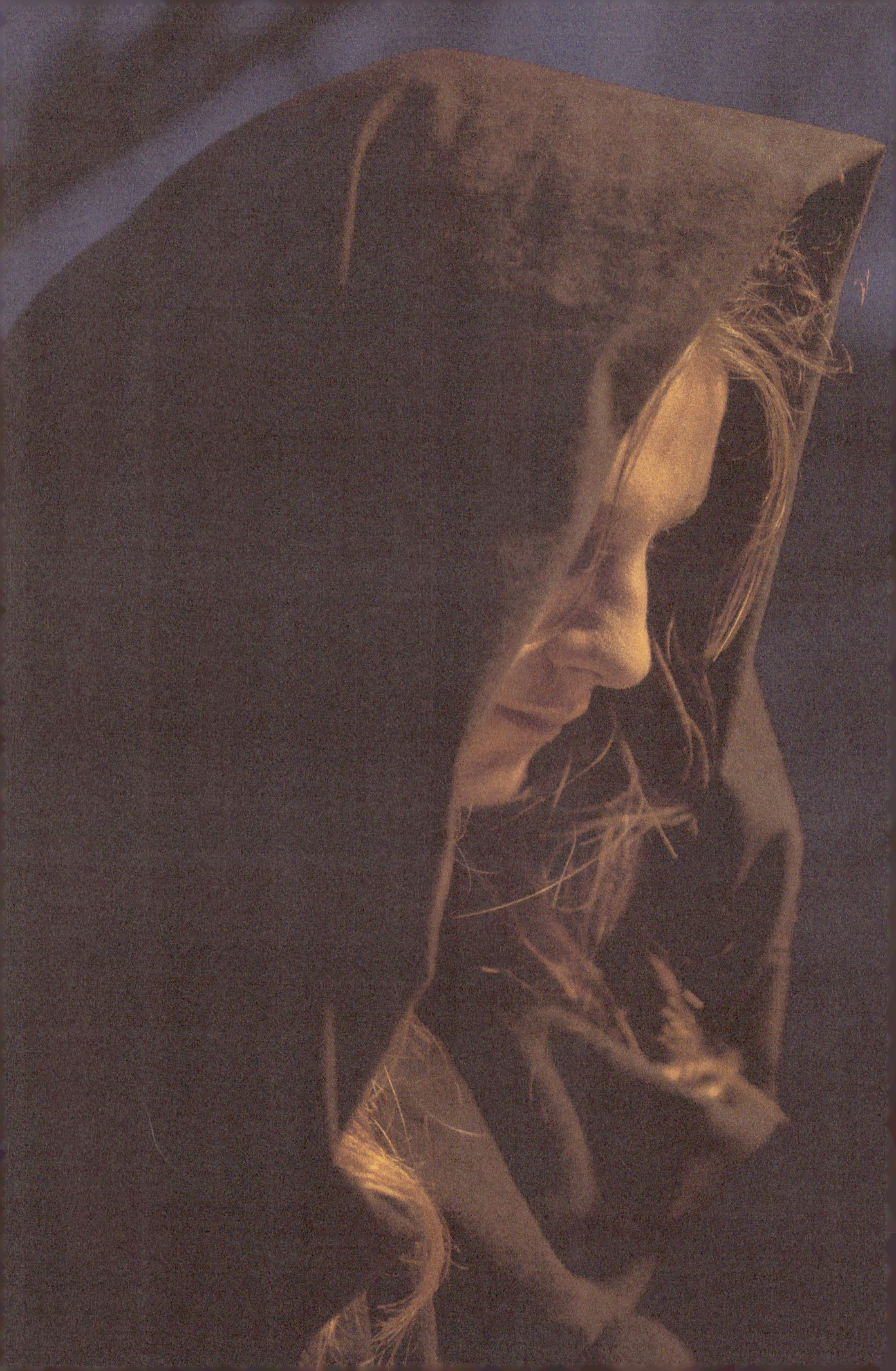

A experiência do arquétipo é frequentemente guardada como o segredo pessoal mais próximo, porque parece atingir o âmago do próprio ser. (Essas experiências) demandam serem moldadas individualmente por meio da vida e das ações de cada homem. São imagens nascidas da vida, das alegrias e tristezas de nossos ancestrais; e para a vida elas procuram retornar, não apenas na experiência, mas na ação. Devido a sua oposição à mente consciente, elas não podem ser traduzidas diretamente para o nosso mundo; portanto, deve-se encontrar um caminho que possa mediar a realidade entre o consciente e o inconsciente.

O Inconsciente Pessoal e Coletivo, Carl Jung

PREFÁCIO À TERCEIRA EDIÇÃO

Escrevi este livro durante meu primeiro ano como Bruxo iniciado. Ele foi publicado no início de 1971, logo depois que Janet Owen e eu estabelecemos nosso próprio Coven. Para minha surpresa e gratificação natural, o livro veio a ser considerado uma obra clássica. Muito depois de suas edições britânicas, americanas e espanholas esgotarem, os livros usados passaram a ser vendidos por três ou quatro vezes o preço publicado. Ainda recebo cartas sobre isso de todo o mundo.

Não digo isso para me gabar. O que aconteceu, creio, foi que na atual expansão do movimento da Bruxaria (que não mostra sinais de enfraquecimento), *O que as Bruxas Fazem* veio para preencher uma lacuna. Ele combinou um levantamento geral das crenças e práticas básicas das Bruxas modernas com as reações das praticantes mais novas no processo de aprender acerca dessas crenças e práticas. E, aparentemente, tanto as Bruxas novas quanto as mais velhas - para não mencionar as que apenas queriam se informar sobre o assunto - continuaram a achar o livro útil.

Agora, graças aos editores da Grã-Bretanha e dos Estados Unidos, tive a oportunidade de reimprimi-lo e espero que as mesmas categorias de leitores ainda achem que ele preenche uma lacuna.

Janet e eu (agora casados há pouco tempo) lideramos um Coven há vinte anos - em Londres, até 1976, e desde então aqui na Irlanda. Outros Covens se distanciaram do nosso no processo normal de crescimento em ambos os países. Portanto, pensamos com muito cuidado se, à luz de nossa experiência, esta nova edição de

O que as Bruxas Fazem deveria ser reescrita ou disponibilizada como uma reimpressão com um prefácio.

Chegamos à conclusão de que havia pouquíssimas coisas no texto que gostaríamos de alterar, ou mesmo comentar, e que esses pontos poderiam ser facilmente descartados em um prefácio. Além disso, qualquer adulteração do próprio texto pode estragar a qualidade que muitos leitores nos disseram ser parte de seu apelo: o fato de registrar as reações de uma nova Bruxa ou Bruxo entrando e estudando um campo desconhecido, reações que tendem a obscurecer as memórias ao longo dos anos, mas que podem ajudar o leitor a se identificar com o escritor se não houver interferência em seu frescor original.

Então, separado a partir deste Prefácio, o presente texto é o original. Assim como também são as ilustrações de bico de pena – com a única exceção da Fig. 7(c) na página 119, o sigilo do Terceiro Grau, que estava errado e foi corrigido. A Fig. 7(b) mostra o Pentagrama invertido, que é o sigilo europeu aceito para o Segundo Grau. A prática da Wicca americana, no entanto, é exibi-lo na vertical, uma vez que o Pentagrama invertido é amplamente usado pelos satanistas americanos e as Bruxas de lá, naturalmente, não desejam que seu próprio simbolismo seja mal compreendido. Desta forma, na edição americana deste livro, ele é mostrado na vertical.

No livro em geral, muitas pessoas do movimento Wiccaniano provavelmente estão esperando que eu retrospectivamente menospreze, como uma criança birrenta, o Bruxo britânico e nosso professor original, o falecido Alex Sanders. Eu não tenho intenção de fazê-lo, porque seria injusto e ingrato. Alex e Maxine se separaram logo depois que os deixamos para fundar nosso Coven e não nos vimos mais depois de 1971, embora nos correspondêssemos ocasionalmente. Ele morreu em Sussex, no dia 30 de abril de 1988. Só podemos julgá-lo como o conhecemos. Alex foi um excelente professor e um verdadeiro clarividente e curador. Apresentou a Wicca a nós e a centenas de outros, e dependeu somente de nós aquilo que fizemos dela. Ele fez algumas coisas repreensíveis, como um fanfarrão faria, mas muitas delas eram apenas condenáveis para os críticos sem senso de humor.

No entanto, para colocar o registro em linha direta, devo apontar algumas de suas falhas. Primeiro, Alex havia romantizado seu próprio passado a ponto de ele mesmo acreditar na sua fantasia, creio eu. A história de como ele copiou seu Livro das Sombras a partir do livro de sua avó simplesmente não pode ser verdade. O Livro das Sombras de Alex é o Gardneriano, pois foi finalizado em parceria por Gerald Gardner e Doreen Valiente, na década de 1950, muito tempo depois de Alex já ser um homem adulto. Como Alex se apossou dele e o copiou de maneira um tanto imprecisa (ou copiou uma versão incorreta), permanece um mistério; mas, tendo-o adquirido, usou-o para fundar seu próprio Coven e o movimento Alexandrino. (Ele não foi aceito em nenhum Coven Gardneriano que conhecemos.) Então, minha declaração na página 16, onde afirmei que nunca havia visto um Livro das Sombras Gardneriano, estava inocentemente equivocada.

A outra falha foi sua tendência de usar o material de outras pessoas em seu ensino - muitas vezes literalmente - sem reconhecer sua fonte. Por exemplo, eu descobri mais tarde que os exercícios mentais dados nas páginas 86-87, e o exercício de controle nas páginas 88-89, foram retirados, com ligeira edição, do livro *Initiation into Hermetics*, do falecido Franz Bardon. Novamente, a Carga (Apêndice 2) e a Runa das Bruxas (pág. 35) foram o trabalho conjunto de Gerald Gardner e Doreen Valiente (veja nosso livro *Eight Sabbats for Witches* para o pano de fundo disso). Depois de reproduzi-los, devo me desculpar pelo plágio inconsciente. (Certa vez, Alex passou várias noites ditando para nós todo o texto de um livreto de Éliphas Lévi, sem nunca mencionar que era dele; felizmente eu nunca mandei imprimir.) Quando descobri tudo isso sobre o material de Bardon e o questionei, tarde demais, ele respondeu bastante casualmente: "Esses professores queriam que seus trabalhos fossem usados por outros professores" e deixou por isso mesmo.

Hoje, eu não colocaria mais Sanders acima de Gardner, ou ao lado de Lévi ou de Crowley como fiz na página 258. Mas por alguns anos turbulentos ele cumpriu uma função real no movimento, colocou nossos pés em um caminho do qual nunca nos arrependamos e desempenhou a mesma função para muitos outros. Por isso, lembramos dele com carinho.

Maxine nos disse recentemente: "Às vezes me perguntam – Alex era genuinamente um Mago poderoso ou um charlatão? Minha resposta tem que ser... ambos". E isso quase o resume... Artista e Mago até o fim, ele conseguiu, inclusive, morrer na Véspera de Maio!

Maxine continuou seu trabalho, menos extravagante do que Alex, mas de forma mais consistente, após sua despedida, e ainda a vemos com a maior frequência possível quando visitamos a Inglaterra. Ela é, e sempre será, uma Alta Sacerdotisa natural e muito talentosa, e tenho orgulho de ter sido iniciado por ela.

Não é uma crítica a Alex ou Maxine notar aqui que uma ou duas práticas que em 1970 considerei gerais para a Wicca, aprendi depois que eram de fato puramente Alexandrinas. O nome do Deus "Karnayna", por exemplo, é em todos os outros lugares "Cernunnos" – a forma gaulesa histórica. O costume de Sanders de combinar as iniciações de Segundo e Terceiro Grau (pág. 93), e às vezes juntar um iniciado em um rito de Terceiro Grau com uma Bruxa de Primeiro Grau ou que ainda não tenha recebido seu Terceiro Grau (pág. 117), certamente não é geral, e nós mesmos nunca faríamos nenhuma dessas combinações, exceto em circunstâncias muito excepcionais. Mas cada Coven tem o direito de seguir seu próprio julgamento.

Três erros de palavras no Livro das Sombras Alexandrino foram corrigidos nesta edição. Primeiro na página 123, quinto parágrafo, e na página 139, quarto parágrafo a palavra "Controlador" foi corrigida para "Consolador". A última palavra da linha 5, página 126, foi corrigida de "Uma" para "Nenhuma". E na página 266, 1ª linha, "porta da juventude" foi corrigido para "Terra da Juventude". Estes foram, sem dúvida, todos erros de cópia, seja por Alex ou anterior a ele.

Eu discordaria, agora, das opiniões abrangentes de Alex sobre a natureza do tempo (pág. 74), e não estou satisfeito com sua atitude em relação ao aborto psíquico (págs. 203-4); mas essas são questões de opinião a que ele tinha direito.

Uma declaração foi ultrapassada pelos acontecimentos; o Museu de Bruxaria de Gardner, na Ilha de Man (pág. 25), não existe mais. A Alta Sacerdotisa para quem Gardner o deixou, Monique Wilson, vendeu a coleção aos interesses comerciais americanos – um ato pelo qual a Arte nunca a perdoou.

E a máxima: "Apenas um Bruxo pode fazer um Bruxo" (pág. 29), sinto que se tornou obsoleta pelo desenvolvimento da Arte. O interesse pela Bruxaria e pelo movimento Neopagão em geral tem crescido mais rápido do que os Covens existentes têm capacidade para lidar com isso. Muitas pessoas estão adotando a Wicca e caminhos semelhantes como um modo de vida sincero, encontrando ou não um grupo estabelecido para iniciá-los. Assim, grupos autoiniciados estão surgindo e prosperando, e quem pode negá-los? Para essas pessoas, dois guias sugeridos são *Witchcraft for Tomorrow*, de Doreen Valiente (Robert Hale Ltd., Londres, e St. Martin's Press, New York, 1978), que ela escreveu com base no princípio de que "Você tem o direito de ser Pagão se você quiser", e nosso *The Witches' Way* (Hale, Londres, 1984, e Phoenix Publishing, Custer, WA, 1988), que adota a mesma atitude.

Essas são poucas retificações, creio eu, para um livro de vinte anos. E tendo feito isso, aproprio-me e adapto a declaração de Martinho Lutero e digo: "Aqui estou; não posso fazer outra coisa; então me ajude, Deusa".

Stewart Farrar
Kells
Irlanda
Samhain de 1990.

PREFÁCIO À QUARTA EDIÇÃO

Por Janet Farrar

Em 1971, Robert Hales, de Londres, publicou pela primeira vez *O que as Bruxas Fazem*. Foi o livro mais inovador da época sobre o tema da Bruxaria e, provavelmente, o primeiro sobre o tema específico da Wicca. Havia pouquíssimos livros sobre o assunto naquela época e os que estavam disponíveis eram muitas vezes difíceis de encontrar. O funcionamento interno de um Coven seria revelado ao público pela primeira vez. Desde então, houve uma explosão de interesse no assunto do Ocultismo, de séries de televisão a livros que abordavam assuntos como feitiços, cristais, xamanismo, druidismo e, claro, Wicca. Da Austrália às Américas e em quase todos os países, a Wicca ganhou popularidade e ainda continua sendo uma das religiões que mais cresce no mundo.

Como jornalista e escritor, meu falecido marido, Stewart Farrar, ficou fascinado quando, em 1969, foi enviado pelo editor de seu jornal para uma crítica à imprensa de um filme chamado *Legend of the Witches*, que apresentava um casal chamado Alex e Maxine Sanders. Após a exibição, Stewart entrevistou os Sanders e, várias entrevistas depois, foi convidado por Alex Sanders para escrever um livro sobre Wicca; este é aquele livro. Mais tarde, Stewart seria iniciado pelos Sanders em seu Coven, e como resultado, sua carreira mudaria de direção. Nos anos seguintes, Stewart dedicou sua vida a escrever livros mais detalhados sobre o assunto, embora, com o passar do tempo, ele tenha se desiludido com os Sanders, particularmente com a necessidade que Alex tinha de atenção da mídia e do espetáculo. Foi nessa época que nós dois nos conhecemos e deixamos os Sanders para formar nosso próprio Coven. Como resultado, nós nos envolvemos mais e pesquisamos as práticas de outras Bruxas, incluindo uma Alta Sacerdotisa chamada Doreen Valiente, que foi uma Iniciada direta do falecido Dr. Gerald Gardner, comumente aceito pela maioria como o pai da Bruxaria Moderna. Com a ajuda dela, fomos capazes de desvendar muitas das imprecisões de Alex em relação à história dele e de seu Livro das Sombras (BOS).

O BOS é o livro tradicional de rituais usado pelos membros da Arte. Stewart, no entanto, copiou a versão confusa de Alex. Sanders afirmou que seu livro foi dado a ele quando criança por sua avó; como Stewart apontou no prefácio da terceira edição de *O que as Bruxas Fazem* "Isso simplesmente não pode ser verdade". A razão para isso é que foram os falecidos Gerald Gardner e Doreen Valiente que criaram o BOS, na década de 1950. A declaração de Stewart no Capítulo 2, "As Raízes da Bruxaria Moderna" diz: "Eu nunca vi um Livro Gardneriano das Sombras" foi um erro inocente de sua parte, como ele perceberia mais tarde.

Alex tinha uma personalidade vibrante e carismática, posso atestar, e ele usava isso para encobrir suas falhas como professor. E ainda podia ser, em muitas ocasiões, um pouco impreciso em relação às origens de seu material. Então Stewart declarou na terceira edição de 1991:

> A outra falha foi sua tendência de usar o material de outras pessoas em seu ensino – muitas vezes literalmente – sem reconhecer sua fonte. Por exemplo, eu descobri mais tarde que os exercícios mentais dados nas páginas 86-87, e o exercício de controle nas páginas 88-89, foram retirados, com ligeira edição, do livro *Initiation into Hermetics*, do falecido Franz Bardon...Devo me desculpar pelo plágio inconsciente. (Certa vez, Alex passou várias noites ditando para nós todo o texto de um livreto de Éliphas Lévi, sem nunca mencionar que era dele; felizmente eu nunca mandei imprimir.)

Stewart também não mais classificou Sanders acima de Gardner, ou ao lado de Lévi, ou de Crowley, como havia feito anteriormente na primeira tiragem deste livro no capítulo 16.

Eu, como Stewart, discordo veementemente das opiniões de Alex sobre a natureza do tempo (Capítulo 3) ou do aborto psíquico (Capítulo 10), no entanto, devemos permitir que Alex tenha sua própria opinião pessoal, mas também devemos perceber que nem sempre isso representa as opiniões da maioria dos Wiccanianos ou é necessariamente um ensinamento da Arte. No resumo do manuscrito original de *O que as Bruxas Fazem*, sei de muitas coisas que eu teria mudado ou elaborado, porém, retrospectiva é uma coisa maravilhosa, e tudo dito e feito, este foi o trabalho de Stewart e não uma colaboração conjunta entre nós dois como em trabalhos posteriores. Contudo, podemos afirmar que, na época, o que tínhamos forneceu uma visão clara sobre as práticas de Bruxaria do enigmático "Rei das Bruxas", Alex Sanders. Quando em 1991 Stewart escreveu no prefácio: "Chegamos à conclusão de que havia muito pouco no texto que gostaríamos de alterar ou mesmo comentar", de modo geral, eu ainda concordaria com essa conclusão hoje. Alterar o texto principal mudaria a natureza do trabalho de Stewart e não acrescentaria nada à história como era em 1971, mas sinto que agora é hora de colocar muito do trabalho de Stewart sobre Alex em perspectiva.

Alex foi um *showman* até o fim de sua vida; ele até conseguiu morrer em um dos principais Sabbats das Bruxas, o Beltane. Um Mago Ritual genuíno, no entanto, ele era mesmo um Bruxo? Minha opinião pessoal agora se inclina cada vez mais para o mesmo que muitas das Sacerdotisas Gardnerianas mais velhas da época tinham dele, que ele não era. Mas esta é minha opinião pessoal e não representa necessariamente as opiniões dos muitos Bruxos Alexandrinos que derivam dele. Eles também têm direito à sua opinião sobre isso –, mas Sanders afirma muito claramente nas entrevistas incluídas aqui que ele era acima de tudo um Mago Ritual. Sinto que uma das contribuições mais negativas de Alex Sanders foi promover essa confusão entre o que era e ainda é visto por muitos ocultistas como duas Tradições muito separadas, a Magia Cerimonial e a Wicca. Então, deve-se perceber que *O que as Bruxas Fazem* não é apenas sobre Bruxaria, mas também sobre as práticas de Magia Ritual Cerimonial de Alex e Maxine Sanders.

Quando Stewart escreveu o livro original, ele guardou todas as entrevistas que teve com os Sanders enquanto escrevia o manuscrito. São elas, juntamente às leis da Arte, ou *O Livro da Lei*, como Alex o chamou, que adicionamos aos vários pedaços de material ditados que Stewart recebeu de Alex em momentos diferentes. Muitos dos pontos de vista declarados nas entrevistas, tanto Stewart quanto eu achamos particularmente desagradáveis, assim como desconcertantes. Às vezes ele é altamente irreverente com as Altas Sacerdotisas Gardnerianas da época, o que delineia os níveis de desconfiança entre ele e a Tradição dominante da Wicca. Ele alterna entre recomendar várias delas como bons contatos e, em seguida, critica muito seu comportamento, a ponto de ser grosseiro. Desde a década de 1980 tive a oportunidade de conhecer ou estar em contato com muitas das mulheres que ele menciona e, sem exceção, todas são exemplos maravilhosos de Altas Sacerdotisas da Arte. Algumas de suas afirmações durante as entrevistas são duvidosas para dizer o mínimo, mas no meio de tudo isso, estão alguns verdadeiros lampejos de inspiração e genialidade. Alex era claramente um homem complicado que, embora fizesse o possível para evitar invocar demônios para o Círculo, nunca conseguiu realmente lidar com aqueles que continuou carregando consigo ao longo de sua vida.

A Arte mudou desde os dias inebriantes do final dos anos 1960 e início dos anos de 1970, quando Stewart e eu nos juntamos a ela; a Arte evoluiu devido à sua natureza orgânica. Trabalhar "vestido de céu" não é seguido tanto quanto antes, a estrutura ritual foi experimentada e alterada, e uma maturidade se desenvolveu, permitindo a aceitação de outros caminhos na velha religião para todos, exceto alguns que se recusam a abandonar o dogma. Eu realmente acredito que, apesar de todas as suas falhas, Alex Sanders contribuiu com um elemento importante no desenvolvimento da Arte: ele abriu a porta para as gerações futuras. E Alex foi aberto sobre isso em uma de suas entrevistas, quando disse que tinha, como Stewart colocou, uma abordagem de "uma arma de dispersão" para a Iniciação. Em outras palavras, ele estava ansioso para iniciar o maior número possível de pessoas, sabendo que, enquanto alguns cairiam no esquecimento, outros, como nós, desenvolveriam a Arte ainda mais e permitiriam que ela sobrevivesse no futuro. O paradoxo aqui é que foram justamente seus espetáculos e sua necessidade de atenção da mídia que ele usou para atrair pessoas como nós para a Arte. De alguma forma, o que muitos consideravam sua principal falha na época, a longo prazo, tornou-se sua maior virtude do ponto de vista da sobrevivência da Arte.

Gerald Gardner certa vez declarou a Doreen Valiente que temia que a Arte não sobrevivesse neste milênio; foi Sanders quem provou que ele estava errado, forçando as outras Tradições a se abrirem e a evoluírem. Alex às vezes foi rotulado como o *enfant terrible* da Arte, mas ele foi uma figura importante para seu tempo e as ondas do que fez ainda ressoam até os dias de hoje. Isso se reflete no fato de que, embora alguns livros fiquem desatualizados, *O que as Bruxas Fazem*, quase 40 anos depois e em sua quarta reimpressão, ainda é considerado por muitos como um dos livros mais importantes já impressos sobre Wicca, embora a tocha que Alex e Stewart carregaram esteja sendo passada para a próxima geração de Bruxos.

Alex Sanders faleceu em 1988, e Stewart Farrar em 2000. Que eles descansem em paz nas Terras do Verão, e que a Arte continue aprendendo com seus erros, evoluindo e ficando mais saudável do que nunca, para honrar suas memórias e todos aqueles que já passaram antes e desde então.

Janet Farrar
Hernes Cottage
Ethelstown
KELLS
Co Meath
Irlanda
Outubro de 2009.

INTRODUÇÃO

No final de 1969, meu editor me mandou para a pré-estreia de um filme chamado *Legend of the Witches*. Nosso jornal não faz resenhas de filmes, mas Alex Sanders e sua esposa Maxine – que deram conselhos técnicos sobre o filme e também apareceram nele – deveriam estar presentes. Alex estava apenas começando a aparecer nos noticiários e o editor sentiu que "poderia haver uma história".

Após a exibição, com um Scotch de cortesia em minhas mãos, abri caminho através da multidão ao redor dos Sanders. Alex era um homem magro e careca, de quarenta e poucos anos. Ele usava óculos e respondia às perguntas com uma voz suave do norte, dando sorrisos rápidos e genuinamente bem-humorado de vez em quando. Maxine, mais alta que Alex e vinte anos mais nova, uma figura impressionante, com longos cabelos loiros e um vestido branco diáfano, parecia uma Bruxa muito crível. Eu esperei meu momento e perguntei se o jornal *Reveille* poderia fazer uma entrevista com eles em alguma ocasião, na próxima semana ou na outra. Alex concordou de forma cortês, disse algumas coisas gentis sobre o jornal e me deu seu endereço em Notting Hill Gate.

Antes da entrevista fiz minha lição de casa lendo a biografia de Alex, *King of the Witches*, de June Johns, que havia sido publicada no mês anterior. Eu achei um relato contagiante de um homem extraordinário. Ele havia sido iniciado como Bruxo por sua avó, quando tinha sete anos, depois de interromper acidentalmente um de seus rituais solitários. Nem Alex nem a família tinham ideia de que ela era uma Bruxa, e poderia ter sido uma experiência traumática para o menino irromper pela porta e encontrar a velha completamente nua entre seus estranhos instrumentos e parafernália; mas ela não lhe deu tempo para pensar. Tirou a roupa dele, iniciou-o na hora e lhe disse que agora ele também era um Bruxo e que várias coisas terríveis aconteceriam se ele traísse o segredo.

Felizmente, para sua saúde mental, Alex não apenas amava sua avó, mas também era uma pessoa com dons psíquicos "naturais", então ele aderiu ao treinamento dela como um pato na água. Por muito tempo depois de sua morte, ele tentou em vão entrar em contato com outros Bruxos enquanto continuava seu estudo sobre todo o material em que pudesse colocar as mãos. Então, houve um longo período de devoção à Magia Negra, materialmente lucrativo, mas espiritualmente desastroso, do qual ele finalmente se livrou com um drástico processo de autopurificação.

Renovado e revitalizado, Alex começou a construir seus contatos, desta vez com mais sucesso. Ele conheceu, iniciou e se casou com Maxine Morris, outra psíquica "natural". (Pelos graus que sua avó o havia elevado, ele tinha todo o direito de iniciar outras pessoas de acordo com as regras da Wicca – o nome dos Bruxos para sua Arte –, mas estritamente falando, podia fazer isso apenas com mulheres; pois a Iniciação deve ser de homem para mulher ou de mulher para homem.) Juntos, Alex e Maxine criaram o que veio a ser chamado de "Movimento Alexandrino": eles iniciaram Bruxos que, no devido tempo, "desmembraram-se" deles para fundar seus próprios Covens, dos quais outros surgiram, de forma que hoje Alex não tem ideia de quantos Alexandrinos existem, mas eles são certamente a Tradição de crescimento mais rápido na Arte.

Trabalho de casa feito, visitei os Sanders (três deles agora, com Maya de dois anos) em seu apartamento no porão em Clanricarde Gardens, Londres W. 2.

Achei Alex infinitamente mais impressionante sem seus óculos escuros. (Eu e outros tentamos convencê-lo a parar de usar essas coisas para aparições públicas, e fico feliz em dizer que ele parece ter seguido nosso conselho.) Sanders tem um ar inconfundível de autoridade e conhecimento, e seus olhos são atraentes, alguns diriam perturbadores. Mas esta aura sem melodrama é salva por seu senso de humor travesso, que irrompe nos momentos mais improváveis.

Conversamos por duas ou três horas e ele provou ser não apenas visualmente impressionante, mas também extremamente bem letrado, com uma filosofia coerente e articulada.

Alex me deu provas precoces de seus poderes. Depois de falar sobre clarividência e precognição, pedi-lhe que me contasse algo sobre mim. Ele me contou várias coisas que poderiam ter sido apenas palpites, e então disse: "Nos próximos meses você vai ganhar cerca de 500 ou 600 libras com um trabalho freelance – algo relacionado à lei ou à polícia".

Não consegui pensar em nada provável na época; mas algumas semanas depois, do nada, me pediram para escrever um episódio para a série *Special Branch* da Thames Television. O pagamento foi de £ 550.

Para minha alegria, ele me convidou para assistir a uma Iniciação no sábado seguinte. Percebi mais tarde que ele fez isso apenas porque estava convencido de que eu pretendia escrever um artigo imparcial e não algo "sensacionalista".

A Iniciação me pareceu digna, comovente e os membros do Coven, como um grupo naturalmente variado, eram tudo, menos excêntricos. Eu escrevi um artigo de duas partes para o *Reveille* que pareceu cair bem. Tanto para nossos leitores quanto para Alex e seus amigos. Durante semanas recebi cartas pedindo o endereço de Alex. (O Editor olhou atentamente para elas a fim de se certificar de que nenhuma fosse de meninas na idade colegial. Ele não precisaria ter se preocupado; Alex é igualmente cuidadoso e jamais iniciaria alguém com menos de dezoito anos.)

Depois que os artigos apareceram, Alex me disse que a editora de *King of the Witches*, Peter Davies, gostariam de um segundo livro como complemento; não uma biografia desta vez, mas uma obra que abordasse a situação atual – o que as Bruxas modernas faziam e acreditavam e o porquê. Será que eu estava interessado em escrevê-lo?

Eu estava... e aqui está o livro!

Comecei a trabalhar, a princípio, apenas como um observador simpático, conversando com Alex, participando de suas aulas de treinamento de terça e quinta-feira, interrogando os membros do Coven no pub local e construindo uma biblioteca de livros sobre Bruxaria, Magia e Ocultismo em geral (um surpreendente alcance e respeitabilidade intelectual de que, em minha ignorância, não suspeitava até começar a ler).

Logo percebi que se fosse para meu próprio livro ter algum valor, tudo isso não seria o suficiente. Eu teria que estar dentro.

Esta foi uma decisão difícil. Fui criado como cristão, rebelei-me por meio do marxismo e do ateísmo e muitos anos atrás me estabeleci no que eu defini como "agnosticismo interessado". Agora, depois de algumas semanas de estudo, tive que admitir que a Wicca tinha me atraído; que parecia atender às minhas necessidades espirituais individuais, sem apresentar os tropeços do caminho que impediram meu retorno à Igreja. Acima de tudo, parecia oferecer uma técnica para explorar aquelas áreas da psique humana de cuja existência eu estava perfeitamente ciente, mas que pensava serem inacessíveis, exceto para uns poucos psiquicamente afortunados.

Por outro lado, se eu pedisse para ser iniciado, estaria apenas racionalizando a curiosidade arraigada de um escritor?

Levei o problema a Alex, com a sensação intuitiva de que ele saberia (e com a certeza de que me diria) se meus motivos fossem autoenganosos.

Isso tudo foi o suficiente para dizer que Maxine me iniciou no Coven em 21 de fevereiro de 1970 – que aconteceu, satisfatoriamente, em uma noite de lua cheia; e que não me arrependi desde então.

Assim, gostaria que ficasse claro que escrevo como Bruxo; mas que eu estou, espero, perto o suficiente dos dias em que não tinha contato com a Wicca, para poder apreciar as dúvidas, mal-entendidos e reticências daqueles outros "agnósticos interessados" a quem o livro é dirigido principalmente.

Gostaria também de enfatizar que não escrevo com malícia para com ninguém; pois infelizmente a Wicca é dividida, e às vezes amargamente, em mais de uma escola de pensamento.

Ignorando os Covens obscuros, que todas essas linhas condenam, existem quatro Tradições principais: Hereditária, Tradicional, Gardneriana e Alexandrina.

As Bruxas Hereditárias são aquelas, é claro, que mantiveram a Arte viva em uma linha familiar direta. A teoria é que essas linhas descendem ininterruptamente da própria Antiga Religião; até que ponto isso é verdade, só as famílias sabem, se é que sabem. O próprio Alex é hereditário no sentido de que a avó que o iniciou já era Bruxa antes de ele nascer, mas quantas gerações antes dela seguiram a Arte ela nunca lhe contou. Alex conhece cinco "famílias" de Bruxas Hereditárias espalhadas pelo país, mas elas não têm relações com ele.

Exatamente o que os Tradicionais fazem (exceto que aparentemente usam mantos para seus ritos) eu não posso dizer. Eles se mantêm fechados em si mesmos e eu nunca encontrei um; e como nada entra neste livro que eu não tenha experimentado, ou ouvido em primeira mão, ou lido de uma fonte que me pareça confiável, devo deixar os Tradicionais de lado, lamentavelmente. Se um deles ler isso e quiser me esclarecer, ficarei encantado.

Os Gardnerianos derivam do Dr. Gerald B. Gardner, que foi iniciado por uma Bruxa Hereditária chamada Dafo, em New Forest, liderou um movimento de renascimento entre 1940 e 1950, escreveu vários livros sobre o assunto, fundou um museu de Bruxaria na Ilha de Man, que ainda floresce, e morreu em 1961[1]. Gardner foi fortemente criticado e atacado pelas Bruxas "antigas" pela mesma ofensa com a qual os Gardnerianos agora acusam a publicidade de cortejar Alex, o que as Bruxas "antigas" evitavam como se fosse uma praga.

Os Alexandrinos são aqueles cuja Iniciação foi recebida, diretamente ou pela primeira, segunda ou enésima linhagem, a partir de Alex ou Maxine Sanders.

Essa questão da publicidade é complicada. A opinião de Alex é que isso dissipa a névoa de mal-entendidos e que pelo menos a ponta do iceberg deve ser clara e precisamente visível para todos que quiserem vê-la. "*Quem tem ouvidos para ouvir, que ouça*" é seu lema; ele afirma que, em todo caso, apenas aqueles que estão prontos para entender entenderão. "*Você poderia contar tudo e ainda assim não revelar nada*", ele me disse uma vez – um exagero deliberado, porque há muitas coisas que Alex não revelaria, exceto para um iniciado de grau apropriado, mas eu sabia o que ele queria dizer com isso. Os fatos básicos estão amplamente disponíveis e impressos para aqueles com diligência e com o cartão da biblioteca apropriada; porém, mais que isso, só pode ser diretamente experimentado e ensinado pessoalmente. Esse é o significado da Iniciação; não que seja o caminho tradicional, ou o caminho mais secreto, mas que no final é o único caminho.

1. N. T.: é necessário fazer uma pequena correção aqui. Gardner morreu em 12 de fevereiro de 1964, aos 79 anos, após sofrer um ataque cardíaco quando estava a bordo de um navio regressando do Líbano.

Três breves citações podem ajudar aqui. A primeira vem do *The Tarot of the Bohemians,* pelo escritor ocultista francês do século 19, Papus:

> Mas aqueles que pensam que a ciência oculta não deve ser revelada não devem ficar muito zangados conosco... É uma característica do estudo da verdadeira ciência oculta que ela possa ser explicada livremente a todos os homens. Como as parábolas, tão caras aos antigos, elas parecem a muitos apenas a expressão do voo de uma imaginação ousada: devemos, portanto, nunca ter medo de falar abertamente; a Palavra só alcançará aqueles que devem ser tocados por ela.

A segunda é de um livro de um escritor mais recente, Mervyn Llewellyn, *Initiation and Magic*:

> Como o conhecimento real nas mãos do homem impetuoso e ignorante, para ser usado por seu eu pessoal é perigoso, é uma das razões pelas quais ele sempre foi guardado por ser envolto em uma roupagem de simbologia, alegoria, parábolas e mitologia. No entanto, nos dias atuais, com os poderes inconscientes (aos quais, Llewellyn explica, a maioria não desperta) tendo mais meios de propaganda para ajudá-los... mais conhecimento está sendo difundido do que antes, para que aqueles que são capazes possam aproveitá-lo e acelerar sua evolução.

A terceira citação é muito reveladora e vem do próprio Gerald Gardner, em seu livro *Bruxaria Hoje*:

> Acho que devemos dizer adeus à Bruxa. O culto está condenado, receio que em parte por causa das condições modernas, falta de abrigo, tamanho reduzido das famílias modernas e principalmente pela educação. A criança moderna não está interessada. Ela sabe que as Bruxas são todas tolas – e aí está o grande medo. Ouvi dizer: *"Eu simplesmente adoraria iniciar Diana, ela adoraria e tem poderes, eu sei; mas suponhamos que em algum momento de descuido ela deixe escapar na escola que eu sou uma Bruxa? Eles a intimidariam e atormentariam, e o Conselho do Condado ou alguém viria e a tiraria de mim e a mandaria para uma escola aprovada. Eles fazem essas coisas terríveis por meio dessas*

> *novas leis de hoje em dia..."* Diana vai crescer e namorar, não está interessada, ou está interessada, mas vai se casar e seu marido não estará interessado, e assim o Coven morre ou consiste apenas em pessoas idosas e moribundas. A outra razão é que a ciência a desmantelou; boas previsões meteorológicas, bons serviços de saúde, jogos ao ar livre, banhos, nudismo, cinema e televisão substituíram em grande parte o que a Bruxa tinha para oferecer. O livre pensamento ou a espiritualidade, de acordo com suas inclinações, tiraram o medo do Inferno que ela impedia, embora nada ainda tenha substituído seus maiores dons: paz, alegria e contentamento.

Gardnerianos e Alexandrinos insistiriam que os temores de Gardner se provaram ser infundados; a Wicca está crescendo como nunca antes. Mas suas palavras, por um lado, comprovam a necessidade de uma publicidade saudável (ainda que apenas por causa de "Diana") e, por outro, apoiam a principal crítica de Alex a alguns seguidores de Gardner (para mais informações sobre esse ponto, ver pág. 78) que se tornaram Bruxas "acomodadas" e de meia-idade, e não querem ou não podem encorajar e formar os jovens. "Diana" estaria perfeitamente em casa em um Coven Alexandrino (e sem dúvida, para ser justo, em muitos Covens Gardnerianos também).

A princípio, pensei que era a questão da publicidade, agravada pelo senso de humor de Alex e seu indiscutível talento para o espetáculo, que era o principal ponto de discórdia entre Alex e seus críticos Wiccanianos. Isso e seu título de "Rei das Bruxas" - que é facilmente tratado, porque o título foi lhe concedido, sem ser solicitado, por um grupo de dezesseis de seus próprios Covens, e ele nunca afirma ser rei de nada além de seus próprios Bruxos.

Mas aos poucos percebi que a real objeção de seus críticos era mais profunda: literalmente, porque Alex não coloca a Bruxaria em um compartimento fechado, mas a vê como parte do movimento ocultista como um todo. "Sanders não é um Bruxo, ele é um Mago", disseram-me; na verdade ele é um Bruxo e um Mago. Para ele, os três primeiros dos dez graus tradicionais de Iniciação no Ocultismo são (ou podem ser entre vários caminhos igualmente legítimos) os da Bruxaria. Até seus críticos admitem que ele é um Mago muito poderoso; mas ele continua sendo um Bruxo também, e muito experiente e eficaz.

Pessoalmente – e com a devida desconfiança, sendo comparativamente novo na Wicca – não consigo entender essa objeção. Aprendendo com Alex e Maxine, com seus horizontes mais amplos do que algumas Bruxas aprovariam, descobri que esse pano de fundo mais amplo coloca o conhecimento puramente Wiccaniano em perspectiva, tornando mais fácil entender e apreciar seu valor real. Eu não vejo como esse espectro pode ser omitido.

No entanto, que cada um escolha seus próprios horizontes. É angustiante para um recém-chegado ver Bruxos atacando uns aos outros por causa de suas diferenças, em vez de se honrarem pela Arte que compartilham. Às vezes nos perguntamos se certos Bruxos aprenderam alguma coisa com os cristãos que queimaram seus predecessores uns aos outros com igual fervor e que, enquanto escrevo, estão se matando na Irlanda do Norte.

Então, se este livro ofende a algum Bruxo, peço seu perdão. E se discordar de qualquer detalhe, peço-lhe que considere se esse detalhe é realmente tão importante quanto o panorama completo.

Em caso de dúvida, aceitei a orientação de Alex sobre o que deve ser revelado e o que não deve ser dito, mas como também fiz o *Juramento de Iniciação*, não posso deixar de lado minha própria responsabilidade se alguém achar que ultrapassei a marca. Tentei estabelecer sinalizações para aqueles que querem entender a Wicca, e tentei fazer isso com sabedoria.

Falando em responsabilidade, escrevi este livro e devo responder por suas deficiências. Mas "se houver alguma virtude, se houver algum elogio", devo salientar que sem a ajuda, informação e instrução de Alex e de muitas horas de seu tempo indiviso, isso não teria sido possível. Desse ponto de vista, é tanto um livro dele (para não dizer de Maxine) quanto meu.

Finalmente, um aviso aos não Bruxos que podem ser tentados a experimentar os procedimentos descritos neste livro: se você estiver interessado em algo mais do que os simples exercícios de concentração apresentados no Capítulo 4 (que são seguros e até benéficos para qualquer pessoa), esteja aconselhado a procurar um Coven, ou um professor de Ocultismo responsável, e trabalhar sob sua orientação. Caso contrário, você pode sair danificado de suas próprias profundezas e lhe asseguro de que não estou dramatizando demais. Também não imagine que, juntando alguns amigos e tentando encenar os rituais, vocês se transformarão em

Bruxos. Apenas um Bruxo pode fazer um Bruxo – não porque a Wicca é uma loja fechada, mas porque, como o montanhismo, ela só pode ser aprendida com a segurança de alguém que sabe muito mais sobre ela do que você, e que foi treinado no mesmo caminho. Então, se você quer ser um Bruxo, encontre um Coven existente, de qualquer ramificação, porque mesmo os mais rígidos sectários concordariam que qualquer Coven, desde que não seja praticante de Magia negativa, é melhor do que o método "faça as coisas por si mesmo".

Explicações encerradas – vamos acender as velas e lançar o Círculo.

1

INICIAÇÃO

Na sala de estar de um apartamento em Londres, um homem está nu[2] e com os olhos vendados. Seus pulsos estão amarrados atrás das costas com uma corda vermelha, que é enrolada em volta de seu pescoço e mantém os braços elevados para formar um triângulo. Uma corda branca está amarrada em seu tornozelo direito.

Ele mesmo comprou as cordas pela manhã – três metros de cada, feitos de seda branca, vermelha e azul – com fita adesiva nas extremidades para evitar o desgaste ("sem nós ainda", ele foi alertado). As únicas outras coisas que lhe disseram para trazer com ele foram uma garrafa de vinho tinto e uma faca de cabo preto. Ele teve alguma dificuldade em encontrar uma faca que o satisfizesse; pois sabia que ela deveria ficar confortável em sua própria mão e que no devido tempo teria que gravar símbolos no cabo. Com a ideia de escolher uma antiguidade adequada, passou uma hora no mercado de *Portobello Road,* apenas para descobrir que facas com cabos lisos e pretos eram surpreendentemente raras (exceto adagas nazistas, que ele se recusou a considerar). Finalmente, decidiu-se por uma faca bem torneada de uma loja de cutelaria comum. Ela tinha um cabo de ébano.

Ainda bem que hoje é sábado, porque o Coven deu a ele poucos avisos. Uma coisa ele já aprendeu sobre essas pessoas: há um elemento de espontaneidade, para não dizer imprevisibilidade, em suas preparações.

2. N. T.: a nudez é bastante incomum nas tradições norte-americanas; a maioria dos Bruxos nos Estados Unidos e Canadá usam túnicas.

Eles admitem isso, dizendo que alguma flexibilidade é necessária para tirar o melhor proveito do "poder".

O homem conversou longamente com o Alto Sacerdote e a Alta Sacerdotisa; como convidado (autoconsciente e vestido, em uma cadeira fora do Círculo), ele já havia assistido a uma Iniciação e esperado mais de um mês desde que pediu para ser iniciado. Ontem a Alta Sacerdotisa ligou para ele e disse para estar aqui esta noite com sua faca, suas cordas e seu vinho.

Ele pergunta a si mesmo se nos velhos tempos os aspirantes a iniciados também ficavam esperando e então eram convocados abruptamente. Suspeita que sim.

A lembrança dos "antigos tempos" traz outro pensamento: o de que, nu e cego, não ouvindo nada além de passos de pés descalços e o tilintar de objetos rituais sendo arrumados, cheirando nada além de incenso e o suor de sua própria tensão – ele poderia estar nos velhos tempos. O homem está totalmente consciente, mas todos os estímulos que o atingem são atemporais. Esta poderia ser uma sala do século 16, cheia de Bruxos do século 16, preparando-o para torná-lo um deles. Por alguma razão, a fantasia o perturba e ele busca segurança factual, persuadindo-se, por exemplo, de que pode sentir que sua venda é feita de tecido do século 20...

Momentaneamente, embora não se mova, ele entra em pânico. O que realmente sabe acerca dessas pessoas diante das quais ele se colocou em uma posição de fragilidade? O que elas realmente vão fazer? Talvez aquela outra iniciação que ele assistiu fosse uma mentira; talvez tivessem alguma surpresa reservada para ele; talvez... Ele se controla, sabendo que essa fantasia é tão infundada quanto a primeira. Ela passa, mas deixa em seu rastro um sentido intensificado do significado do ritual. As "provas" que ele está prestes a enfrentar são simbólicas, mas não vazias; representam um processo interior, como a conquista daquele tremor imprevisto da irracionalidade atávica.

Para dar à sua mente uma tarefa específica, ele tenta recriar o que não pode ver, a partir de sua memória da Iniciação daquele outro homem.

Ele está de pé na borda nordeste de um círculo de três metros (Fig. 3, pág. 79). Em cada um dos pontos cardeais, uma vela queima em um castiçal de latão no chão. Em um pequeno altar (Foto 1) ao norte do Círculo há vários objetos, que ele tenta listar em sua mente. Uma Faca de Cabo Branco. Um Bastão. Um Açoite muito pouco sádico, feito com seda bordada. Um "Pentáculo" ou disco de metal inscrito com vários símbolos. Um Turíbulo com um incenso aceso. Sal. Uma pequena tigela de água com um aspersor. Um Cálice de metal, no qual seu vinho tinto foi depositado. Cordas brancas, vermelhas e azuis como as que ele mesmo comprou. Um carretel de linha de algodão vermelha. O mais importante de tudo, do seu ponto de vista, sua própria faca de cabo preto, que a partir desta noite será seu "Athame", sua principal ferramenta e o símbolo de seu pertencimento à Arte.

No chão, diante do altar, ele se lembra de uma Espada com um punho plano de latão cruciforme e um livro manuscrito de rituais bem gasto - o hereditário Livro das Sombras, que ele terá que copiar para si mesmo nos próximos dias...

Ele se acalma com o exercício de recordação. O próprio Coven, exceto o Alto Sacerdote e a Alta Sacerdotisa, estão esperando do lado de fora do Círculo, tão nus quanto ele - exceto pelos *ankhs* (aquelas estranhas cruzes com o braço entrelaçado) usados em correntes de prata por alguns deles, e os colares de âmbar e azeviche de uma ou duas mulheres. Quando ele estava presente antes, como convidado fora do Círculo, algumas das mulheres estavam vestidas. Embora "estejam nus em seus ritos" seja um mandamento da Deusa, ele entende que sua aplicação a ocasiões particulares é considerada uma questão de escolha pessoal, mesmo que apenas em consideração ao ritmo feminino mensal. Seja por isso, ou porque ele era na ocasião um estranho e agora um postulante, não sabe; mas todo o Coven está nu esta noite. Com exceção do Alto Sacerdote.

O silêncio repentino o afasta do seu jogo da memória. Os movimentos, os murmúrios, as ocasionais risadas suprimidas cessaram. Ele fica tenso, sabendo que algo está prestes a acontecer. O passo medido de um par de pés lhe diz que o Círculo está sendo lançado ritualmente, a Alta Sacerdotisa o está traçando com a ponta da Espada, deixando um "portal" no nordeste, através do qual o postulante será conduzido.

A Alta Sacerdotisa fala:

Ó TU, CÍRCULO, SEJAS TU UM LOCAL DE ENCONTRO DE AMOR, ALEGRIA E VERDADE; UM ESCUDO CONTRA A MALDADE E O MAL; UMA MURALHA DE PROTEÇÕES QUE PRESERVARÃO E CONTERÃO O PODER QUE ELEVAREMOS DENTRO DE TI. PORTANDO, EU TE ABENÇOO E CONSAGRO, EM NOME DE KARNAYANA E ARADIA.

Agora que as palavras estão sendo ditas, o postulante vendado parece menos cego e sua tensão diminui um pouco.

Ele ouve a Espada sendo repousada e os passos recomeçando. Um jato de água fria na parte da frente de seu corpo o faz pular; ele deveria ter lembrado que a aspersão do Círculo vem em seguida.

Seu nariz lhe diz que o Turíbulo está sendo carregado ao redor do Círculo e ele tateia em sua memória o próximo passo. Uma baforada de fumaça diferente o faz lembrar; uma vela acesa está dando a volta por sua vez. Lâmina, água, incenso, fogo; o Círculo está traçado.

Agora, um por um, o Coven passa por ele através do "portal" para o Círculo; cada homem sendo beijado pela Alta Sacerdotisa e cada mulher pelo Alto Sacerdote, em sua borda. De homem para mulher, de mulher para homem; a lei de todo ritual da Arte.

Logo à sua esquerda, a voz da Alta Sacerdotisa novamente:

Ó SENHORES DAS TORRES DO LESTE, EU VOS CONVOCO, MOBILIZO E CHAMO PARA TESTEMUNHAR OS RITOS E PARA PROTEGER O CÍRCULO.

Pés e voz se movem, repetindo a invocação para Sul, Oeste e Norte (veja Foto 4).

Agora é o Alto Sacerdote murmurando; ele não consegue captar as palavras, e sua memória falha. Aguçando os ouvidos, ele decifra a frase "que se ajoelhará perante o altar sagrado", e percebe que o Alto Sacerdote está dando à Alta Sacerdotisa o Beijo Quíntuplo, que ela, por sua vez, dará ao próprio postulante mais tarde. O espírito da Deusa da Lua está sendo invocado para o corpo da Alta Sacerdotisa, que a personificará pelo resto da cerimônia (veja Foto 3).

Ele ouve todo o Coven começar a se mover, caminhando no sentido horário de mãos dadas (homem para mulher, mulher para homem novamente) enquanto cantam a Runa das Bruxas:

Noite escura e Lua clara
Leste e Sul, Oeste e Norte;
A Runa das Bruxas vamos escutar
Aqui viemos te invocar!
Terra e Água, Ar e Fogo,
Bastão, Pentáculo e Espada,
Trabalhai o nosso desejo,
Escutai nossa palavra!
Corda e Incensário, Açoite e Faca,
Poder da lâmina do Bruxo,
Para vida despertai,
Enquanto o encantamento aqui se faz
Rainha do Céu,
Rainha do Inferno,
Chifrudo caçador da noite,
Conceda poder ao nosso feitiço
Trabalhe o desejo pelo mágico rito!
Por todo o poder da terra e mar,
Por toda força lunar e solar,
O nosso desejo acontecerá;
Cantando o encanto, assim será!
Eko, Eko, Azarak,
Eko, Eko, Zomelak,
Eko, Eko, Karnayana,
Eko, Eko, Aradia!

Três vezes o refrão "Eko, Eko" é repetido, diminuindo e acelerando. Então o Alto Sacerdote se dirige a ele diretamente pela primeira vez:

Ouçam as palavras da Grande Mãe; ela, desde tempos antigos também conhecida entre os homens como Ártemis, Astarte, Athena, Dione, Melusine, Afrodite, Cerridwen, Dana, Arianrhod, Ísis, Brid e por muitos outros nomes...

A Alta Sacerdotisa assume a Carga:

Sempre que tiverdes necessidade de qualquer coisa, uma vez por mês e melhor ainda quando a Lua estiver cheia, deveis vos reunir em algum lugar secreto e adorareis o meu espírito, que sou Rainha de todas as Bruxas...

Ela tem uma voz musical, jovem e madura ao mesmo tempo, e ele não acha difícil identificá-la com a Deusa de muitos nomes que ela representa. Ele se encontra ouvindo a música mais do que o sentido – e ainda assim o sentido parece alcançá-lo:

EU QUE SOU A BELEZA DA TERRA VERDE E A LUA BRANCA ENTRE AS ESTRELAS, E O MISTÉRIO DAS ÁGUAS... TODAS AS COISAS SE ORIGINAM DE MIM, E PARA MIM TODAS AS COISAS DEVERÃO RETORNAR... QUE HAJA BELEZA E FORÇA, PODER E COMPAIXÃO, HONRA E HUMILDADE, JÚBILO E REVERÊNCIA DENTRO DE VÓS...

Assim, a Carga se desenrola; mas seu fim atinge o acorde mais profundo de todos, porque ele sabe instintivamente que é verdade:

E TU QUE PENSASTES EM BUSCAR POR MIM, SABEI QUE VOSSA BUSCA E ANSEIO NÃO TE AUXILIARÃO, A MENOS QUE CONHEÇAIS O MISTÉRIO; QUE SE AQUILO QUE PROCURASTE NÃO ENCONTRASTE DENTRO DE TI, TU JAMAIS O ENCONTRARÁS FORA DE TI. POIS OBSERVAI, EU TENHO ESTADO CONTIGO DESDE O COMEÇO; E EU SOU AQUILO QUE É ALCANÇADO NO FIM DO DESEJO.

Uma pausa e o Alto Sacerdote fala do centro do Círculo. O postulado ouve as palavras, mas não consegue entendê-las:

KETHER, MALKUTH, VE GEBURAH, VE GEDULAH, LE OLHAM.
BAGABI LACA BACHABI...

A Alta Sacerdotisa pega a Espada. O homem se prepara levemente quando a ponta da Espada toca seu coração (veja Foto 5). Ela o desafia:

Ó TU, QUE PERMANECE DE PÉ NO LIMIAR ENTRE O AGRADÁVEL MUNDO DOS HOMENS E OS TERRÍVEIS DOMÍNIOS DOS SENHORES DOS ESPAÇOS EXTERIORES, TENS CORAGEM PARA FAZER O TESTE?

Feliz por finalmente poder falar, ele responde:

"EU TENHO".

Pois verdadeiramente eu te digo, é melhor precipitar-se sobre minha lâmina e perecer, do que fazer a tentativa com medo no coração.... Diga depois de mim:
Eu tenho duas palavras perfeitas: perfeito amor e perfeita confiança.

A Sacerdotisa remove a Espada e diz:

Todos os que as possuem são duas vezes bem-vindos. Eu te dou uma terceira para te conduzir através deste terrível portal.

E então ela o beija nos lábios e o conduz, virando-o para o Leste:

Preste atenção, vós senhores do Leste, que John está devidamente preparado para ser feito um Sacerdote e um bruxo da Deusa.

Ele está parado há muito tempo e tropeça um pouco enquanto ela o leva para o Sul, Oeste e Norte para repetir o chamado. Então, de repente, ele se encontra no meio do Círculo, sendo girado e girado, empurrado de um lado para o outro, cercado por nada além de mãos e risos. Ele está indefeso e desequilibrado, cego e cambaleante, mas sustentado pelo Círculo de corpos e rindo com o puro alívio do movimento.

Depois de um tempo as mãos o estabilizam e um sino é tocado onze vezes. A Alta Sacerdotisa fala novamente; desta vez a voz dela vem até ele de baixo:

Em outras religiões o Postulante se ajoelha, enquanto o Sacerdote permanece acima deste. Porém, na Arte Mágica, somos ensinados a ser humildes, e nós nos ajoelhamos para recepcioná-lo(a) e dizemos:
Abençoados sejam teus pés, que trouxeram a ti nestes caminhos...

Ele sente os lábios dela tocarem primeiro seu pé direito, depois o esquerdo:

Abençoados sejam teus joelhos,
que se dobrarão no altar sagrado...

Joelho direito, joelho esquerdo...

Abençoado seja teu falo, sem o qual nós não existiríamos...

Logo acima dos pelos pubianos...

Abençoado seja teu peito, formado em força...

Peito direito, peito esquerdo.

Abençoados sejam teus lábios,
que pronunciarão os Nomes Sagrados.

E finalmente ela beija sua boca. Ele recebeu o Beijo Quíntuplo, a partir do qual a saudação das Bruxas "*Blessed Be*" é derivada:

Antes de jurar, ela pergunta, estás pronto para passar pela ordália e ser purificado?

"Eu estou."

Ele sente dedos tocando sua cabeça e outros dedos em seus calcanhares; por um momento, ele fica intrigado, e então se lembra – a "medida" está sendo tomada em linha vermelha (veja Foto 6):

Nos velhos tempos, a Alta Sacerdotisa diz a ele, ao mesmo tempo em que a medida era tomada, cabelos e as unhas também eram tirados de você e colocados com a medida em um lugar secreto. Então, se você tentasse deixar o Coven, eles a usariam para trazê-lo de volta e você nunca se separaria. Mas, porque você veio ao nosso Círculo com duas palavras perfeitas, perfeito amor e perfeita confiança, nós lhe devolvemos sua medida.

Ele sente o fio, dobrado várias vezes, sendo amarrado em seu braço esquerdo. Então a corda que está atada ao seu tornozelo direito é amarrada também ao esquerdo e ele é ajudado a ajoelhar-se, com a cabeça bem inclinada até os joelhos.

Um sino toca três vezes e ele sente o movimento do Açoite de seda em suas costas - um, dois, três (veja Foto 7). O sino, o Açoite, o sino, o Açoite - ele perde a conta do número exato de "açoitadas", mas sabe que cada grupo de golpes tem um significado ritual que lhe será explicado oportunamente. O pensamento passa por sua mente de que ele gostaria que o Açoite fosse apenas um pouco mais real - ele espera, não porque tem tendências masoquistas, mas através de um sentimento vago de que um estado que vale a pena desenvolver deve ser aprendido da maneira mais difícil. Mas então, ele lembra a si mesmo, o caminho do estudo e da prática será bastante difícil, então talvez o desejo seja realmente um atalho...

A voz da Alta Sacerdotisa interrompe sua autoanálise e ele percebe que a flagelação acabou:

> Tu passaste bravamente pelo teste. Estás pronto para jurar que serás sempre verdadeiro à Arte e sempre pronto para ajudar, proteger e defender teus irmãos e irmãs da Wicca, mesmo que isso lhe custe a vida?

Ele se pergunta como poderia chegar a isso, mas lembrando-se de tantas caçadas às Bruxas do século 20, de todos os tipos, ele descobre que pode responder "sim" sem absurdo ou insinceridade:

> Então diga depois de mim...

Ele repete o juramento, frase por frase:

> "Eu, John, na presença dos Poderosos, por minha própria e livre vontade e acordo, juro da forma mais solenemente possível que sempre manterei secretos e jamais revelarei os segredos da Arte, exceto para uma pessoa apropriada, devidamente preparada dentro de um Círculo como estou eu agora dentro; tudo isso eu juro pelas esperanças de uma vida futura, consciente de que minha medida foi tomada; e possam meus instrumentos se voltarem contra mim se eu quebrar este meu juramento solene."

As mãos que o ajudaram a se ajoelhar agora o levantam. As cordas são desamarradas, a venda removida; ele pisca à luz das velas. A Alta Sacerdotisa sorri para ele.

Ela tem um frasco de óleo na mão esquerda e, com o dedo mindinho da direita, passa o óleo no seio direito, no seio esquerdo, no abdômen e no seio direito novamente, para marcar um triângulo invertido:

Eu te consagro com óleo...

A Alta Sacerdotisa mergulha o dedo mindinho no Cálice de vinho tinto e repete os quatro toques.

Eu te consagro com vinho...

Agora ela beija os mesmos pontos e diz:

Eu te consagro com meus lábios, Sacerdote e Bruxo.

A partir deste momento ele é, de fato, um Bruxo. Ele estava esperando por essas palavras e elas trazem um formigamento de excitação, uma sensação real de formigamento que passa brevemente sobre sua pele. De algum lugar da memória, surge um aviso: "Se você der apenas um passo neste caminho, você deve chegar inevitavelmente ao fim; este caminho está além da Vida e da Morte".

Um aviso ou uma promessa? Ele dá o passo e se contenta em ver onde o caminho leva.

É hora da apresentação dos instrumentos (ver Foto 8). O Alto Sacerdote está ajoelhado no altar, pronto para entregá-los um por um à Alta Sacerdotisa, para ela apresentá-los ao novo Bruxo. A Donzela se move para o outro lado do iniciado; ela é a auxiliar da Alta Sacerdotisa, sem ainda a impressionante dignidade de sua superior, mas definitivamente com a promessa disso. Uma coisa elas têm em comum – a juventude que a Lei da Wicca exige de uma Alta Sacerdotisa portanto, por consequência, de sua Donzela).

A Alta Sacerdotisa fala:

Agora eu te apresento os Instrumentos de Trabalho de um Bruxo. Primeiro, a Espada Mágica. Com ela tanto quanto com o Athame, podes formar todos os Círculos Mágicos, dominar, subjugar e punir todos os espíritos rebeldes e demônios, e mesmo persuadir anjos e

BONS ESPÍRITOS. COM ISTO EM TUA MÃO, TU ÉS O REGENTE DO CÍRCULO.

Ela lhe entrega a Espada, com um beijo. Uma vez que a aceitou formalmente, ele a entrega à Donzela – novamente com um beijo – para ser colocada de lado:

A SEGUIR EU TE APRESENTO O ATHAME. ESTA É A VERDADEIRA ARMA DO BRUXO E TEM TODOS OS PODERES DA ESPADA MÁGICA.

É um momento com o qual ele tem se preocupado secretamente, pois enquanto todos os outros instrumentos pertencem ao Coven e já estão consagrados, o Athame de cabo preto, ainda novo e não abençoado, é totalmente seu. E dentro da Arte, as ferramentas só podem ser consagradas de uma maneira.

A Donzela se move para ficar de frente para ele:

PÉS COM PÉS, CORPO COM CORPO, LÁBIO COM LÁBIO, ordena a Alta Sacerdotisa.

Ele e a Donzela seguram a faca afiada cuidadosamente entre eles, apontando para baixo. A Donzela a coloca de forma plana contra sua pele, entre os seios dela, e ele a abraça com a faca presa pelos seus dois corpos.

Ela é uma garota bem torneada, quase tão alta quanto ele; uma escocesa, com aquela feminilidade única que combina com acentos suaves, paisagens bem delineadas e o título de "Donzela". Na verdade, tudo o que normalmente o estimularia.

John havia questionado obliquamente o Alto Sacerdote sobre tal possível constrangimento, e ele o respondeu alegremente: "Oh, você terá ereções. Às vezes acontecem, especialmente com os jovens. Não prestamos atenção, ou então fazemos alguma piada rápida. Eles logo superam isso".

Tudo muito bem, mas ninguém quer que isso aconteça com ele. Especialmente, porque ele já conversou com a garota e a aprecia, e sabe que ela está feliz noiva de outro Bruxo. Assim, ele permaneceu apreensivo com essa bênção.

Para sua surpresa, o que o salva não é a força de vontade, mas uma súbita percepção do significado do rito; uma sensação de que, enquanto ele e a Donzela se abraçam, corpo contra corpo, eles formam uma completude polarizada que de fato abençoa o que está dentro dela. O momento é certamente sexual, até erótico; mas ele acha isso sagrado. Seu foco não é o corpo, mas a lâmina aprisionada. O desejo é ultrapassado.

O que transforma uma pessoa em um Bruxo? Talvez, basicamente, um sentimento de maravilhamento.

Ele segura o Athame enquanto eles se afastam novamente e o passa para a Donzela com o pensamento de que sempre que ele o usar, sua essência estará além dele. Na verdade, não é mais uma mera faca, mas um "Athame". A Donzela o coloca a seus pés:

> A seguir eu te apresento a Faca de Cabo Branco. Sua utilidade é formar todos os instrumentos usados na Arte. Ela pode ser usada somente dentro de um Círculo Mágico.
> A seguir eu te apresento o Bastão. Sua utilidade é invocar e controlar certos anjos e gênios que não seria possível pela Espada Mágica.
> A seguir eu te apresento o Pentáculo. Seu propósito é o de invocar espíritos apropriados para uma iniciação sendo o Deus e a Deusa.
> A seguir eu te apresento o Incensário. Ele é utilizado para encorajar e saudar bons espíritos e para banir maus espíritos.
> A seguir eu te apresento o Açoite. Este é o sinal do poder e da dominação. É também usado para causar a purificação e a iluminação. Pois está escrito, "Para aprender, deves sofrer e ser purificado". Tu estás disposto a sofrer para aprender?
> "Sim."
> A seguir e, por fim, eu te apresento as Cordas. Elas são utilizadas para atar os sigilos na Arte; também a base material; assim como são necessárias no Juramento.
> E agora eu te saúdo em nome de Karnayna e Aradia, recém-consagrado Sacerdote e Bruxo.

A Alta Sacerdotisa o beija e o leva pelo braço para ficar em frente ao Leste, com o Coven atrás deles. Fazendo o sinal da estrela de cinco pontas no ar com seu Athame, ela declama:

> Ó Senhor das Torres de Observação do Leste, trazemos diante de você, John, o recém-iniciado Sacerdote e Bruxo. E antes de partirem para vossos reinos agradáveis, nós vos dizemos saudações e adeus. "Saudações e adeus."

O mesmo para o Sul e Oeste, mas para o Norte a chamada é mais longa:

> Ó Senhores das Torres de Observação do Norte; Bóreas, tu, guardião dos portais do Norte; tu poderoso Deus, tu gentil Deusa; trazemos diante de vós John, um Sacerdote devidamente consagrado, Bruxo e filho oculto da Deusa. Antes de partirem para vossos reinos agradáveis, nós vos dizemos saudações e adeus.
> "Saudações e adeus."

Há uma sensação de calma extraída do evanescer do Círculo. A Iniciação acabou, mas ainda há uma pequena celebração por vir. O Alto Sacerdote se ajoelha diante da Alta Sacerdotisa, beijando seus pés e seus joelhos. Ele recebe o Cálice de vinho tinto e o segura para a Alta Sacerdotisa. Ela pega o Athame entre as palmas das mãos e mergulha a ponta no vinho:

> Como o Athame é o masculino, diz o Alto Sacerdote, o Cálice é feminino; e unidos eles trazem bênçãos.

A Alta Sacerdotisa bebe do Cálice e o vinho e um prato de biscoitos são distribuídos, de mulher para homem e de homem para mulher, cada vez com um beijo.

Em seguida a Donzela pergunta agradavelmente:

"E então, como você se sente?"

Ele pensa sobre isso por um momento.

"Um pouco tenso, mas bem", ele decide.

2

AS RAÍZES DA WICCA MODERNA

As raízes do *espírito* da Wicca são a natureza e as necessidades fundamentais da psique humana em sua relação com o Universo. As raízes da *forma* da Wicca são muitas e variadas.

Uma grande quantidade de mal-entendidos e críticas irrelevantes surgiram da confusão entre os dois. O movimento da Bruxaria como existe hoje é um movimento de renascimento e apenas um pequeno punhado de seus membros ("se houver", alguns críticos acrescentariam) pode reivindicar sangue hereditário de Bruxa. Mesmo desse punhado, duvido que alguém possa dizer com certeza que sua linhagem descende ininterruptamente do apogeu da Antiga Religião. Se puderem, essa é uma curiosidade histórica fascinante, mas não afeta realmente a questão.

O renascimento do interesse pelo Ocultismo, que surgiu durante o século 19, e pela Bruxaria "pura" que se seguiu durante o século 20, gerou teóricos, líderes e organizadores como qualquer outro renascimento. Mesmo que alguns deles tivessem a centelha da grandeza, eles eram humanos e falíveis. Assim, os críticos foram capazes de apontar que Éliphas Lévi, ou Aleister Crowley, ou MacGregor Mathers, ou A. E. Waite, ou Margaret Murray, ou Dion Fortune, ou Gerald Gardner (ou, vamos lá, Alex Sanders) entenderam isso ou aquilo errado, ou foram ingenuamente crédulos em alguns pontos, ou tiveram certas falhas pessoais. A partir desses fatos inegáveis, os críticos inferiram triunfantemente que toda a sua estrutura é infundada, fraudulenta ou, na melhor das hipóteses, uma autoilusão.

Os críticos estão perdendo o ponto.

Quando um novo bebê nasce, a pessoa sai e compra roupas para ele. O design dessas roupas é em parte determinado por tradições culturais, que remontam à primeira mulher das cavernas que embrulhou seu filho em pele de animal, e em parte pelas condições materiais e técnicas dos dias atuais. À medida que o bebê cresce, fornecem-lhe roupas novas (ainda determinadas pelos mesmos dois fatores) de acordo com seu desenvolvimento. Mas as roupas não são o bebê.

A Wicca de hoje é uma criança vigorosa, crescendo rápido e exercitando seus pulmões. Não foi encontrada em uma lata de lixo, mas teve pais reais, que se refletem em sua composição genética. Ela veste as roupas de hoje, adequadas para pegar ônibus, mas as necessidades mais antigas do caçador ou do cavaleiro ainda podem ser rastreadas em sua forma. Algumas das histórias de família que contam podem ter enfeitado um pouco a história, como fazem as lendas familiares; mas isso não significa que seus ancestrais eram fictícios, ou que ainda não estão vivos e presentes em seus cromossomos.

Para ir direto ao ponto: a Wicca Moderna teve que construir sua própria estrutura com os materiais disponíveis. Esses materiais vêm de duas fontes principais (embora elas se sobreponham e sempre tenham feito isso). Primeiro, a Bruxaria propriamente dita, a filosofia baseada no culto de fertilidade dos camponeses. Isso foi em grande parte não escrito; é nebuloso e às vezes degenerado, graças aos danos promovidos pela perseguição da Igreja e à névoa que paira da Revolução Industrial; mas se a ciência do século 19 a desprezou, a ciência do século 20 se esforçou para restabelecer o equilíbrio ao equipar o folclorista, o arqueólogo e o pesquisador psíquico com uma perspectiva mais clara e técnicas mais precisas.

A segunda fonte é a Tradição Oculta. Isso tem sido assim desde tempos imemoriais, tem uma vasta literatura e, de uma forma ou de outra, suas várias ordens e fraternidades nunca deixaram de operar; passando a tradição e seus segredos de professor para aluno por meio de sua própria marca de sucessão apostólica.

Alguns Bruxos modernos colocariam toda a ênfase na primeira fonte, sustentando que a corrente oculta, embora aliada, está separada e deve ser mantida assim; ainda que eles mesmos possam ser mais influenciados por ela do que admitem. Outros reconhecem e recorrem a ambos.

O que importa não é este ou aquele detalhe da forma, mas o espírito, e se funciona. Nenhum Coven que tenha encontrado um determinado ritual eficaz vai abandoná-lo, apenas porque um estudioso prova que foi inventado por Éliphas Lévi com base no incompreendido hebraico. Tampouco vai jogar fora seu Livro das Sombras, porque uma passagem nele comprovadamente deriva das pesquisas de Charles Leland entre as Bruxas do norte da Itália que ele publicou em *Aradia, o Evangelho das* Bruxas (ver também nota 4, pág. 30). Afinal, Lévi, se era 10% errático, era instruído e 90% brilhante; e Leland, um folclorista de renome mundial, não tinha dúvidas de que algumas de suas famílias italianas tinham uma ascendência de Bruxas que remontavam "aos tempos medievais, romanos ou talvez etruscos" (ibid., prefácio). Assim, mesmo quando partes das fontes em uso corrente são recentes, as fontes dessas fontes podem ser imensamente antigas. A teoria básica da Bruxaria e do Ocultismo é universal e constante, mas os detalhes de sua aplicação prática são o resultado de tentativa e erro em muitas tradições, sejam de milhares de anos atrás, sejam de ontem. Aquilo que funciona é retido e transmitido, e as melhorias que se descobrem funcionar de forma ainda melhor são adotadas.

Outro ponto pode ser considerado, do qual eu acho que qualquer ocultista endossaria. Um ritual eficaz aumenta o poder psíquico e nem todo esse poder é absorvido no trabalho em que é colocado em qualquer ocasião. Parte disso se acumula. A milésima apresentação de um ritual bem-sucedido tem por trás algo do poder acumulado dos 999 anteriores. A tradição não é apenas familiaridade, é impulso. Assim, mesmo que todos os rituais do renascimento Wiccaniano fossem novos (o que certamente não são), aqueles que provaram ser na prática uma base sólida já teriam adquirido um impulso psíquico e se tornado partes válidas de uma Arte viva. Todo ritual, todo feitiço, toda evocação ou encantamento deve ter sido "inventado" em algum momento da história, mesmo que se aceite que foi divinamente inspirado ou dado ao seu originador humano nos Planos Interiores. O tempo pode tê-lo enriquecido, mas em primeiro lugar, foi santificado por sua própria eficácia e por nada mais.

As duas personificações de divindades da Bruxaria são o Deus Cornífero e a Deusa Mãe.

O Deus Cornífero deve ser tão antigo quanto a capacidade do homem de personificar ideias; e ele é certamente tão antigo quanto a arte religiosa. "A mais antiga representação conhecida de uma divindade", diz Margaret Murray em *The God of the Witches*, "está na Caverne de Trois Frères, em Ariege, e data do final do período paleolítico. A figura é a de um homem vestido com a pele de um veado e usando na cabeça os chifres de um veado". A relação do Deus Cornífero com o caçador primitivo é clara, embora complexa; animal totêmico reverenciado, presa, sustentáculo da vida, disfarce assumido para fins rituais pelo xamã que era o guardião do poder psíquico da tribo, vítima sagrada, Deus sacrificado – uma complexidade que o cercou ao longo da pré-história e da história até o Calvário e além. À medida que as estruturas econômicas posteriores substituíram a caça tribal, os chifres progrediram de ser uma parte da representação direta de uma forma animal para ser um símbolo da divindade, ou da inspiração divina. Como tal, eles passaram para o halo luminoso da arte cristã.

A Deusa Mãe era um conceito tão inevitável quanto o Deus Cornífero. Para sobreviver, o homem tinha primeiro que nascer e ser amamentado, e então atingir a maturidade e encontrar comida para si mesmo, sua companheira e seus filhotes; tudo o mais era embelezamento. Assim, a humanidade moldou sua ideia da dualidade do aspecto da divindade ou força vital que o sustentava, em termos de polaridade humana. Citando o Gênesis erroneamente (embora apenas, creio eu, para mostrar o outro lado da moeda): "O homem criou Deus à sua própria imagem... homem e mulher o criou". O princípio ativo, fertilizante, energético e perseguidor ele via como o "divino Masculino"; e o princípio passivo, fértil, gestacional e nutritivo, como o "divino Feminino". E se Ele (ocasionalmente Ela também, como no caso de Ísis) reteve os chifres de Sua primeira personificação, é porque a primeira imagem formada de qualquer conceito tem a maior vitalidade e tende a se tornar o arquétipo.

Esses dois, o Deus e a Deusa básicos, sobreviveram indestrutivelmente, precisamente porque representam a visualização arquetípica natural do homem daquela realidade última que ele nunca pode apreender diretamente. À medida que a sociedade se tornava mais complexa, eles se multiplicavam em panteões, mas em sua essência eram apenas subaspectos dos dois aspectos fundamentais, ainda mais personificados para uma compreensão mais sutil de sua natureza. Mais tarde, a Igreja tentou banir a Deusa, mas falhou como testemunham inúmeras Capelas de Nossa Senhora; e foram os adoradores, mais próximos dos fatos da vida do que da hierarquia, que forçaram sua readmissão.[3]

Às vezes o Deus tem predominado, às vezes a Deusa; a ênfase variou à medida que a sociedade se tornou matriarcal, patriarcal, caçadora, criadora de gado, agrícola, predatória ou pacífica. Ocasionalmente, quando um conceito ou outro simbolizava as necessidades vitais de opressores ou oprimidos (seja classes ou nações), Deus e Deusa parecem ter tomado partido – com a Deusa geralmente para o oprimido. Por exemplo, a fidelidade das Bruxas italianas, conforme registrada em *Aradia* de Leland, era totalmente para com a Deusa, sua campeã natural contra a fé agressivamente masculina de seus perseguidores.

Bruxos modernos honram o Deus e a Deusa, enquanto consideram a Deusa como sua padroeira e professora especial (embora aqui também a ênfase varie entre as escolas de pensamento). A natureza e a lógica de suas crenças são tratadas no próximo capítulo, mas brevemente a atitude delas é que, uma vez que o íntimo é incognoscível, a personificação é necessária como canal para explorar seu poder; e que uma personificação somente do Deus é incompleta e desequilibrada, de modo que alcançar somente o Deus evoca uma resposta incompleta; e ainda que a dualidade Deus-Deusa é natural, equilibrada e a abordagem mais próxima e completa do Uno que o homem pode alcançar em seu estado atual; esses dois conceitos, enquanto visualizados pelo homem, não são ilusões criadas pelo homem, mas reais e responsivas. Se os Bruxos se inclinam para a Deusa, é para restabelecer o equilíbrio da civilização contemporânea fortemente orientada para o princípio masculino (social, teológica e psiquicamente) e perigosamente fora de contato com suas próprias raízes. E se ornam seu Deus com chifres, é porque o Deus Cornífero é o arquétipo do Deus polarizado, que não pode existir ou ser concebido sem o seu complemento.

Os Deuses da antiga religião sempre se tornam os demônios da nova. Depois que o cristianismo se tornou uma religião do Estado Bizantino, ele coexistiu por mil anos com crenças mais antigas – pelo

3. E, aliás, agarraram-se ao seu panteão de subaspectos, muitas vezes praticamente inalterados na forma dos santos. Em *Witches: Investigating an Ancient Religion*; T. C. Lethbridge mostra a ampla correspondência entre os nomes dos santos das igrejas paroquiais inglesas e as divindades pré-cristãs das mesmas localidades.

menos longe dos centros de poder eclesiástico. Muitos, incluindo padres, seguiam ambas. Quando William, que se tornou o Conquistador (e que tinha fama de filho de uma Bruxa) permitiu que Harold partisse para a Inglaterra, ele o fez jurar lealdade em dois altares, um Cristão e outro Pagão, e esse incidente registrado na Tapeçaria Bayeux, deve ter parecido perfeitamente natural na época. Mas quando a Igreja se sentiu poderosa o suficiente para impor seu monopólio de crença – o marco foi a Bula do Papa Inocêncio VIII, em 1484, condenando as Bruxas como hereges – não podia mais ser permitido que o Deus Cornífero fosse uma visualização alternativa da divindade universal; ele tinha que ser etiquetado como "Satanás".

No processo, a imagem de Satanás foi transformada tanto quanto a do Deus Cornífero. No Antigo Testamento, Satanás aparece como "o adversário"; não um rebelde contra a autoridade de Deus, mas uma espécie de promotor público celestial, licenciado para chamar a atenção para o lado do débito do registro de uma alma (assim como o Promotor da Fé ou "Advogado do Diabo" faz quando o Papa está considerando uma canonização proposta) ou para testar a resistência espiritual do homem (como Jó). Não é uma função muito cativante, mas perfeitamente respeitável, já no Novo Testamento parece haver todas as razões para ver a tentação no deserto sob essa luz e a resposta abrupta de Jesus como uma condenação da oferta e não do ofertante, que estava "só fazendo o seu trabalho". A imagem de Satanás como o Príncipe do Mal em guerra com Deus é principalmente uma criação pós-bíblica, e seus chifres (que já foi símbolo da divindade), invenção dos dias de caça à heresia. O processo foi simples e claro. Primeiro, adorne Satanás com chifres. Em seguida, aponte para o Deus Cornífero das Bruxas e diga "Olha! É o diabo encarnado, e ele tem os chifres para provar isso!" A crença pública de que as Bruxas adoravam o Diabo foi reforçada por registros oficiais de julgamentos de Bruxas. Se o réu falasse de seu Deus, o registrador substituiria a palavra para "Diabo" mesmo em um relato "literal".

Se no auge do "Tempo das Fogueiras"[4] algumas Bruxas se apaixonaram por essa propaganda e sentiram que enquanto estavam sendo perseguidas até a morte em nome do Deus Cristão, o Diabo

4. A frase, embora às vezes ouvida entre as Bruxas, é um romantismo moderno. As Bruxas na Inglaterra costumavam ser enforcadas, não queimadas.

(igualmente Cristão, de fato) era seu único amigo, dificilmente poderíamos ficar surpresos. Mas vamos ser claros sobre isso. Aquilo foi uma aberração, uma reação humana em um período de intolerância e terror. O Deus Cornífero não é o Diabo, e nunca foi. Se hoje existem Covens "satanistas", eles não são Bruxos, mas uma parcela doente, vítimas da ação atrasada de uma propaganda secular da Igreja, na qual mesmo os Cristãos não acreditam mais.

Livros sobre Bruxaria talvez tenham enfatizado demais os julgamentos das Bruxas. Em primeiro lugar, a grande maioria das vítimas provavelmente não era de Bruxas em nenhum sentido, mas bodes expiatórios inocentes, perdedores em alguma rixa local ou alvos de despeito pessoal. Essa foi a idade de ouro da paranoia e da histeria, quando todo o poder da Igreja e do Estado estava pronto e ansioso para endossar as mais loucas ilusões psicopáticas. Em segundo lugar, o único registro que temos deles são os oficiais, que são quase tão imparciais quanto as "histórias" Stalinistas.

Julgamentos de Bruxas são de interesse para o estudante das raízes Wiccaniana de duas maneiras. Primeiro, porque eles são a fonte da maioria das imagens populares da Bruxaria, que devem ser entendidas e então, corrigidas. Segundo, porque ajudaram a criar um estado de coisas que muitos românticos preferem ignorar, mas que deveria ser honestamente enfrentado; a degeneração de uma parte substancial da Arte naqueles dias. Atingida pela perseguição, por uma lavagem cerebral devido à propaganda hostil e levada à clandestinidade, grande parte da antiga Religião deve ter se dado mal. Das vítimas de julgamentos de Bruxas, que eram de fato Bruxas, um bom número deve ter sido genuinamente culpado da malícia de que foram acusados; malícia gera malícia, e terror gera terror.

Onde o antigo culto sobreviveu relativamente incorrompido, foi porque conseguiu evitar a atenção, portanto, deixou vestígios mínimos. Em sua aplicação no dia a dia (herbalismo, feitiços, clarividência), algo sobreviveu mais ou menos abertamente como a tradição de sábios e sábias em aldeias dispersas. Mas quanto da corrente pura do culto organizado teve existência contínua, provavelmente nunca saberemos.

Se tal foi o caso na Inglaterra, felizmente na Itália o fluxo puro foi encontrado e registrado antes que fosse tarde demais. Charles Godfrey Leland (1824 - 1903) fez amizade com Maddalena, uma Bruxa toscana, que lhe transmitiu grande parte do saber de sua linhagem, culminando, em 1897, no texto parte prosa, parte verso que ele publicou dois anos depois como *Aradia, o Evangelho das Bruxas*. Embora mostre evidências em alguns lugares do efeito da política medieval, suas crenças básicas são claramente de uma antiguidade muito maior. As pesquisas de Leland tornaram-se um dos três estímulos do renascimento da Bruxaria do século 20.

Já o segundo estímulo foi a Dra. Margaret Murray e seus três livros: *The Witch-Cult in Western Europe*, *The God of the Witches* e *The Divine King in England*. A falha da Dra. Murray foi que ela confiava demais na precisão dos relatórios dos julgamentos de Bruxas; sua grande força foi ter sido a primeira a olhar para eles sem um preconceito Cristão preconcebido. Embora seu trabalho tenha sido muito criticado, ela lançou as bases de uma compreensão do Deus Cornífero e despojou-o de seu disfarce de "Diabo". Um resultado de seu interesse primário nos julgamentos foi que ela abordou apenas o Deus, pois os juízes ignoraram a Deusa, preocupados com a imagem satânica do Deus.[5]

O terceiro estímulo foi Gerald Gardner, a quem já me referi. Dos três, Gardner foi o único Bruxo iniciado e praticante, e em sua prática, certamente foi influenciado pelos outros dois.

Eu nunca vi um Livro das Sombras Gardneriano, mas deduzo que seja substancialmente o mesmo usado pelos Covens Alexandrinos. Seria um estudo interessante, um dia, rastrear a fonte do maior número possível de elementos no Livro das Sombras (embora, como eu disse, a aceitação ou rejeição dos princípios da Wicca não dependa do estabelecimento da idade do Livro). Mas um item pode ser mencionado aqui: aquela seção da Carga[6] que diz: "Sempre que tiverdes necessidade de qualquer coisa, uma vez por mês e melhor ainda quando a Lua estiver cheia, deveis vos reunir em algum lugar secreto e adorareis o meu espírito, eu que sou Rainha de todas as Bruxas. Lá vos reunireis, vós que estais desejosos em aprender toda Bruxaria, ainda que não tenhais conquistado seus segredos mais profundos; a estes eu ensinarei coisas que ainda são desconhecidas. E vós sereis libertos da escravidão; e como sinal de que sois realmente livres, estareis nus em vossos ritos..."

---

5. Embora muito antes, no século 9, o Conselho de Ancyra tenha emitido um decreto que "Certas mulheres perversas seguem as provocações de Satanás, sendo seduzidas pelas ilusões demoníacas, acreditando e professando que durante a noite elas cavalgam no exterior com Diana, a Deusa dos Pagãos, ou então com Herodias, com uma multidão incontável..." (*Discoverie of Witchcraft*, de Reginald Scot, Londres, 1584). Leland identifica "Herodias" com Aradia.

6. Pode ser lido na íntegra no Apêndice 2.

Esta é quase uma tradução direta das palavras de *Aradia* para seus alunos humanos depois que ela lhes ensinou os segredos da Bruxaria, na versão dada a Leland por Maddalena, em 1º de janeiro de 1897.[7]

Se, portanto, todo o Livro das Sombras é pós 1897, isso é uma incógnita. A minha percepção é de que, da mesma forma que a Bíblia, ele é uma colcha de retalhos de épocas e fontes, e que, por ser copiado e recopiado à mão, inclui emendas, acréscimos e alterações estilísticas ao gosto de uma sucessão de copiadores[8], o que torna muito mais difícil estimar períodos a partir de evidências internas. Sinto que partes dele são genuinamente antigas, outras sugerem uma interpolação moderna. Contento-me em aceitá-lo e usá-lo como está – como uma espécie de estalagmite da Tradição, sobre a qual as gotas ainda caem.

A corrente oculta não pode ser totalmente separada da corrente religiosa popular, porque é a sabedoria esotérica por trás do culto público. Essa relação foi mais próxima quando uma religião era a filosofia fundamental e o modo de vida de toda uma comunidade, como no Egito. Outro exemplo claro, e talvez o mais bem documentado para o estudo acadêmico, é a forma como a Cabala está por trás da Bíblia (ver nota 80, pág. 189). Quando, por outro lado, uma religião foi perseguida e sua organização fragmentada, o vínculo muitas vezes foi enfraquecido, com o empobrecimento dessa religião.

O ensino esotérico sempre foi alfabetizado (de fato, nos primeiros dias da escrita, apenas os Sacerdotes iniciados e seus servos treinados eram alfabetizados) e nunca foi submetido à perseguição completa que

---

7. No original em italiano:
Quando io saro partita da questo mondo,
Qualunque cosa che avrete bisogna.
Una volta al mese quando la luna
E piena...
Dovete venire in luogo deserto.
In una selva tutte insieme.
E adorare lo spirito potente
Di mia madre Diana, e chi vorra
Imparare la stregonerie.
Che non la sopra,
Mia madre le insegnera,
Tutte cose...
Sarete liberi dalla schiavitu!
E cosi diverrete tutti liberi!
Pero uomini e donne
Sarete tutti nudi, per fino...

8. Maxine desconfia dessa tendência. De pé, sobre mim, enquanto eu copiava o meu, ela me avisou: "Cada ponto e vírgula..."

as religiões do povo comum sofreram. Isso não significa que nunca tenha sido oficialmente atacado em determinados setores e em determinados períodos, mas em geral, o tronco da árvore permaneceu ileso apesar da poda de galhos individuais. (O verdadeiro tronco, diriam os ocultistas, é de qualquer modo inatacável, porque não funciona no Plano Material, mas nos Planos Internos.) Além de tudo, o alfabetizado e sofisticado cosmopolita sempre foi menos vulnerável na prática do que o servo ou o camponês, por mais injusta que essa vantagem possa ser em teoria. O Sacerdote em seu templo, o Mago em seu saber, as origens do ensino esotérico perdem-se na lendária pré-história. Uma firme tradição oculta os coloca na Atlântida; não apenas uma tradição herdada, mas reforçada por técnicas psíquicas de recordar encarnações passadas e ler os Registros Akáshicos (ver pág. 220).

Pode-se aceitar ou não a validade de tais técnicas, ou concordar com sua interpretação, mas o quadro que surge é coerente e interessante em sua relação com a disseminação de culturas.

Tradicionalmente, a Atlântida é colocada no Oceano Atlântico no passado remoto. Sua civilização, sempre de base oculta, passou por um longo desenvolvimento sob a influência de sucessivos raios evolutivos cósmicos, atingiu seu ápice, transformou-se no final por meio da Magia nefasta e afundou no mar em um cataclismo final. Durante esse desenvolvimento, no entanto, ocorreram três emigrações.

A Primeira Emigração, liderada por Sacerdotes treinados sob o Raio do Poder, atravessou o norte da Europa e a Ásia e virou para o Sul ao longo da costa do Pacífico, contatando culturas mais primitivas à medida que avançava. Esta emigração é a ancestral do jujuísmo, do fanteísmo[9] e dos cultos astrais da Magia do poder primitivo, que se tornou uma corrente contaminada e perigosa.

Sob a influência do Raio da Sabedoria, a Segunda Emigração ocorreu depois que a calota polar se moveu para o Sul; atravessou a Europa Central, para chegar ao Himalaia. A partir daqui sua influência se espalhou para o Sul pelos vales dos rios da Índia. Essa herança, baseada na mente, ainda é pura onde não é maculada pelo contato com a primeira, e é a fonte das grandes filosofias de dominação da mente do Oriente.

A Terceira Emigração ocorreu sob a influência do Raio do Amor e teve seu foco no Plano Espiritual. Aconteceu pouco antes do cataclismo,

9. N. T.: jujuísmo e fanteísmo seriam formas primitivas de feitiçaria e necromancia.

sendo, na verdade, um resgate final pelos atlantes mais devotos do melhor de sua cultura. Atravessando o norte da África, eles se estabeleceram no Egito. (Caminhando para o outro lado, alguns dos colegas se estabeleceram na América Central - explicando as afinidades marcantes entre as civilizações que se desenvolveram lá e no Egito.) Desta Terceira Emigração floresceram as realizações espirituais egípcia, tíria, grega, hebraica, cristã e muçulmana.

Os Magos da Segunda Emigração vieram de uma cultura que havia absorvido as conquistas do primeiro período, portanto, embora seu ensino fosse centrado na Sabedoria, abraçava o domínio do Poder. Da mesma forma, o ensinamento da Terceira Emigração baseava-se no Raio do Amor, mas incluía Sabedoria e Poder e operava nos planos espiritual, mental e astral.

Quer se considere o relato da Atlântida como factual ou simbólico, seus supostos efeitos coincidem com os fatos do desenvolvimento cultural.

Com o Egito, entramos na história registrada. A civilização do Egito durou cerca de dois mil e quinhentos anos e terminou com a conquista de Alexandre, o Grande, em 333 AEC. Ao longo desse período extraordinário essa foi, salvo distúrbios ocasionais, uma das civilizações mais estáveis que o mundo conheceu, e sua cultura, governo e filosofia eram totalmente baseados no Ocultismo[10]. Uma civilização inspirada e dirigida por iniciados, cujo aprendizado esotérico - claro, eficaz e consistente - era o coração de um culto público ricamente variado; de uma economia que (devido à sua dependência das enchentes do Nilo), apoiava-se fortemente em ciências matemáticas e astronômicas de extraordinária precisão; e de uma arte vívida e intencional que nunca foi superada em seu idioma particular.

A dívida do Ocultismo ocidental - e de fato da religião ocidental - para com o Egito é incalculável. Moisés, a raiz do judaísmo, cristianismo e islamismo, foi um príncipe do Egito, um alto iniciado que derrotou os Magos do Egito em seu próprio terreno, não porque fosse diferente deles em espécie, mas porque era um homem mais poderoso, um Mago mais desenvolvido e mais puro do que eles. Moisés levou mais do que seu povo através do Mar Vermelho; ele também tomou a herança espiritual egípcia.

10. Para uma explicação iluminadora da filosofia egípcia como a melhor, leia *Winged Pharaoh*, de Joan Grant.

O esoterismo grego inspirou-se no egípcio; seus mistérios eram os de Ísis. O Gnosticismo, a filosofia dualista que desempenhou um papel importante no desenvolvimento do cristianismo primitivo até que a Igreja o absorveu parcialmente e em parte o esmagou, tinha afinidades óbvias com o pensamento egípcio e cabalístico, particularmente no conceito de ascensão através dos planos, embora tenha desenvolvido um horror ascético dos planos inferiores, que era estranho à perspectiva equilibrada do Egito e da Cabala. (Aliás, o Gnosticismo tinha uma forte tradição da Deusa Mãe.)

A fonte-chave para um estudo da religião egípcia é o *Livro dos Mortos*, ou, como os próprios egípcios o chamavam, os "*Capítulos do Surgimento do Dia*". Trata-se de uma coleção de textos, hinos, ladainhas e rituais que estão realmente muito mais preocupados com a alma viva do que com o corpo morto. Nele podem ser encontrados muitos dos conceitos do Ocultismo moderno; por exemplo, os vários componentes ou níveis do indivíduo humano - físico, astral, mental, espiritual, centelha divina - que discuto no próximo capítulo. E dele derivam muitos dos rituais ocultos de hoje.

Este espectro de níveis, através dos quais tanto o Cosmos como o homem descem do Superior para a matéria e ressurgem - níveis estes que interagem constantemente - é o conceito básico da Cabala, o ensinamento esotérico hebraico. Seu "plano básico" é a Árvore da Vida, que descrevo no Capítulo 9.

O conhecimento direto das fontes egípcias teve que esperar até as recentes e impactantes conquistas da egiptologia científica, com suas escavações e sua quebra do código hieroglífico. Mas o conhecimento proibido e a Cabala influenciaram os "grimórios" ou livros de prática mágica medievais e posteriores. Estes são tratados no Capítulo 10.

E também influenciaram a Alquimia, que a maioria das pessoas descarta como pré-ciência, embora admitindo que em seu fio de busca pela transmutação, lançou quase por acaso as bases da química moderna. Qualquer que seja a atitude de alguém em relação à Magia, essa interpretação perde o cerne da questão: de que a Grande Obra que o alquimista visava, por sua própria técnica de ascensão através dos planos, estava apenas incidentalmente preocupada com a transmutação de metais. Seu objetivo central era a transmutação do próprio alquimista.

Todas essas fontes contribuíram para a corrente principal das contínuas fraternidades ocultas (que eram de vários graus de pureza ou degeneração), como os Rosacruzes, os Maçons e outros menos públicos. O movimento teosófico de Madame Blavatsky acrescentou um elemento oriental que havia sido amplamente perdido na Europa.

E foi a partir dessas bases que surgiu o grande renascimento oculto do século 19, cuja culminação, em muitos aspectos, foi a Ordem da Golden Dawn.

A Ordem Hermética da Golden Dawn foi fundada em 1887, por membros da *Societas Rosicruciana in Anglia*, que havia sido fundada por um grupo de maçons, alguns deles reivindicando iniciação rosacruz continental, em 1865. A Ordem foi responsável por muito brilhantismo e certa quantidade de disparates; seu efeito na tradição oculta ocidental foi amplo e duradouro[11]. Seus dez graus de iniciação, sua coleta e codificação de muitos elementos ocultos tradicionais, estabeleceram padrões que para o bem ou para o mal são aqueles pelos quais os outros são julgados. Entre seus membros destacados estavam S. L. MacGregor Mathers, A. E. Waite, o poeta W. B. Yeats, Dion Fortune e aquele gênio incontrolável, Aleister Crowley, cujo impacto a dividiu até os confins. Crowley seguiu seu próprio caminho para fundar sua ordem *Astrum Argentum*, e Dion Fortune para fundar sua Fraternity of the Inner Light (Fraternidade da Luz Interior). Desses três corpos, apenas o último sobrevive ativa e publicamente, embora tenha sido tão "revisado" que duvido que sua falecida fundadora o reconheceria.

Crowley combinou brilhantismo e absurdos em um grau ainda maior do que a Golden Dawn, a diferença é que muitos de seus absurdos foi algo deliberado, pois ele tinha um senso de humor perversamente provocativo. A maioria das pessoas só ouviu falar de suas extravagâncias sexuais e de seu título de "A Grande Besta", mas ele era um estudioso de estatura única em seu campo. *Magick in Theory and Practice*, *The Book of Thoth* e *777* são livros-textos indispensáveis e suas tabelas de correspondências mágicas, em particular, são geralmente aceitas como definitivas.

Essas são as raízes da Wicca Moderna. Foi um relato altamente condensado, porque seria necessária uma pequena biblioteca para cobrir o assunto com alguma profundidade.

11. O relato mais abrangente de seus ensinamentos e rituais é *The Golden Dawn*, de Israel Regardie, uma obra que apareceu originalmente em 1937, em quatro volumes, mas agora é publicada em dois, embora o material tenha sido revisado e ampliado. Um livro mais simples é os *Ensinamentos Interiores da Aurora Dourada*, de R. G. Torrens.

Dentro da Wicca, há muita variedade de ênfases nos fatores que mencionei. Mas a força da Wicca é sua flexibilidade. O dogma rígido, o conformismo e a organização monolítica são estranhos ao seu espírito. A unidade básica da Wicca não é nenhum grupo em particular, mas o Coven individual e as pessoas que o compõem. Cada Coven tem seu próprio jeito, seu próprio caráter, sua própria ênfase e sua própria contribuição. A mina de uma Tradição é tão rica que cada Coven pode trabalhar à sua própria maneira.

"Existem nove e sessenta maneiras de construir baladas tribais", disse Kipling. "E-cada-uma-delas-está-correta".

3

NO QUE AS BRUXAS ACREDITAM

A Wicca é uma religião. As Bruxas afirmam que ela é a religião mais antiga da Terra, subjacente a todas as outras, e que não é, de forma alguma, incompatível com sua essência. Alex e Maxine, por exemplo, iniciaram ministros Cristãos de mais de uma denominação na Arte.

Os Sacerdotes do mundo antigo teriam entendido essa atitude. Papus insiste que "todo Sacerdote de um credo antigo era um dos Iniciados"; isto é, ele sabia perfeitamente que existia uma única religião e que suas várias formas públicas apenas traduziam as verdades básicas de acordo com as necessidades culturais e temperamentais locais. Um Sacerdote de uma divindade era, portanto, recebido com honra por seus colegas no templo de qualquer outra deidade. Eles teriam rido das lutas sectárias modernas pela supremacia, sendo "incapazes de supor que homens inteligentes pudessem ignorar a unidade de todos os credos em uma religião fundamental".

O seguidor do Deus Único pode achar difícil ver como tal sistema poderia abraçar tanto uma fé como a dele quanto os politeísmos do Egito, Grécia e Roma, ou como um clérigo Cristão do século 20 poderia entrar em um Círculo Wiccaniano e saudar o Deus Cornífero e a Deusa Mãe. As Bruxas responderiam que o princípio divino é um e incognoscível em nosso estágio de desenvolvimento (ou, como diz a Nova Bíblia Inglesa, "Meu rosto você não pode ver, pois nenhum homem mortal pode me ver e viver" – Êxodo 33:20), mas o princípio pode ser dividido em aspectos para nossa compreensão. Todo monoteísmo faz isso, exceto talvez o islamismo e o Unitarismo. Os Cristãos adoram uma Trindade, além daquela Deusa Mãe inextinguível na Capela de Nossa Senhora. Até os hebreus originalmente adoravam uma dualidade macho-fêmea, embora o fato seja obscurecido na tradução bíblica; "*Elohim*", um substantivo feminino com terminação plural masculina que na verdade significa "Deus-e-Deusa".

Como Dion Fortune diz em *A Cabala Mística*: "uma religião sem Deusa está a meio caminho do ateísmo".[12]

As Bruxas diferem umas das outras na relativa importância que atribuem ao Deus Cornífero e à Deusa Mãe.

A Idade Média e julgamentos pós-medievais deram talvez uma proeminência indevida do culto das Bruxas ao Deus Cornífero, porque, como vimos, era política deliberada da Igreja identificá-lo com Satanás e concentrar o ataque nele para fins de propaganda. Por outro lado, os cultos de mistério tendem a se concentrar (como a fidelidade instintiva do camponês católico) à Deusa; de Ísis, passando por Cerridwen, até Aradia. Qualquer um que tenha visto os murais na Vila dos Mistérios em Pompeia, e também tenha visto uma iniciação na Bruxaria Moderna, sabe que a Wicca está nessa Tradição direta.

De fato, como vimos no Capítulo 2, a Bruxaria Moderna é uma reconvergência de duas Tradições: os cultos básicos de fertilidade da tribo e da aldeia, por um lado, e o Ocultismo sofisticado dos templos egípcios, a Cabala e os grimórios mágicos por outro. Alguns puristas Wiccanianos insistiriam em uma divisão nítida entre os dois, mas não acho que isso seja mais possível ou desejável. Eles estão em um espectro contínuo, cada comprimento de onda enriquece os outros. O Bruxo moderno pode se valer de autoridades mágicas clássicas, como Éliphas Lévi; de livros em brochura de pioneiros Wiccanianos recentes, como Gerald Gardner; de divulgadores hábeis como Richard Cavendish, C. A. Burland e Eric Maple; de escritores importantes como Dion Fortune, Aleister Crowley, A. E. Waite, S. L. MacGregor Mathers e Israel Regardie; de traduções do *Livro Egípcio dos Mortos*, em capa dura; de grimórios

12. Ela também oferece uma tradução mais precisa de Gênesis 1:2 – "E o espírito dos princípios conjuntos masculino e feminino, moveu-se sobre a superfície do sem forma, e a manifestação ocorreu".

medievais, como as *Clavículas de Salomão* e *Abramelin;* das livrarias especializadas e com um pouco de pesquisa. Quando tudo mais falha, há a Biblioteca do Museu Britânico ou seu equivalente em outros países. Essas fontes eram inacessíveis a seus antecessores iletrados, mas não há razão para que ele as evite, e é claro que ele não o faz. A abrangência de todo o espectro não é uma distorção da Tradição Wiccaniana, mas, sim, uma expansão natural dela em um mundo de crescente alfabetização e riqueza.

"Se é uma questão de progressão espiritual", diz Alex, "estamos começando a captar o que os antigos tinham em mente, voltando-nos à sua sabedoria e talvez enxergando um pouco mais longe. Tivemos que atravessar a idade das trevas, e agora estamos resgatando o nosso próprio direito novamente."

Como todas as outras religiões, a Wicca considera o não material como a realidade última. Mas ao contrário de muitos, aceita toda a extensão do ser, desde o princípio divino incognoscível até a matéria mais grosseira, como aspectos inseparáveis dessa realidade. Aqui também está uma questão de abraçar todo o espectro, e alegremente (pois a Wicca é acima de tudo um credo alegre). O Bruxo, diferente do asceta Cristão, não considera a matéria e a carne com horror ou como inerentemente pecaminosas; nem tampouco do modo do cientista Cristão, como uma ilusão a ser superada. Os praticantes da Bruxaria compartilham a crença muçulmana de que "o mundo é o manto de Alá" e afirmam que nenhum deles poderia ter existência ou significado sem o outro.

Pan, a forma mais conhecida do Deus Cornífero, é um símbolo claro dessa gama integrada de níveis. Onde seus cascos tocam a terra, ele é todo animal vigoroso, e seu corpo, lindamente proporcionado, flui para cima, a fim de ser coroado pela cabeça inteligente e musicista.

A Bruxa não simplifica a realidade em mente e matéria como o agnóstico. Nem mesmo em espírito, mente e matéria como a maioria das religiões. Seu espectro é mais finamente subdividido.

De um lado está o Supremo Incognoscível, o *Ain Soph Aur* ou "Luz Ilimitada" do Cabalista, do qual tudo se origina (ver pág. 184). Em seguida, o Plano Espiritual: o Deus e a Deusa, por quaisquer nomes que sejam conhecidos ou em quaisquer aspectos que sejam personificados – o que pode ser chamado de manifestações de *Ain Soph Aur* em termos humanamente compreensíveis; a hierarquia dos seres espirituais menores; e as almas, ou, individualidades essenciais, de homem e mulher.

Em seguida, o Plano Mental. Do ponto de vista humano, isso significa o acréscimo de traços e funções mentais que se reúnem em torno da alma em qualquer encarnação. Alguns dividem isso ainda mais, nos planos mentais abstratos e concretos.

Depois vem o Plano Astral, mais grosseiro do que o mental, mas menos tangível do que o físico. E pode ser explorado por projeção astral (ver Capítulo 12), na qual a mente aprende a técnica de separar o corpo astral de seu gêmeo mais grosseiro, o corpo físico, e usá-lo como um veículo temporariamente independente. Esse plano às vezes também é dividido em Astral Superior, Astral Inferior e Etérico.

Finalmente, o Plano Físico – o corpo de carne e osso, o universo sólido, líquido e gasoso, a mesa na qual estou escrevendo. Mas para a Bruxa, meu computador e o mundo fora da janela têm suas ligações e interdependências com os outros planos, assim como meu corpo, embora em ritmos e sensibilidades de resposta diferentes.

Isso nos leva a dois outros conceitos básicos sobre o universo da Wicca: "polaridade" e "analogia".

Para a Bruxa, tudo é uma teia de equilíbrio de opostos – positivo e negativo, masculino e feminino, luz e escuridão. Sem esses contrapesos, o Universo entraria em colapso.[13] Essa perspectiva (que é basicamente a do cientista moderno) deu origem a muitos mal-entendidos, em grande parte por causa da terminologia empregada. Os Bruxos falam dos "elementos" Fogo, Ar, Terra e Água, e de "fluidos" elétricos e magnéticos, o que leva algumas pessoas a pensar que Bruxos negam os últimos dois ou três séculos de avanço científico. Eles não fazem nada disso e, de fato, muitos Bruxos são profissionais altamente conhecedores em vários ramos da ciência e tecnologia modernas. Esses "elementos" e "fluidos" não devem ser entendidos no sentido literal das palavras, mas como princípios. O conhecimento moderno de estrutura atômica,

13. "Tudo o que é humano é relativo, porque tudo repousa sobre uma polaridade interna: pois tudo é um fenômeno de energia, que depende necessariamente de uma polaridade preexistente, sem a qual não poderia haver energia. Deve haver sempre alto e baixo, quente e frio, etc., para que o processo de equilíbrio – que é a energia – possa ocorrer." (Carl G. Jung, *Collected Works*. 2ª Edição, Vol. 7, pág. 75).

mecânica ondulatória, teoria eletromagnética e assim por diante não são, para o Bruxo, uma demolição desses conceitos, mas uma expressão e reivindicação cada vez mais sofisticada e sutil deles.

A propósito, as polaridades não devem ser simplificadas demais - por exemplo, identificando arbitrariamente o masculino com positivo e claro, e feminino com negativo e escuro –, mas devem ser concebidas como uma rede interligada, cujo equilíbrio geral é mantido por um fluxo constante. Os ocultistas consideram o homem positivo (ativo) nos planos físico e mental, e negativo (receptivo) nos planos psíquico e espiritual; e a mulher ao contrário. Mesmo isso é uma simplificação excessiva de um padrão complexo de conceitos.

Fig. 1. O Hexagrama.

A analogia é o princípio hermético de "como acima, é abaixo" mas de outra maneira. Em outras palavras, o Microcosmo (o pequeno mundo, o homem) é uma miniatura do Macrocosmo (o grande mundo, o Universo) e sujeito às mesmas leis de estrutura e atividade. Este é o significado do mais conhecido de todos os símbolos ocultos, o *hexagrama* ou "Selo de Salomão", com seus dois triângulos entrelaçados. É a lógica de toda Magia simpática, porque a Bruxa acredita que não apenas o Microcosmo e o Macrocosmo são análogos, mas também interressonantes; e que ao colocá--los conscientemente "em sintonia" por ritual, transe ou apropriadamente por qualquer um dos Oito Caminhos que são simbolizados na estrela raiada em seu Athame (Fig. 2), ela pode fazer o Microcosmo afetar o Macrocosmo, assim como um cantor de pé em um campanário expressando a nota certa pode fazer um grande sino zumbir em simpatia.

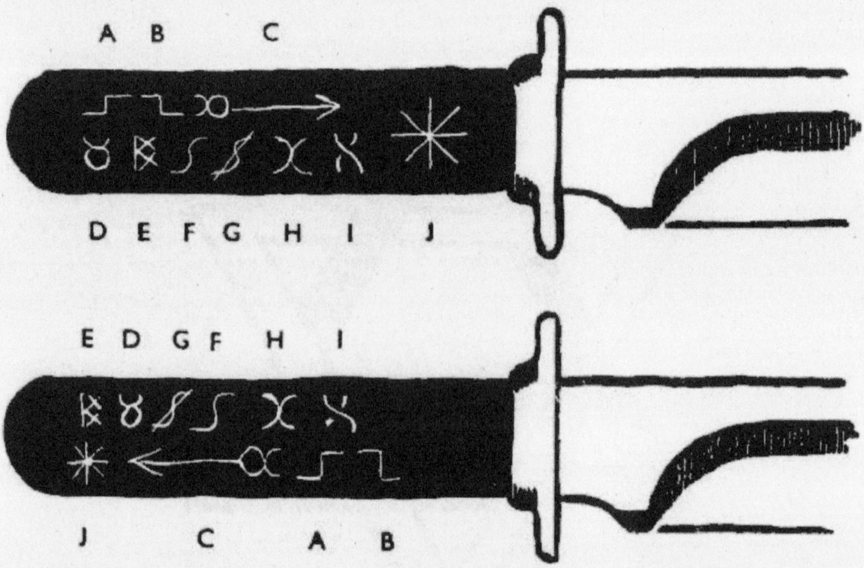

Fig. 2. Símbolos do punho do Athame (1) como usado por Alex Sanders. E (2) como dado a ele por um amigo Gardneriano. A disposição é diferente, mas os símbolos individuais são os mesmos. (A) Homem ajoelhado. (B) Mulher ajoelhada. (C) Flecha de poder. (D) O Deus Cornífero. (E) Inicial disfarçada de Karnayna. (F) O beijo. (G) O Açoite. (H) Lua crescente e minguante. (I) Letra hebraica *Aleph* – inicial de Aradia. (J) Os Oito Caminhos para a Magia.

Os trabalhos de um Coven de Bruxas[14] é como o de um cantor no campanário; o motor de arranque automático no carro, desencadeando uma potência superior à sua. E aqui está a chave para toda a teoria e prática da Wicca.

A Bruxaria é a criação e manipulação do poder psíquico.

Poucas pessoas pensantes negariam que a psique humana possui vastas áreas que estão atualmente inexploradas, adormecidas e pouco compreendidas. Tais enigmas, como telepatia e precognição, não absorvem apenas a atenção de intelectuais marginais. Universidades preocupadas com orçamentos os investigam e homens cabeça-dura no Pentágono e no Kremlin dedicam fundos e funcionários públicos para tentar colocá-los sob controle utilizável. Sua existência é amplamente reconhecida, mas se a chave para ela está no indivíduo, em um inconsciente coletivo ou em um plano não material que inclui mais do que forças e entidades humanas, isso permanece um assunto de debate. Enquanto o debate continua, o Coven das Bruxas, como tem feito desde tempos imemoriais, continua a trabalhar com elas por métodos comprovados na prática.

Existem muitas técnicas para explorar o poder psíquico; o Círculo Mágico das Bruxas é apenas uma delas. "A expressão externa de usar o Círculo data de tempos antigos", Alex aponta, "e esta é a melhor maneira que encontramos para explorar as chamadas capacidades 'perdidas'." Não significa que somos antiquados, apenas que não encontramos um caminho melhor.

Uma coisa que Alex falava; que, embora o alcance e o poder dessas capacidades variassem de indivíduo para indivíduo, ninguém ficaria sem elas, ele afirmava que cada pessoa que aceitasse a Iniciação e trabalhasse conscientemente alcançaria (por exemplo) o poder da clarividência dentro de semanas ou meses, não importa quão antipsíquica ela pudesse se considerar (ver Capítulo 8).

Além disso, todo ser humano possui um poder psíquico que,

14. A palavra "trabalho" é muito usada em Bruxaria e, embora eu espere que todo o meu livro tenha deixado seu significado claro, uma breve definição pode ajudar neste ponto. Como a "Grande Obra" do alquimista, seu objetivo central é o desenvolvimento espiritual e a abertura do próprio Bruxo; a cura e a ajuda clarividente de outros são subprodutos. É por isso que o trabalho "nefasto" acaba sendo autodestrutivo –, porque os subprodutos frustram o que deveria ser o objetivo central.

mesmo que seja inconsciente e inexperiente, pode ser aproveitado por quem tem mais experiência, desde que seja oferecido voluntariamente. Certa noite na casa de Alex e Maxine recebemos três visitantes que perguntaram se poderiam assistir aos trabalhos do Círculo. Eles estavam sentados ansiosos no sofá, compartilhando o bate-papo pré-Círculo, quando Maxine de repente os convidou a participar.

"Eu quero todo o poder que posso elevar esta noite", explicou ela.

Surpresos, os convidados se entreolharam e assentiram. Eles tiraram suas roupas como o resto de nós e fizeram o possível para seguir os ritos simples. Acabou sendo um trabalho de noite particularmente bem-sucedido, com o qual Maxine ficou muito satisfeita. Duas das três se tornaram Bruxas.

O poder gerado dentro de um Círculo Mágico não é em si nem bom nem mau, nem moral nem imoral. É simplesmente a matéria prima do Universo, desbloqueada pela vontade unida do Coven usando a chave do ritual; ela amplifica e é dirigida por essa vontade unida. Um amplificador de alta fidelidade aumenta uma nota áspera ou pura com igual eficiência, aproveitando a tensão imparcial da rede para o efeito; um amplificador psíquico de um Coven dentro do Círculo faz o mesmo.

A Bruxa "boa", no entanto, sustenta que o trabalho "nefasto", embora possa ser inicialmente bem-sucedido, carrega as sementes de sua própria retribuição. Não apenas o uso indevido de energia corrompe o usuário; isso também pode ter um "efeito bumerangue", é um princípio oculto bem estabelecido que um ataque psíquico que se depara com uma defesa mais forte repercute três vezes sobre o atacante. Como o amplificador de alta fidelidade novamente, o feedback pode se transformar em um grito de autotormento que sobrecarrega todo o circuito.

Embora o poder possa ser usado para o bem ou para o mal, não é fácil usá-lo para ambos, mudando à vontade. Dion Fortune, em *Autodefesa Psíquica,* compara-o a um volante e escreve:

> Se nos concentramos em um trabalho de maldição e morte para realizar um ato de vingança, não podemos reverter imediatamente o giro da alma e voltar a nos concentrar em obras de sabedoria e redenção. Podemos comparar a alma movendo-se

> com a maré da evolução a uma roda girando no sentido horário, ou *deosil*; e uma alma movendo-se contra a maré da evolução para uma roda girando no sentido anti-horário ou em *widdershins*... O movimento normal da alma é *deosil*, para frente com a corrente da evolução. Precisamos pensar muitas vezes antes de nos comprometermos a reverter esse giro, mesmo que momentaneamente, para empreender um trabalho de maldição e morte. O velho ditado, "Há o diabo para pagar", é verdadeiro. De fato, é questionável se existe uma reversão momentânea do giro. O impulso deve ser verificado e trabalhado novamente antes que a reversão do giro possa ocorrer.

Este conceito é refletido no nome das Bruxas para o trabalho nefasto – o *Caminho da Mão Esquerda*. O trabalho benéfico é o *Caminho da Mão Direita*, e ninguém pode seguir os dois caminhos ao mesmo tempo.

Um impulso indesejável pode ser construído intencionalmente, e isso também pode ser difícil de reverter. Lembro-me de um Círculo em uma ocasião em que as coisas começaram a dar errado. O Alto Sacerdote atuante (não era o Alex) estava cometendo erros no ritual, talvez por cansaço e concentração imperfeita. Aconteceu também de ter um convidado de outro Coven participando. O convidado certamente não era malicioso, mas suspeito que ele estava pensando mais nas três belas moças do Coven do que no trabalho em andamento. Ao todo, o sentimento de desconforto era tangível. Maxine, que delegara seu papel de Alta Sacerdotisa a uma dessas jovens, estava assistindo de uma poltrona no outro lado da sala.

Os erros pareciam se acumular por conta própria, mesmo depois de Maxine ter dado um aviso. Finalmente, ela caminhou entre nós, parou o rito, abriu o Círculo, expressou uma ou duas repreensões e então, subitamente e de forma gentil, mandou-nos para casa.

"Eu vou levar três ou quatro horas para limpar esta sala", disse ela.

Envergonhados, nós deixamos isso em suas mãos. Já passava da meia-noite, mas ela era muito sábia na Wicca para deixar os efeitos de tal asneira rolarem sem controle.

Uma ocasião em que a ajuda de Alex foi solicitada foi quando um jovem grupo pop (todos não Bruxos) realizou, como entretenimento, um rito mágico sobre o qual eles realmente não sabiam nada além da forma aproximada. Alex fez o que pôde para manter a performance inofensiva, no mínimo. Mas depois ele teve que tirar uma garota de um transe profundo e esclarecer o que chamou de "caos psíquico" que o grupo conseguira despertar.

A própria organização da Wicca em Covens, cada um sob a direção de uma Alta Sacerdotisa e um Alto Sacerdote, não é apenas para fins de "amplificação": é também um reconhecimento de que o poder psíquico é uma coisa inflamável de se lidar. "Você não pode ser uma Bruxa sozinha", diz a Lei, e embora isso tenha vários significados,[15] um deles é certamente que quando se trata de exercer o poder psíquico há segurança nos números, pois as diferentes personalidades (e os elementos masculino e feminino) equilibram, controlam e fortalecem uns aos outros, e o conhecimento e a experiência dos líderes são uma garantia contra o poder sair do controle ou ser involuntariamente (ou intencionalmente) mal direcionado.

Essa imagem dos livros de histórias de Bruxaria retratando as Bruxas como essencialmente malévolas foi criada por séculos de lavagem cerebral Cristã, mas é claro que não era totalmente sem fundamento na época. Além do fato de que, durante o que Alex chama de "Idade das Trevas", alguns ramos da Arte se tornaram inquestionavelmente degenerados, mesmo a corrente mais pura também estava sujeita ao princípio de que minorias perseguidas, sendo humanas, revidam seus perseguidores com as armas que eles são habilidosos. *"Cet animal est mechant; quand on l 'attaque, il se defender".*[16] E a Igreja tinha feito o seu melhor para roubar as Bruxas de sua função benigna tradicional.

---

15. Cortesias ocasionais à parte, a regra geral é que nenhuma Bruxa pode trabalhar em mais de um Coven. Em tempos de perseguição, esta era uma regra de segurança, semelhante à prática das Células da Resistência em tempos de guerra. Hoje, relaciona-se principalmente ao fato de que um Coven eficaz é um todo orgânico com seu próprio equilíbrio único, que até mesmo um estranho amigável pode distorcer. Isso pode parecer conflitante com o exemplo dado acima dos três visitantes, mas a decisão sempre depende do julgamento da Alta Sacerdotisa sobre as pessoas envolvidas e o trabalho a ser feito. E uma Bruxa treinada tende a ser mais perturbadora do que um convidado unitário, mesmo que ambos sejam bem-intencionados, porque sua personalidade psíquica é mais claramente delineada. Além disso, estando acostumado com a maneira de trabalhar de seu próprio Coven, ele pode se tornar um "motorista do banco traseiro" involuntário.

16. N. T.: este animal é perigoso; quando atacado, ele se defende.

Elas tinham sido os médicos clínicos gerais e conselheiros espirituais da comunidade, mas aos olhos da Igreja, o padre era o único conselheiro espiritual de que uma aldeia precisava e as doenças corporais eram o castigo de Deus pelo pecado de qualquer maneira, então quem queria uma Bruxa? Não era de surpreender que as Bruxas ajudassem apenas aqueles que confiavam nelas e ocasionalmente descarregavam sua amargura sobre o resto. Aqueles não eram tempos gentis.

Hoje não há perseguição, a menos que incluam as explosões rapidamente esquecidas de jornais como *News of the World* e outros de seu tipo. Então, não há desculpa para o trabalho maléfico. Aqueles que o empreendem são conscientemente antissociais. Bruxas convencionais, sejam Alexandrinas, Gardnerianas, Tradicionais ou Hereditárias, consideram os Covens maléficos como um anátema e os ignoram, além de ajudar suas vítimas quando surge a oportunidade.

Então o que as Bruxas consideram como "bom" e "mal"? Perguntei a Alex, que disse: "Uma coisa é boa para mim até que eu sinta que não é certo para mim. E no momento em que percebo que não está certo, então é pecaminoso continuar com isso. É prejudicial para mim, seja física, seja mental, seja espiritualmente".

Ao contrário de algumas outras religiões, a Wicca parece relutante em estabelecer em detalhes codificados o que é "pecaminoso". Essa relutância certamente não é indiferença às questões morais. Achei Alex e Maxine quase comoventemente morais em suas atitudes em relação à malícia, à criação de problemas, ao egoísmo, à falta de sinceridade, à crueldade, à deslealdade, à hipocrisia, à promiscuidade e a todos os pecados tradicionais. (O adjetivo mais contundente usado por Maxine é "degenerados".) É antes uma fé na consciência instintiva do homem do que é bom ou mau e uma crença de que a Wicca desenvolve esse instinto.

"Wicca ensina sobre poder", Alex me disse, "e livre-arbítrio para usá-lo, uma vez que você entenda como usá-lo. O treinamento traz uma visão tão equilibrada sobre o poder, que lhe dá um senso de responsabilidade. Então você raramente usa seu poder: apenas quando acha que é absolutamente necessário, e apenas quando é com o consentimento da outra pessoa.

"Você está trabalhando em seu nível físico, material, mas também trazendo à tona os aspectos mais elevados de si mesmo para esse nível e realizando-os: realização espiritual na manifestação física.

"Aleister Crowley disse: 'Fazer o que tu queres há de ser tudo da lei' – e essa é a única coisa que já foi citada publicamente. Mas o resto é 'Amor é a Lei, amor sob vontade' – amor no sentido geral de viver em comunidade.

"No momento em que você tem essa sensação do poder do amor, você pensa: É melhor não fazer isso. Está tudo bem para mim, e pode estar bem para a outra pessoa, se ela concordar com isso, mas deve ser a vontade dela, assim como a minha. E isso é poder, dá a você um senso de responsabilidade."

Ele acrescentou secamente: "Mas as pessoas não estão interessadas neste aspecto moral da Bruxaria. Elas estão interessadas em sexo – não em seu sentido natural, mas em seu sentido flagrante e explorado. Se todos que escrevessem sobre Bruxas divulgassem o lado bom do que os Bruxos fazem, seríamos perfeitamente bem aceitos".

Maxine interveio: "Eles simplesmente não querem saber".

"Eu tirei pessoas das drogas", continuou Alex, "tirei da previdência social, fiz com que reorganizassem sua vida, fiz com que entendessem que você deve ter uma certa disciplina para si mesmo – e a Wicca é uma disciplina, porque ensina níveis de consciência, níveis do ser. Quando você tenta explicar isso aos jornalistas, não há nada de sensacional nisso. Eles preferem sugerir seios e nádegas das mulheres".

Se ele soava amargo, era compreensível. Enquanto eu escrevia este capítulo, ele e Maxine foram a um estúdio de TV regional, a convite, para uma entrevista ao vivo. Tendo os mesmos problemas de babá que os mortais comuns, eles levaram Maya, de dois anos (uma criança adorável, brilhante como um botão), com eles. Desde o momento em que chegaram, foram tratados como maus, como leprosos psíquicos. Eles foram alternadamente evitados e insultados. Talvez o corte mais estúpido tenha sido quando Maya estava sentada calmamente bebendo um copo de água mineral e alguém foi ouvido murmurando: "Olhe para eles, dando gim para aquela criança!"

Durante quatro horas eles discutiram e discutiram, persuadiram, xingaram e tentaram garantir que a entrevista proposta fizesse algum sentido. A luta foi bem-sucedida, porque no final a entrevista correu bem e eles terminaram como amigos, pelo menos com as pessoas--chaves. Mas Alex voltou para casa exausto e zangado e adiou uma importante Iniciação de Segundo Grau para a qual todos havíamos chegado ao apartamento preparados.

"Pode ser que eu seja um hipócrita ao tentar isso", ele se desculpou. – "Eu poderia surfar sobre isso, claro, mas não significaria nada". Então ele riu e acrescentou: "No meu estado atual, seria melhor vocês lançarem um Círculo e se protegerem de mim".

Mesmo os Bruxos de Grau elevado são humanos, mas se forem como deveriam ser, eles têm o autoconhecimento e o senso de responsabilidade para agir (ou abster-se de agir) de forma adequada. Combinamos o programa da noite e, no final, Alex voltou a ser ele mesmo.

Com Maya, Alex e Maxine enfrentam o mesmo dilema moral que qualquer outro pai, cujas opiniões são geralmente consideradas "estranhas".

"As pessoas pensam que a Arte é algo obscuro, sujo e indesejável", Alex me disse. "Elas ficariam muito ofendidas se pensassem que eu estava trazendo um bebê para a nossa Arte, por causa dela eu tenho que me curvar a esse preconceito no momento. Sinto que é errado não poder dizer honesta e abertamente: 'Minha filha tem que ter um futuro espiritual e eu não quero que ela realmente esteja dentro de nenhuma outra religião além da minha, porque eu sinto que é bom para mim, bom para minha esposa, bom para as pessoas ao meu redor, portanto deve ser bom para minha filha'.

"Mas temos que protegê-la, então Maxine pegou água e a abençoou – a Bíblia diz que você pode fazer essas coisas 'em meu nome' – e a batizou em nome do Pai, do Filho e do Espírito Santo. Ainda não decidimos, mas ela provavelmente terá uma educação de convento. Ela estará na Arte – isso nós sabemos; mas não por anos ainda. E com a quantidade de publicidade que a Wicca está recebendo, talvez em vinte ou vinte e cinco anos ela possa fazer festas Wiccaniana para seus próprios bebês e anunciá-los nos jornais, e será perfeitamente aceitável. Enquanto isso, nós temos que fazer concessões, e isso me deixa um pouco amargurado. Maya é nossa e damos a ela todo o amor de pai e mãe. Talvez muito mais do que alguns pais ditos Cristãos."

Conhecendo muito bem a família Sanders, posso confirmar que sim.

A Wicca é uma religião, portanto, possui questões filosóficas e morais. Muitas delas são tratadas em outros capítulos, porém apenas mais uma deve ser abordada aqui: a questão da reencarnação.

Bruxos e ocultistas em geral acreditam nisso e muitos afirmam que com o desenvolvimento psíquico crescente vem a percepção, fraca ou vívida, de acordo com o indivíduo, dessas outras vidas. Alex admite essa consciência, mas a considera como algo pessoal e prefere mantê-la assim. A falecida Dion Fortune, que não era apenas talvez a mais clara e inteligente das escritoras ocultistas modernas, mas também uma distinta psicanalista profissional, regularmente levava em consideração outras vidas de pacientes durante seu diagnóstico de problemas psíquicos, e tinha técnicas para chegar a essas informações mesmo quando os pacientes estavam inicialmente inconscientes disso. *Autodefesa Psíquica* dá vários exemplos disso, e o *Sane Occultism* discute as técnicas.

Ela afirma repetidamente que a Iniciação significativa em uma Ordem Ocultista em uma vida tem seu efeito em outras reencarnações, e Alex diz o mesmo, acreditando que aqueles que buscam a Wicca estão frequentemente retornando. "Retornar" talvez não seja a palavra certa, porque implica um fluxo de tempo de mão única, enquanto na visão de Alex tempo e espaço não existem realmente. (Caso contrário, por exemplo, a precognição clarividente não passaria de suposições perspicazes).

"Tempo e espaço são conceitos", diz ele, "para auxiliar nossa compreensão dos atributos e vibrações ao nosso redor. Todas as coisas estão lá, elas já aconteceram e você está vivendo isso. Mas há tantos caminhos e passagens e formações disso que 'já está acontecendo', que você, em sua própria consciência, pode se mover em sua própria órbita e pode experimentar todas essas coisas de muitas maneiras diferentes. Você é um homem nesta vida – mas poderia ser mulher nas outras. Há uma crença geral oculta de que seu sexo se alterna de vida em vida. E sua 'próxima' vida pode ser 'mais antiga' na história mundial do que esta. Você está tão perto do antigo Egito agora quanto estará daqui a dez mil anos. Temos este conceito de tempo; mas uma mulher de 105 anos, um bebê de seis meses e eu na casa dos quarenta – somos todos tão velhos quanto os outros, porque viemos aqui desde o primeiro momento da Criação".

Um último ponto deve ficar claro, sobre a questão da moralidade. A própria consciência do Bruxo é e deve ser o árbitro final e, ao se rebelar contra algumas sugestões do Alto Sacerdote, Alta Sacerdotisa ou qualquer outra pessoa, ele deve seguir sua consciência.

Por exemplo: a tradição da Emigração Atlante que esbocei no capítulo anterior foi ocasionalmente interpretada, particularmente nos círculos ocultistas do século 19, em termos que para mim são inaceitavelmente racistas. (Apresso-me a acrescentar que o Coven de Alex não tem tais preconceitos). Se alguém, não importa quão impressionante fosse seu status Wiccaniano, tentasse me impor atitudes racistas ou sugerir tratar qualquer indivíduo, de qualquer origem, de outra forma que não como um ser humano por direito próprio, eu lhe diria sem rodeios o que ele poderia fazer com sua sugestão. E também diria que ele poderia ser uma pessoa negra em sua próxima encarnação.

A Wicca não diminui a responsabilidade pessoal; faz maiores exigências sobre ela.

4

TREINAMENTO DE UMA BRUXA

Um Bruxo de Primeiro Grau, recém-iniciado, pode ou não ser ignorante nos caminhos da Wicca. Isso depende de sua personalidade e atitude, de como ele chegou ao Coven e dos métodos do próprio Coven. Em um extremo, ele pode ser um tipo cauteloso que leu e estudou por meses e foi autorizado a assistir ou participar de reuniões do Coven, antes de decidir "Isto é para mim". No outro extremo, ele pode ter percebido isso intuitivamente em seu primeiro contato com o Coven e mergulhado direto. Ambos os tipos de pessoas podem ser bons Bruxos, e um Coven eficaz é um Coven variado.

As atitudes dos Covens em relação ao recrutamento também diferem. Poucos iniciarão quem pedir, assim que ele pedir, como fariam os evangelistas com todo o fervor para somar número de almas salvas. Alguns outros, um pouco mais lógicos, são iniciadores pródigos com base no princípio de que os menos sérios e os perseguidores desistirão de qualquer maneira, deixando aqueles que valem a pena manter. Em outras palavras, eles veem a Iniciação como um filtro e não como uma devoção.

Conheço um homem a quem foi oferecida Iniciação por um Coven em Yorkshire a qual ele nunca conheceu. Por meio de uma troca de cartas o Alto Sacerdote escreveu "confiamos completamente em você". Meu amigo decidiu, com razoabilidade que, se eles eram imprudentes o suficiente para confiar nele sem vê-lo, ele não estava inclinado a fazer o mesmo com eles.

Tradicionalmente, a Wicca (como as fraternidades ocultas em geral) nunca procurou recrutas ativamente, mas se apegou ao princípio de que aqueles que estivessem prontos encontrariam um caminho para isso. Bruxos e ocultistas que discutem amargamente sobre a questão do "sigilo ou publicidade" parecem concordar com isso. Mesmo aqueles que, como Alex, acreditam que a publicidade pode esclarecer e desfazer equívocos, preocupam-se apenas em estabelecer sinalizações para aqueles que precisam delas e não forçam a adesão apenas por causa dos números. Alex sente, no entanto, que essa relutância em recrutar pode ir longe demais, ao ponto de recusar um bom material.

"Eu tento ignorar todas as brigas entre as divisões", diz ele, "então, se alguém pedir para ser colocado em contato com um Coven em uma área onde não há um dos meus, em vez de desapontá-lo, eu lhe dou a endereço de um Bruxo Gardneriano. (Apenas de alguém conhecido publicamente, é claro. Eu não quero ser acusado de entregar ninguém). E alguns desses Altos Sacerdotes e Sacerdotisas me ligam e dizem: 'Nós não queremos essas pessoas. Tenho uma lista de espera de três ou quatro anos'. Isso não é sabedoria. Nós não queremos uma religião de Sacerdotes e Sacerdotisas – queremos uma de Sacerdotes, Sacerdotisas e congregações: Iniciados de Primeiro Grau, leigos para assistir, pessoas de fora que podem vir e conversar. É por isso que minha casa está cheia de gente, outros Altos Sacerdotes e Sacerdotisas deveriam estar fazendo o mesmo. Mas muitos deles, em seus quarenta e tantos anos, têm uma coisinha legal e não querem treinar os jovens. Eles não têm nada para ensinar...

"Estou tentando estabelecer entre as pessoas que entram em contato comigo não apenas um Coven de Bruxos, mas um círculo de pessoas com a mesma mente, querendo se reunir e praticar os antigos rituais – para realização espiritual nesta vida, não em outra vida. Nesse sentido, pode-se dizer que estou procurando convertidos. E entre eles, espero conseguir um ou dois que se qualifiquem para o Sacerdócio em seu sentido mais elevado e que assumam o trabalho. Homem ou mulher, casado ou solteiro, eu não poderia me importar menos. Interesso-me pelos jovens... e pelos mais velhos também, para manter o equilíbrio."

Tenho observado com interesse a atitude muito flexível de Alex e Maxine em relação a pretensos Bruxos. Eles não seguem uma fórmula definida, mas julgam cada um como um indivíduo, avaliando suas próprias necessidades e potencial e seu provável efeito no Coven. Alguns candidatos são iniciados quase imediatamente. Alguns ficam esperando, e destes, novamente, alguns apenas assistem às aulas, enquanto outros são admitidos como convidados nas reuniões do Coven. O sistema funciona: só vi um caso em que parecia ter sido cometido um erro de julgamento, e mesmo com isso os demais aprenderam algumas lições úteis.

O Coven de Alex e Maxine é um grupo de treinamento por excelência, provavelmente o único neste aspecto, mesmo entre os Covens único nesse aspecto, mesmo entre os Alexandrinos. Conheço, por exemplo, um Coven Alexandrino que não faz nenhum treinamento. Ele se reúne regularmente, recebe recrutas genuínos e esses recrutas aprendem os poucos e simples rituais básicos do Coven pelo exemplo. A teoria por trás dos rituais poderia muito bem não existir. E, no entanto, esse Coven funciona bem e feliz. E ainda tem, em particular, um bom registro de cura para seu crédito. Há um lugar para o Coven "instintivo", bem como para os de treinamento intensivo. Se cada Coven fosse uma universidade em miniatura, muito pouco trabalho prático seria feito – e se cada Coven fosse puramente instintivo, a Wicca estagnaria.

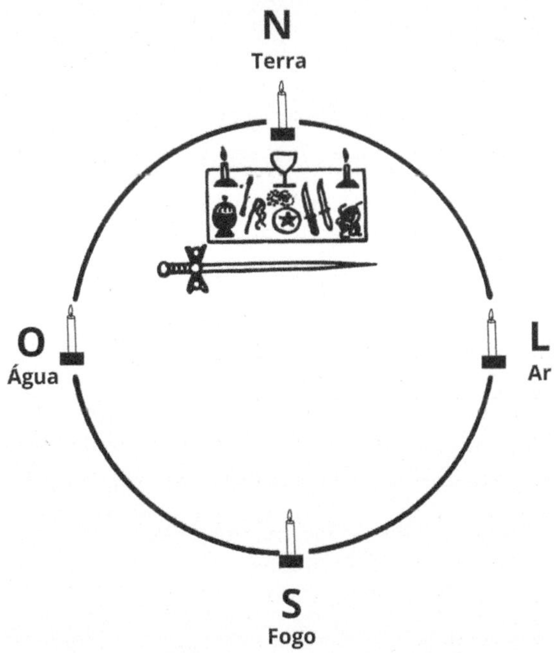

Fig. 3. O Círculo Mágico, Altar e Instrumentos.

Uma coisa toda Bruxa deve aprender: como lançar um Círculo Mágico. O Círculo tem uma dupla função: concentração e proteção e tem sido usado na Bruxaria, Magia e cerimonial oculto ao longo dos tempos. Seus parentes próximos são a igreja, a mesquita e a sinagoga, e seus ancestrais são Stonehenge, Avebury e outros lugares semelhantes em muitas terras.

Em seu aspecto de concentração, o Círculo simboliza a relação entre Microcosmo e Macrocosmo. E ele é, ao mesmo tempo, o infinito e o foco no infinito. Como proteção contra seres e forças psíquicas hostis ele é o Ovo Akáshico, o santuário consagrado, a barreira erigida pela vontade ritualizada (e, portanto, amplificada).

Quando se trata de evocar e lidar com seres que de outra forma poderiam ser poderosos demais para controlar, o Círculo combina concentração e proteção. É tanto o bloqueio quanto o ataque - e estes são paralelos justos, pois com eles, como com a Magia, o motor principal não é outro senão o operador humano, tornado mais forte e seguro pela aplicação de leis conhecidas.

O cético argumentará que o Círculo Mágico é meramente uma ajuda psicológica; mas mesmo nesse nível é válido e eficaz. A igreja é tanto um ambiente feito pelo homem quanto o Círculo, mas a maioria dos homens acha mais fácil sintonizar-se com o infinito dentro de suas paredes e a Lei do Santuário expressa uma atitude humana fundamental. O homem se sente mais santo e mais seguro em solo consagrado, embora tenha sido apenas ele quem o declarou sagrado por qualquer critério que possa reconhecer.

Maxine colocou a teoria da ajuda psicológica para mim em uma frase: "Quando uma criança vê os aparatos de chá colocados, ela sabe que é hora do chá".

Qualquer que seja a explicação que você aceite, o Círculo Mágico funciona. "Círculo Mágico" é um nome impróprio; deveria realmente ser "Esfera Mágica". O conceito é de um espaço completamente fechado, o Círculo apenas marcando o lugar onde corta o chão.

Para lançar um Círculo Mágico, a Bruxa precisa do seguinte equipamento mínimo:

- Quatro velas em castiçais.
- Uma Espada (ou Athame) que foi devidamente consagrada.
- Um Pentáculo[17] também consagrado.
- Uma pequena tigela com água e os meios de aspergi-la (uma colher de chá serve).
- Um pouco de sal.
- Um incensário com incensos (varetas de incenso em um suporte também serve).

O Círculo pode ser de qualquer raio de 0,60 cm ou 1 m para trabalhar sozinho em uma quitinete, até 4,50 m ou mais para um festival ao ar livre combinando vários Covens. Para o trabalho normal de um único Coven dentro de casa, o Círculo será tão grande quanto a sala permitir.[18]

Qualquer Bruxa, de qualquer Grau, pode lançar um Círculo; Bruxas muitas vezes lançam sozinhas para meditação ou outro trabalho privado. Quando dois ou mais praticantes de Bruxaria se encontram e um deles é uma mulher, o Círculo deve ser lançado por ela. Quando o Coven se reúne essa é a função da Alta Sacerdotisa.

O Círculo é preparado acendendo as quatro velas logo fora da circunferência, nos quatro pontos cardeais da bússola. Algumas Bruxas sustentam que não importa se estes são os pontos Norte, Leste, Sul e Oeste reais, desde que seja acordado qual é qual. Eles colocam a vela "Norte" (em frente à qual o altar deve estar) no ponto que melhor se adapta ao layout da sala - ou, por exemplo, quando a reunião é ao ar livre, pode ser ao lado de uma pedra que é adequada para um altar. Outros se sentem mais à vontade se o Norte nominal e o real forem os mesmos.[19]

---

17. Um disco de cobre ou prata, de 12 cm ou 15 cm de diâmetro, marcado como na Fig. 4.

18. Um círculo mais detalhado - o padrão na magia medieval - é duplo, com um diâmetro externo de 2,75 m (9 pés) e um interno de 2,45 m (8 pés). Entre os dois, símbolos e nomes de poder estão inscritos. A *Clavícula de Salomão* descreve o método.

19. Embora também possa ser colocado no centro.

Fig. 4. O Pentáculo. Para os significados dos símbolos, veja a Figs. 2 e 7(a)-(c).

Normalmente todas as luzes artificiais são apagadas e as velas são a única iluminação, além de qualquer fogo que possa estar presente para fins rituais dentro do Círculo – ou para fins de aquecimento fora dele, pois não há virtude oculta em passar frio.[20]

O incenso é aceso e o incensário é colocado junto a todos os outros itens dentro do Círculo em frente à vela Norte, seja em um altar real (geralmente uma caixa drapeada), seja em uma área do chão representando um.

Em seguida, a Bruxa consagra a água. Ela coloca a tigela em cima do Pentagrama, coloca a ponta do Athame na água e diz:

> EU TE EXORCIZO, Ó CRIATURA DA ÁGUA, QUE TU LANCES FORA DE TI TODAS AS IMPUREZAS E MÁCULAS DOS ESPÍRITOS DO MUNDO DOS FANTASMAS; PELOS NOMES DE KARNAYANA E ARADIA.[21]

20. Tem sido sugerido que a figura tradicional de Bruxa do folclore britânico, uma velha artrítica, pode ter surgido não inteiramente da propaganda da Igreja, mas também das realidades dos ritos nus ao ar livre em nosso clima!

21. Ou seja qual for o nome que o Coven usa para o Deus e a Deusa.

A Bruxa move a tigela para o lado, despeja um pouco de sal no Pentáculo e segura a ponta do Athame nele dizendo:

Que as bênçãos estejam sobre esta criatura de sal; que toda malignidade e obstáculo sejam lançados fora daqui, e que todo bem aqui entre; razão pela qual eu te abençoo, para que tu possas me auxiliar pelos nomes de Karnayana e Aradia.

Ela levanta o Pentáculo e despeja o sal na água. Tudo está agora pronto para o lançamento real do Círculo.

Começando pelo Norte, ela caminha no sentido horário (deosil)[22] apontando a Espada ou Athame para baixo da circunferência do Círculo, até chegar ao Norte novamente, dizendo ao fazê-lo:

Eu te conjuro, Círculo de poder, que sejas uma fronteira entre o mundo dos homens e os reinos dos Poderosos, um guardião e proteção que preservará e conterá o poder que eu (nós) elevarei dentro de ti. Portanto, eu te abençoo e te consagro.[23]

Se alguém mais (um iniciado ou o resto do Coven) for entrar depois que o Círculo for lançado, ela deixará um "portão" no quadrante Nordeste, levantando o Athame e passando por uma porta imaginária ao passar por ele. (Nesse caso, uma vez que todos estejam dentro, o "portão" deve ser fechado e o Círculo selado passando o Athame, apontado para baixo, sobre aquele arco da circunferência).

Agora a Bruxa borrifa a água consagrada ao redor do Círculo (deosil de Norte a Norte novamente). Em seguida, ela carrega o incensário ao redor do Círculo e, finalmente, o fogo na forma de uma vela acesa, geralmente a vela Norte, que depois é substituída. Alternativamente, pode haver um par de velas acesas no altar e uma delas pode ser usada.

Ela pega o Athame, olha para o Leste, e segura a lâmina na frente dela dizendo:

22.Um Círculo Mágico Nefasto é lançado no sentido anti-horário ou em *widdershins* como seria de esperar dos devotos do Caminho da Mão Esquerda.

23. Como tantos rituais Wiccanianos, essa bênção é flexível em suas palavras, pois, como diz o Livro das Sombras, "as palavras exatas pouco importam se a intenção for clara e você elevar o verdadeiro poder o suficiente". Por exemplo, as palavras "Ó círculo, seja um lugar de encontro do amor e verdade" podem ser inseridas, como no exemplo que dei no Capítulo 1.

Ó Senhores das Torres de Observação do Leste, eu vos convoco, mobilizo e chamo para testemunhar os nossos ritos e para proteger o Círculo.

Enquanto fala, ela traça uma estrela de cinco pontas no ar com o Athame, começando no topo, descendo até o canto inferior esquerdo, atravessando para o canto superior direito, atravessando para o canto superior esquerdo, descendo até o canto inferior direito, subindo até o topo e descendo novamente para o canto inferior esquerdo: seis pontos no total. (Este é o Pentagrama de Invocação do elemento Terra: para cada elemento há um Pentagrama de Invocação e um de Banimento, com seus próprios pontos inicial, final e direção do traçado). Depois de descrever o Pentagrama, ela aponta o Athame para o centro, depois beija a lâmina e a coloca contra o coração. Voltado para O Sul, ela agora convoca os Senhores das Torres de Observação do Sul da mesma maneira; depois as do Oeste e, finalmente, as do Norte.[24] O Círculo e sua proteção estão agora completos.

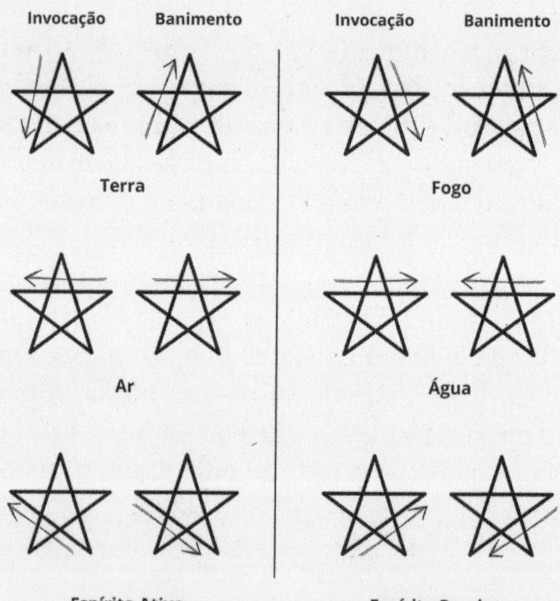

Fig. 5: Pentagramas de Invocação e Banimento

24. Esta invocação também é flexível. Por exemplo, a Oeste pode ser adicionado "Senhores do reino da morte e da iniciação", e ao Norte, "Bóreas, guardião do portal Norte, abra o portão para que o poderoso Deus e a gentil Deusa possam entrar". – a favorita de Alex. Esses acréscimos são meramente verbalizações daquilo que o Bruxo visualiza e, como tal, são legítimos e úteis.

Todos esses atos e frases são, é claro, apenas a forma externa. Como em tudo, até celebrar a missa de um casamento para dizer a uma mulher que você a ama, essa forma não tem sentido (e pode até ser perigosa) sem a atitude mental, emocional e espiritual apropriada. Por exemplo, ao abençoar o sal, é inútil dizer: "Que toda malignidade e obstáculo sejam lançados fora daqui", sem um esforço deliberado para fazer o mesmo com seus próprios pensamentos. Ou ao lançar o Círculo, convocá-lo para ser um "local de encontro do amor e da verdade" sem banir (ou pelo menos suspender) qualquer sentimento de ressentimento ou decepção que você possa ter em relação a algum outro membro do Coven em seu papel diário.

A imaginação deve ser conscientemente convocada para reforçar o ritual. Enquanto a estrela de cinco pontas está sendo traçada no ar, Alex recomenda que você visualize a ponta do Athame deixando uma linha de luz azul elétrica em seu caminho. Mais uma vez, por exemplo, ao Norte ele gosta de visualizar o Pentagrama como uma janela para uma paisagem refrescante e repousante de florestas, lagos e clareiras gramadas.

Se a Alta Sacerdotisa lançar o Círculo com o Coven esperando fora dele, ela geralmente os admite depois de carregar o fogo. Primeiro ela chama o Alto Sacerdote através do "portal", beijando-o no limiar e girando-o à direita dela e atrás de si no Círculo. O resto é então chamado um por um, o Alto Sacerdote admitindo cada mulher com um beijo e a Alta Sacerdotisa cada homem da mesma maneira.

Cada membro, se desejar, pode então tomar parte na invocação aos Senhores das Torres de Observação, duplicando os gestos da Alta Sacerdotisa com seu próprio Athame, tendo-o colocado no altar em prontidão, antes que o Círculo fosse lançado.[25]

Quando o trabalho da reunião terminar, o Círculo deve ser banido. A Alta Sacerdotisa, com o Coven atrás dela, olha para o Leste, apontando seu Athame, e diz: "Ó Senhores das Torres de Observação do Leste, eu agradeço por terem assistido aos nossos ritos; e antes de partirem para vossos reinos agradáveis nós vos dizemos saudações e adeus. Saudações e adeus!"

---

25. O Athame é apenas um instrumento ritual, portanto, deve ser deliberadamente sem fio e rombudo na ponta – por razões óbvias de segurança em um Círculo lotado. Os puristas que pensam o contrário devem ser extremamente cuidadosos em seus gestos. A Faca de Cabo Branco, no entanto, é usada para trabalhos práticos na modelagem de outras ferramentas, e não é usada nas proximidades dos corpos de outras pessoas. Portanto, pode e deve ser afiada.

Enquanto ela fala, traça o Pentagrama de Banimento do elemento Terra no ar com seu Athame, começando no canto inferior esquerdo, subindo até o topo, descendo até o canto inferior direito, atravessando o canto superior esquerdo, passando pelo canto superior direito, descendo para baixo, esquerda e subindo novamente até o topo. Ela beija a lâmina e a coloca em seu coração e então repete a fórmula para o Sul, Oeste e Norte (o Coven colocando-se atrás dela para ficar de frente para cada lado um de cada vez e novamente copiando seus gestos com seus próprios Athames, se desejarem) e assim o Círculo é banido.

A Wicca ensina sobre níveis de consciência; isso realmente é resumidamente a Wicca. Em outras palavras, ela ensina a transferência de consciência e ação para níveis de realidade (já discutidos no Capítulo 3) diferentes daqueles em que normalmente (e para a maioria das pessoas, exclusivamente) funcionam. Clarividência, transe, projeção astral são todas formas dessa transferência, assim como as experiências incomunicáveis dos místicos. Todos são trabalhosos e precisam ser aprendidos.

Alex, como já disse, sustenta que qualquer um pode aprendê-los, embora, é claro, o grau de sucesso e o número de níveis que podem ser alcançados dependam do indivíduo.

A capacidade de distinguir entre a transferência ilusória e genuína da consciência para outro nível também deve ser aprendida: alucinação patológica não é a mesma coisa que visão psíquica. Ao fazer essa distinção, o bom senso e um conhecimento prático da mecânica psicológica são de grande ajuda, assim como o conselho de alguém que é mais experiente na área do que você. Há também o critério científico elementar de comparar os resultados com os fatos conhecidos, um hábito que não deve ser desprezado como ceticismo, porque a Wicca é uma Arte prática.

Aprender os níveis de consciência exige controle da mente, então exercícios para desenvolver isso vêm cedo no treinamento de uma nova Bruxa. Alex recomenda reservar alguns minutos todos os dias para isso, se possível de manhã e à noite, para que se tornem um hábito. Aqui estão três hábitos básicos, cada um deve ser dominado antes que o próximo seja tentado:

Exercício 1: sente-se ou deite-se confortavelmente, com os olhos fechados e observe sua própria linha de pensamento, como se uma parte de sua mente fosse um observador silencioso à parte. Apegue-se a uma determinada linha de pensamento e persiga-a atentamente, não permitindo que nada irrelevante a esse pensamento se intrometa. Por exemplo, se você se pegar pensando em uma árvore e decidir sobre esse tema, imagine uma árvore, analise-a, visualize seu metabolismo, seu desenvolvimento, seu tempo de vida, seu ritmo sazonal, sua relação com o ambiente, o "hábito" de sua espécie particular e procure banir instantaneamente qualquer pensamento "não árvore" que comece a surgir. Ao mesmo tempo, permaneça consciente de si mesmo como observador de sua própria linha de pensamento. Continue assim por cinco minutos no primeiro dia, prolongando o exercício em um minuto por dia até chegar a dez minutos.[26] Se você achar o exercício difícil, prolongue-o mais gradualmente. Acima de tudo, tome cuidado para não adormecer durante o exercício. Se tiver perigo de você dormir, pare e tente novamente quando estiver menos cansado ou, se quiser recomeçar imediatamente, vá e lave o rosto com água fria primeiro. Um pouco de respiração profunda antes de começar também ajudará a prevenir a sonolência. À medida que você se tornar mais habilidoso com este exercício, também vai adquirir a técnica de desacelerar sua linha de pensamento de modo que apenas alguns conceitos passem por sua mente durante o tempo determinado.

Aliás, esse exercício faria muito bem à maioria das pessoas, independentemente de qualquer objetivo oculto. É simplesmente um autotreinamento em concentração, o que beneficiaria o trabalho, hobbies ou a vida doméstica.

Exercício 2: desta vez, agarre-se, não a uma sequência de pensamentos, mas a um único pensamento ou imagem; estaticamente, não permita a intrusão de outros pensamentos nem a modificação do pensamento original. Isso é de longe mais difícil de manter e apenas períodos curtos serão possíveis no início, mas novamente você deve aumentar gradualmente o tempo até que possa gerenciar dez minutos completos.

Exercício 3: o mais difícil de todos – produção e manutenção de uma mente obviamente vazia. Não será possível até que tenha dominado os exercícios 1 e 2, e mesmo assim você vai conseguir apenas alguns

26. Uma ajuda útil é um temporizador de cozinha, que toca após um número predefinido de minutos. Isso evita olhar constantemente para o relógio, que é em si uma interrupção da linha de pensamento.

segundos no início. Deite-se confortavelmente, relaxe todo o corpo e feche os olhos. Depois de algumas tentativas, você vai descobrir que pode aumentar o tempo. Você terá dominado este exercício quando puder permanecer nesse estado mental por dez minutos sem perder o autocontrole ou adormecer. Pensar em absolutamente nada, enquanto totalmente consciente, pode parecer impossível, mas na verdade é bem possível, desde que você desenvolva essa técnica com os exercícios anteriores.

É uma boa ideia manter um diário desses exercícios, registrando seus sucessos, fracassos, tempo alcançado, distúrbios e quaisquer outros comentários relevantes. "Quanto mais atento e honesto você for com esses exercícios", diz Alex, "mais fácil será ser iniciado nos mistérios internos quando for a hora certa para você".

O objetivo central da Wicca é o desenvolvimento espiritual e psíquico de cada Bruxo e, para isso, a autoanálise e a autocrítica são essenciais. Muitos sistemas ocultos os ignoram, o que Alex sustenta que este é o motivo pelo qual eles não alcançam bons resultados.

A autocrítica não tem que significar auto humilhação em público, ou a "*mea maxima culpa*" do confessionário, ou o bater no peito maoísta. Alex vê isso como uma responsabilidade e recomenda a manutenção de um "Livro de Controle" que deve ser apenas para os seus olhos. Neste livro você deve primeiro inserir o que ele chama de "todo o lado ruim de sua alma", registrando impiedosamente cada deficiência ou falha em sua personalidade e relembrando situações passadas para colocar sua atitude e comportamento sob o microscópio. Toda variação sutil de falha deve ser eliminada; você deve retornar ao livro dia após dia, repensando cada item, acrescentando, corrigindo. "Quanto mais você descobrir", diz Alex, "melhor para você. Nada deve permanecer oculto, nada não revelado, por maiores ou insignificantes que sejam suas falhas. Lave sua alma perfeitamente, varra toda a poeira dela". Em seguida, tente atribuir cada falha a um dos quatro elementos: Fogo, Ar, Água e Terra.[27] Por exemplo, ciúme, ódio, vingança e raiva podem ser atribuídos ao elemento Fogo; frivolidade, presunção, jactância, esbanjamento e

27. Não é demais enfatizar que esses "elementos" não devem ser tomados literalmente, nem como uma reversão a uma ignorância pré-científica da natureza do mundo físico. São conceitos, princípios, aplicáveis a muitas esferas do pensamento oculto. A forma como são aqui aplicados na esfera moral deve dar ao leitor uma pista de seu significado básico.

fofoca ao elemento Ar; indiferença, preguiça, negligência, grosseria e instabilidade à Água; falta de consciência, preguiça (em outro sentido), melancolia e embotamento ao elemento Terra. Quaisquer falhas que você achar difícil de atribuir podem ser listadas em "indiferente"; mais tarde, com uma percepção aguçada, você provavelmente será capaz de atribuí-las a um dos elementos. (Veja também pág. 219-221)

Agora passe uma semana subdividindo suas falhas em três grupos: (1) falhas graves; (2) falhas menos graves, mais ocasionais e (3) falhas menores e infrequentes. Esse processo pode ser mais esclarecedor do que você espera.

Tendo chegado tão longe com suas falhas, agora você repete todo o processo com suas boas qualidades. Atribua características como atividade, entusiasmo, determinação, coragem e ousadia ao elemento Fogo; diligência, alegria, destreza, dons intelectuais, bondade, luxúria (no sentido de alegria de viver) e otimismo ao Ar; modéstia, abstinência, compaixão, tranquilidade, ternura e perdão à Água; respeito pelos outros, perseverança, meticulosidade, sobriedade, pontualidade e responsabilidade com o elemento Terra.

Subdivida-os também em (1) princípios ativos; (2) boas qualidades bastante consistentes e (3) virtudes menores e lampejos ocasionais.

Agora você terá o que Alex chama de "dois psico-espelhos astrais", um escuro e um claro. "Você será capaz de reconhecer exatamente qual elemento está prevalecendo em seu espelho escuro e claro. Este reconhecimento é absolutamente necessário para atingir o equilíbrio mágico e seu desenvolvimento posterior depende disso".[28]

Tentando este exercício de "conhecer a si mesmo", descobri que a maneira mais prática é usar um caderno de folhas soltas, de formato pequeno, dividido por dez fichas (para cobrir os quatro elementos mais "indiferentes" em escuro e claro). Colocar uma falha ou virtude em uma folha torna a classificação e emenda muito mais simples. E se alguém me disser que isso é muito organizado, estou preparado para inserir "obsessividade" como uma falha menor (em "Terra", eu acho)!

28. Este conceito de equilíbrio pessoal é exatamente expresso por Shakespeare em *Epitáfio* de Marco Antônio sobre Brutus:
Sua vida era gentil, e os elementos
Tão misturado nele que a
Natureza poderia se levantar
E dizer a todo o mundo
"Este era um homem!"

Tais exercícios mentais e morais podem ser aceitos como sólidos por quase qualquer pessoa, qualquer que seja sua perspectiva. Eles são essenciais para a Wicca, mas não exclusivos dela. Porém a Wicca é especificamente Arte, e aqui, claro, o treinamento entra em terreno mais controverso.

Não estou pensando nas reações de materialistas completos para quem a coisa toda é bobagem. Eles não vão ler este livro de qualquer maneira, exceto como um caso clínico patológico. Nem da atitude mais simpática dos céticos que admitem a utilidade como dispositivos para organizar os esforços mentais de fórmulas que podem não ser literalmente "verdadeiras"; eles pelo menos saberão do que estou falando. Estou preocupado com o problema do novo Bruxo em treinamento.

O aspirante aceita a perspectiva e os princípios básicos, ou não teria se juntado ao grupo. No entanto, se ele pertencer ao que chamei de "Coven instintivo", onde seu treinamento se limita a participar e sentir o que está acontecendo, seu problema será mínimo. Ou ele vai estar cada vez mais em sintonia com o seu Coven e seus poderes se desenvolverão de acordo, ou não o fará – neste caso, ele acaba decidindo que está perdendo seu tempo e desiste. (De um Coven "benigno", quero dizer; se a pessoa foi tola o suficiente para se envolver no Caminho da Mão Esquerda, desistir pode não ser tão fácil).

Se, no entanto, o Bruxo se juntou a um Coven de treinamento intensivo como o de Alex e Maxine, com aulas, notas ditadas e diagramas para copiar, ele rapidamente terá muito material fornecido considerado "estranho" e que (para dizer o mínimo) não pode ser provado imediatamente. Se ele tiver qualquer tipo de mente treinada, seja do nível primário ao mais avançado, terá aprendido com o tempo a não receber informações na confiança e também a diferenciar o fato objetivo demonstrável por um lado e a opinião subjetiva por outro. Conhecimento Oculto não é assim. Você tem que absorver muito dele na confiança antes de poder desenvolver o suficiente para testá-lo por si mesmo. Se você é sincero e inteligente, mas não é uma pessoa com dons psíquicos "naturais" (e essa descrição se encaixaria, eu acho, na maioria dos iniciados de Alex), pode se preocupar um pouco com esse método de avanço.

Esse é um problema antigo, comum a todas as fraternidades ocultas, e os sábios mestres o reconhecem. Nenhum professor de Ocultismo digno de seu sal e água exige fé cega. Se o fizer, é melhor evitá-lo. Uma pessoa sensata como Alex, diz: "Essas coisas funcionaram para mim, ou me foram passadas por outros professores que me convenceram de que sabem do que estão falando. Eles fazem parte de uma longa tradição que inúmeras pessoas ao longo dos tempos descobriram que funciona para elas. Portanto, sugiro que você as aceite como hipóteses de trabalho por enquanto, até que tenha se desenvolvido o suficiente para descobrir se elas também funcionam para você".

Isso me parece ser uma atitude razoável, desde que seu professor pareça ser sincero e inteligente – e experiente. Devo dizer que, estudando com Alex, descobri que é uma abordagem prática. Muitas vezes tomei notas que pareciam sem sentido ou bizarras na época, apenas para que, de repente, elas fizessem sentido semanas ou meses depois, seja por experiência direta ou por ligação com outra coisa.

Existem muitos caminhos para o desenvolvimento oculto e nenhum deles se adapta a todos os temperamentos. Um indivíduo só pode descobrir seu próprio caminho em sua própria velocidade. Isso também um professor experiente reconhece e muitas vezes ele pode ver o caminho mais claramente e mais cedo do que o aluno. Certa vez ouvi Alex dizer a um Bruxo com poucos meses de estudo (um jovem de quem todos gostávamos muito e um aluno diligente): "Não sou seu professor; vou ajudá-lo em tudo o que puder, mas o seu caminho é tal e tal". Então ele o enviou com sua (e certamente nossas) bênção. Ele ainda nos visita algumas vezes e é recebido como amigo e como Bruxo, mas seu verdadeiro trabalho oculto está em outro lugar, e foi Alex quem viu isso. Eu me pergunto se todos os Altos Sacerdotes teriam sido tão perspicazes.

5

O TRABALHO DE COVEN

A frequência com que um Coven se reúne depende do grupo. Os Oito Festivais ou *Sabbats* do ano (descritos em detalhes no Capítulo 7) são os pontos altos do calendário. Para estas ocasiões, dois ou mais Covens podem unir forças.

As reuniões ordinárias ou *Esbats* são tradicionalmente realizadas "uma vez por mês, e melhor que seja quando a lua estiver cheia", mas um Coven ativo e entusiasmado provavelmente se reunirá com mais frequência. O Coven de Alex e Maxine se encontra quase toda semana, e usa as palavras "Encontro", "Círculo" ou o nome do festival ao invés de *Esbat* ou *Sabbat*, mas alguns Covens preservam os termos antigos.

O trabalho de uma reunião ordinária do Coven pode incluir Iniciações, seja de Primeiro Grau (transformando um recém-chegado em um Bruxo) ou Segundo e Terceiro (que normalmente são recebidos juntos; o Segundo Grau qualifica um praticante da Arte como Alto Sacerdote ou Alta Sacerdotisa e o Terceiro Grau celebra o fato). O trabalho de Coven quase certamente incluirá trabalho de cura para seus membros ou para os não Bruxos que podem ou não estar presentes. Pode incluir a resolução de problemas pessoais (amorosos, profissionais, domésticos), novamente para Bruxos ou não. E também pode incluir vidência, evocação, transe – seja para ajudar na cura, seja na resolução de problemas, seja como exercícios independentes para o desenvolvimento de Bruxas individuais e do Coven como um todo.

Problemas de fertilidade ou sua limitação, outrora um dos pilares da atividade de um Coven, raramente são trazidos às Bruxas nestes dias de (entre outras coisas) poucos cavalos, agricultura industrial, melhoria da higiene e contraceptivos. Problemas de defesa psíquica e contra--ataque (outro velho pilar) suavizaram, com o fim da perseguição e do terror, em neutralizar a situação ocasional da malícia pessoal. Assim, o papel da cura se expandiu proporcionalmente. Eu tenho mais a dizer sobre isso no Capítulo 11.

Depois que o Círculo é lançado, cada reunião começa "Puxando a Lua para Baixo".[29] De fato, todo o ritual de lançamento do Círculo se baseia nisso, mas o cerne dele é chamar a Deusa para descer ao corpo da Alta Sacerdotisa, que então continua a personificar a Deusa até que o Círculo seja finalmente desfeito.

Em vez de a Alta Sacerdotisa, a Donzela pode ser escolhida para este papel em qualquer ocasião particular. A Donzela é, na verdade, a substituta da Alta Sacerdotisa. No Coven de Alex e Maxine, por causa de sua ênfase no treinamento, a Donzela pode ser qualquer uma das Bruxas designadas para a prática ritual da noite. Em um Coven convencional, o cargo de Donzela será provavelmente uma nomeação permanente –, isto é, até que a titular assuma o cargo da Alta Sacerdotisa ou se retire para formar seu próprio Coven; uma Donzela geralmente é nomeada com uma dessas finalidades em vista. Quando a Donzela não está agindo como Alta Sacerdotisa, ou personificando a Deusa, ela auxilia a Alta Sacerdotisa conforme necessário.

Para Puxar a Lua para Baixo, a Alta Sacerdotisa fica no Norte do Círculo, voltada para o Sul e assume a "Posição do Deus" com os pés juntos e as mãos cruzadas sobre o peito. O Alto Sacerdote lhe dá o Beijo Quíntuplo.

Então o Alto Sacerdote se ajoelha diante dela ou da Donzela (quem estiver personificando a Deusa) e com o Bastão toca seu peito direito, peito esquerdo e abdômen e os mesmos três pontos uma segunda vez, dizendo:

> EU TE INVOCO E CONVOCO, MÃE SUPREMA DE TODOS NÓS,
> PORTADORA DE TODA FECUNDIDADE.
> PELA SEMENTE E A RAIZ, PELO BOTÃO E O CAULE,
> PELA FOLHA, FLOR E FRUTO.
> PELA VIDA E PELO AMOR TE INVOCAMOS
> PARA QUE DESÇA SOBRE O CORPO DE TUA SERVA E SACERDOTISA

29. Embora algumas Bruxas digam que isso só deve ser feito quando a lua estiver crescendo. E algumas vezes, de fato, não funciona na "lua negra".

Ele e os outros homens beijam a Alta Sacerdotisa (ou a Donzela), e as mulheres se curvam diante dela. Ela então traça o Pentagrama à sua frente, dizendo:

Da Mãe obscura e divina
meu é o Açoite, e meu é o beijo;
a estrela de cinco pontas de amor e êxtase
aqui eu te fortaleço, neste sinal.

Ela assume a "Posição da Deusa" - pés abertos e braços estendidos fazendo um Pentagrama com seu próprio corpo - e recita a Carga.[30] O Ritual de Puxar a Lua para Baixo agora está completo.

Qualquer iniciação na agenda geralmente se inicia a partir daqui. O rito de Segundo e Terceiro Grau é tratado no próximo capítulo. Eu tentei mostrar no Capítulo 1 como a cerimônia de Primeiro Grau parece a um iniciado, mas alguns comentários sobre ela do ponto de vista do Coven podem ser úteis aqui.

Alex admite que raramente aproveita uma Iniciação. Ele é muito consciente da responsabilidade que está assumindo. Porque, formar uma nova Bruxa é uma responsabilidade muito grande, há muito potencial e nenhuma experiência. O Alto Sacerdote e a Alta Sacerdotisa devem observá-la com cuidado e simpatia até que ela se equilibre, para garantir que suas fraquezas não a façam tropeçar e que seus talentos individuais sejam corretamente avaliados e desenvolvidos. Em menor grau, é claro, todo o Coven compartilha dessa responsabilidade. Eles devem não apenas fazê-la se sentir bem-vinda, mas também ajudá-la ativamente a se tornar uma parte efetiva do organismo.

Alex diz que ele sempre pode dizer se uma Iniciação "aconteceu" ou não e a pessoa desenvolve muito rapidamente esse sentido. Tendo ajudado (e todo o Coven ajuda) em várias Iniciações desde a minha, acho que agora sei quando uma delas é bem-sucedida - isto é, uma experiência genuína para o Iniciado e um senso genuíno de reunião para

30. Veja o Apêndice 2. Uma forma de verso da Carga é frequentemente usada aqui, começando com:
"Vós reunidos nesta noite sob o meu olhar
perante o meu brilhante espírito vão se curvar;
Afrodite, Arianrhod, Amante do Deus Cornífero..."
Mas para mim, de toda forma, ela é muito menos comovente do que a versão em prosa.

o Coven – ou quando foi uma mera formalidade. Neste último caso, Alex e Maxine não abalam a confiança do Iniciado dizendo-lhe isso. Eles sabem que, contanto que ele seja sincero, sua verdadeira Iniciação acontecerá gradualmente com o passar das semanas e ele não será pior por essa gradualidade a longo prazo.

Pode funcionar de outra forma também. Alguns Bruxos "natos", Alex considera como sendo verdadeiramente iniciados já em virtude de seu próprio caráter e experiência.[31]

Para eles, a cerimônia apenas estabelece um selo ritual em algo já alcançado.

O quanto do rito de Iniciação é falado pelo Alto Sacerdote e pela Alta Sacerdotisa é uma questão que a eles compete. O Alto Sacerdote, por exemplo, pode ocasionalmente recitar toda a Carga, substituindo "ela" por "eu", falando, na verdade, como uma personificação do Consorte da Deusa. Mas o desafio com a Espada, o Beijo Quíntuplo, a unção e a apresentação dos Instrumentos, deve ser feito sempre de homem para mulher ou de mulher para homem, pois só uma mulher pode iniciar um homem, ou vice-versa. (Embora a tradição diga que em uma emergência, uma mulher pode iniciar sua filha ou um homem seu filho.)

Além disso, a única diferença entre iniciar um homem e iniciar uma mulher é o texto do Beijo Quíntuplo. Para uma mulher é "abençoado seja o teu ventre" em vez de "abençoado seja o teu falo", e "teus seios, formados em beleza" em vez de "teu peito, formados em força".

A tomada da medida do iniciado – cortando um pedaço de uma linha vermelha com a medida do comprimento exato de seu corpo – costumava ser um ato de segurança, como as palavras do Alto Sacerdote dadas no Capítulo 1 explicam. O Coven mantinha a medida como refém contra deserção ou traição. Alguns Covens ainda podem fazer isso, mas Alex não gosta de qualquer costume que sugira intimidação. As Bruxas que se afastam são deixadas à própria sorte. Qualquer um que seja ativamente desleal pode ser "banido" – um rito equivalente à excomunhão, do qual o ofensor pode pedir para ser suspenso depois de um ano e um dia. (Por alguma razão, Alex descobriu que uma

31. As observações sobre a reencarnação (pág. 74) também podem ser relevantes para isso.

proporção substancial de ex-Bruxas, que tenham se afastado ou sido banidas, tendem a se tornar budistas).

O conselho de Alex para os iniciados é queimar suas medidas ou escondê-las onde ninguém possa alcançá-las. Alguns os colocam em medalhões para maridos, esposas ou amantes guardarem, ou esperam até que eles formem seus próprios Covens e então as apresentam a seus Altos Sacerdotes ou Sacerdotisas parceiros. "Perfeito amor e perfeita confiança", de fato.

Outro ponto talvez deva ser enfatizado, para evitar mal-entendidos. A partilha de bolos e vinho que segue cada Iniciação (e a maioria das reuniões, na verdade), não é de forma alguma uma paródia da missa Cristã, não importando o que os perseguidores profissionais possam ter dito. É muito mais antigo, como de fato foram as raízes do *ágape* ou a festa do amor dos primeiros Cristãos que, no devido tempo, convergiram ao rito estabelecido pela Última Ceia. Se, no auge da perseguição, ocasionalmente se tornou uma paródia, essa foi uma reação humana compreensível, mas não é seu significado original nem agora.

Um membro do Coven pode ser nomeado para manter o registro – o equivalente a atas – das reuniões do Coven. Em nosso Coven, esse é meu trabalho particular, provavelmente porque sou jornalista. Faço anotações grosseiras no Círculo (às vezes desejando que meu corpo tivesse um bolso marsupial) e as digito em casa. Durante o trabalho de cura e de resolução de problemas, os desejos individuais são registrados (a menos que alguém queira manter um dos seus em particular) para uma verificação posterior do progresso. Sendo um Coven de treinamento, anotamos quem desempenhou qual papel no ritual, para que, ao longo das semanas, todos possam ter a chance de praticar as várias operações.

O registro de nosso encontro mais recente talvez seja bastante típico:

Era uma noite de trabalho comum, sem Iniciações e sem um festival sazonal. Wendy e Charles ajudaram a lançar o Círculo – consagrando a água, abençoando o sal e carregando o borrifador, o incensário e a chama.

Depois de Puxar a Lua para Baixo – por Alex e Maxine, a Runa das Bruxas (ver pág. 35) foi cantada, enquanto circulamos em deosil, de mãos dadas, mais rápido e mais rápido. (Este é um método padrão de "aumentar o poder", que pode ser definido como uma elevação psíquica coletiva, um agrupamento e uma amplificação mútua de voltagem psíquica ou, em termos junguianos, uma abertura e reforço deliberados do Inconsciente Coletivo (veja nota 63 na pág. 163). Ele é concebido como localizado e, portanto, é frequentemente chamado de "Cone de Poder", visualizado como um cone subindo dentro da esfera que é a verdadeira forma do Círculo.)

Esses conceitos visuais podem ser considerados como tendo realidade psíquica objetiva ou como auxílios psicológicos. Eu visualizo o Círculo como uma esfera akáshica violeta pálida, tornando-se mais intensa onde corta o solo. Nos pontos cardeais, visualizo os Pentagramas de Invocação em seus matizes elementares, suspensos no ar a nenhuma distância fixa – ao mesmo tempo, logo além da esfera e a um milhão de anos-luz de distância – como janelas no Macrocosmo, por assim dizer. (Alex tem suas próprias imagens dentro daquelas janelas, mas eu ainda não desenvolvi claramente as minhas.) E uma vez que o Cone de Poder foi elevado, eu o vejo como tendo sua base dentro do Círculo e seu ápice logo abaixo do "teto" da esfera. Eu concebo a esfera e os Pentagramas como autossustentáveis até serem banidos ritualmente, porém considero que o Cone de Poder precisa de nossa concentração constante para ser mantido e explorado. Eu tento manter esses conceitos visuais em minha imaginação durante toda a reunião. Se eles são puramente subjetivos, ou uma aproximação ao fato psíquico, francamente não tenho certeza, mas estou convencido de que, ao mantê-los, estou contribuindo para a psique do grupo em ação (ainda que inadequadamente). Agarrar-se a eles, com tantas coisas acontecendo no Círculo que exigem minha atenção, não é fácil, mas fica mais fácil a cada encontro. Seja qual for a explicação desses fenômenos ou a visualização de seus componentes, eles inquestionavelmente funcionam.

Mas voltando ao nosso último encontro. A Runa das Bruxas terminou, como sempre, com todos sentados em um círculo voltados para dentro.[32] Seguiu-se uma sessão de clarividência (ver Capítulo 8).

32. Pergunto-me se o "*Ring-a-ring-a-roses*" das crianças terminando com "todos nós caímos", bem como sua associação sugerida com a Grande Peste, ecoa o padrão das danças das antigas Bruxas?

Graham, que nunca havia tentado antes, recebeu o cristal. Ele se sentou no Oeste do nosso Círculo, de frente para o Leste. "Pense no passado como se estivesse atrás de suas costas e no futuro como se estivesse na frente de seu rosto", Alex disse a ele. Duas velas altas foram colocadas no chão, uma de cada lado do cristal nos dedos de Graham e a uns trinta centímetros de distância, de modo que pegasse sua luz. Graham olhou para o cristal, enquanto o resto de nós fechava os olhos e se concentrava no cristal para ajudá-lo. O que ele viu, nós não sabemos ainda; Alex disse a ele para guardar para a próxima vez.

"E se você não vir nada, não se preocupe com isso", disse ele. "Essas coisas têm que se desenvolver naturalmente."

Mantivemos isso por cinco minutos em silêncio. (Você já tentou, de olhos fechados, não pensar em nada além do mero fato físico de um cristal em forma de ovo por cinco minutos? Não sei quanto aos outros, mas eu me senti exausto).

Em seguida, todos trabalhamos com as cordas. Em muitos Covens, os membros trabalham individualmente com suas próprias cordas, segurando-as e amarrando-as enquanto se concentram em seus desejos (Foto 9). Alex prefere uma operação em grupo. O Coven novamente se senta em um anel voltado para dentro, cada Bruxa segurando uma extremidade de uma corda (Foto 11). As cordas são meio amarradas juntas no centro e irradiam para fora como os raios de uma roda, mantidas esticadas por todos que as puxam levemente. Cada cordão deve ter um homem em uma extremidade e uma mulher na outra; esta noite havia mais homens do que mulheres, então duas das mulheres seguravam uma corda em cada mão.

Cada um de nós havia anunciado de antemão em que pretendia trabalhar (e eu anotei devidamente). Por exemplo, Rusty precisava de uma nova babá, assim como Charles. Wendy trabalhava para sua irmã, que estava doente e Janet para curar uma velha senhora que ela conhecia. Ken teria sua nova Faca de Cabo Branco consagrada mais tarde e trabalhou para reforçar essa consagração. Alex trabalhou para neutralizar uma tendência à intolerância que havia notado em si mesmo nos últimos dias. Maxine ("Vou trazer todos vocês à terra!") trabalhou por mais dinheiro e por "um desejo particular". Ron por cura não especificada. Trabalhei para a conclusão bem-sucedida deste livro e para aliviar a carga de trabalho de um amigo.

Quando as cordas estavam no lugar e esticadas, cada integrante se concentrava em um de seus desejos e então amarrava um nó em sua corda sem deixá-la afrouxar. Ao dar o nó, cada um aplicava a sua vontade intensamente ao pensamento de que o desejo já havia sido concedido, mantinha esse pensamento por um tempo e depois passava para o próximo desejo e seu nó. O tempo todo a pessoa mantinha os olhos fixos no centro da "roda" de cordas, como o ponto focal do poder combinado do grupo. O tempo todo, tentava-se estar ciente tanto de seu próprio poder reforçando os desejos dos outros, quanto de si mesmo reforçando os seus. Achei útil, depois de lidar com meus próprios desejos, dar mais alguns nós enquanto me concentrava no esforço do grupo como um todo.

Terminado o trabalho, todos nós recuperamos nossas próprias cordas, mas de acordo com a tradição, deixamos os nós nelas, para não serem desatados até pouco antes de os cordões serem necessários novamente.

Havia muitos objetos a serem consagrados nesta noite em particular. Além da Faca de Cabo Branco de Ken, eram principalmente itens de joalheria pessoal, pingentes de *Ankh* e assim por diante. Rony e Ken, ambos Bruxos de Primeiro Grau, trabalharam na consagração de vários itens sobre o Pentáculo sob a orientação de Charles, de Terceiro Grau, e Rusty e Janet completaram as bênçãos cara a cara de maneira tradicional.

Bolos e Vinho eram, como sempre, o último item da agenda. Rusty ajoelhou-se com o Cálice enquanto Wendy abençoava o vinho com o Athame dela; depois os bolos foram passados de homem para mulher e de mulher para homem, cada vez com um beijo.

Finalmente, Janet destraçou o Círculo, com Charles ao lado dela em prontidão caso necessário (na verdade não foi, embora Janet fosse uma Bruxa bem novata), enquanto o resto de nós nos colocamos atrás dela e combinamos seus gestos com nossos próprios Athames.

Fig. 6. O Ankh.

O uso de ervas sempre fez parte da Bruxaria e nenhum médico moderno negaria que grande parte da farmacopeia de hoje tem suas raízes no que as Bruxas descobriram. Nem a medicina ortodoxa abandonou inteiramente seu passado mágico, como qualquer Clínico Geral que já prescreveu um placebo confirmará – mesmo que use outra palavra que não seja "magia".

Evidentemente, o herbalismo Wiccaniano não tem medo da palavra, nem vê qualquer contradição em combinar a análise moderna das propriedades físicas com a aplicação de princípios ocultos.

Maxine é uma herbalista muito experiente. Em geral, as ervas parecem ser a província tradicional das Bruxas. Aqui estão duas de suas receitas:

Primeiro, uma fórmula para fortalecer a visão fraca:

Tome quantidades iguais de flores de camomila e erva-da-visão (*Euphrasia officinalis*) e faça uma infusão com eles em água fervente.

Coe o líquido; pegue sete ramos de salgueiro, acenda-os e mergulhe-os no líquido, que deve ser filtrado.

Mergulhe almofadas de algodão no líquido filtrado e coloque-as sobre os olhos por dez minutos. (O fator mágico nisso é a introdução do elemento Fogo.)

A segunda fórmula utiliza as mesmas ervas, mas é mais detalhada na sua preparação. Produz o que as Bruxas chamam de "Condensador Universal", um fluido que pode ser usado clinicamente como uma loção, ou magicamente para rituais de evocação, ou ainda para melhorar a clarividência ou a clariaudiência. Às vezes também é chamado de "Elixir da Vida", embora este seja um nome que tenha muitos outros significados.

Pegue duas colheres de chá (rasas) de flores de camomila e de erva-cidreira e coloque-as em uma tigela. (Receitas antigas dizem um recipiente de "chumbo", o que intrigou muitas pessoas, mas significa apenas vitrificado com chumbo, ou seja, não poroso.) Ferva duas xícaras de água em uma panela aberta, no fogo ou gás (não eletricidade) e despeje sobre as ervas. Cubra imediatamente e deixe esfriar por quinze minutos.

Filtre através de quatro camadas de linho purificado (quatro lenços fervidos). O líquido filtrado é o "Condensador Universal".

Tradicionalmente, as quatro camadas representam os quatro elementos, e as proporções iguais das ervas representam o equilíbrio, fundamental para a ciência ocidental, entre "o que está acima" com "o que está abaixo" – o Macrocosmo e o Microcosmo simbolizados nos triângulos entrelaçados do Hexagrama.

Qualquer químico lhe dirá que não há nada de prejudicial nisso. Diluído em sete partes de água morna, pode ser bebido para dores de estômago e é levemente laxante. Puro, pode ser usado para várias dores, aplicando-o com algodão a cada duas horas. Para dores mais profundas, uma almofada embebida pode ser enfaixada no local por algumas horas. As orelhas podem ser tratadas durante a noite enquanto estiver dormindo, com tampões de algodão embebidos no condensador.

Isso nos leva às suas aplicações mágicas, o mesmo método do tampão de ouvido é usado para induzir a clariaudiência. Para clarividência, coloque compressas embebidas nos olhos e mantenha-as por cerca de vinte a vinte e cinco minutos.

"Não tente olhar através de suas pálpebras", diz Maxine. "deixe as imagens naturais comuns passarem pela sua visão e de repente você encontrará imagens que não são as suas comuns. Você tem que persistir nisso, no entanto".

Sensibilidade oculta localizada nas palmas das mãos, por exemplo, ou nas solas dos pés, podem ser induzidas, de modo que aqueles que tentaram esse tipo de indução se mantêm aplicando o líquido na parte do corpo em questão.

A palavra "Condensador" (ou, mais exatamente, "Condensador Fluídico"), refere-se ao seu uso para concentrar o efeito dos fluidos elétricos e magnéticos ocultos em um local específico para um propósito específico. Em certos rituais, os metais são usados da mesma forma, daí a descrição aparentemente contraditória de "Condensador Fluídico Sólido".

Nas evocações, o sigilo (selo ou sinal) da entidade a ser evocada pode ser desenhado em um pedaço de papel mata-borrão antes do ritual. O papel mata-borrão é então embebido no Condensador Universal para este mesmo efeito de foco. (Um substituto para a combinação tradicional, e suja, é uma mistura de sangue e esperma).

Para retornar aos usos corporais do Condensador Universal, há uma versão muito mais forte e de sabor bastante desagradável, que se diz ser um abortivo seguro e eficaz. Naturalmente, a receita para isso não é cogitada, nem me sinto justificado em dá-la.

Um Bruxo de Primeiro Grau deve ter seus próprios cordões de Iniciação brancos, vermelhos e azuis; o significado de suas cores é uma das coisas que não devo publicar. É possível trabalhar apenas com o cordão azul e, em alguns Covens, eles deixam seus cordões azuis em volta da cintura prontos para serem usados. ("Coisa horrível", diz Alex. "Corta uma mulher ao meio.")

No momento em que ele está pronto para o Segundo Grau, um Bruxo deve ter entendido o significado e a aplicação mágica dos elementos, então, para isso, os cordões são: vermelho (Fogo), amarelo (Terra), azul (Ar) e verde (Água). Eles podem ser usados para um trabalho apropriado: por exemplo, se você quer dominar o elemento Fogo em si mesmo, porque é muito agressivo ou destrutivo (ou quer fortalecê-lo, porque está fraco), você trabalha no cordão vermelho. Para problemas de amor ou afeto, que são do elemento feminino da Água, o verde. Para artesanato ou para combater a preguiça, o amarelo da Terra.

Para maior alegria de viver ou para erradicar fofocas maliciosas, o azul do Ar. E assim por diante.[33]

Quando você entende o Princípio Akáshico, o "éter" onipresente no qual considera-se que os processos psíquicos ocorrem e seus efeitos são transmitidos e armazenados, um cordão roxo correspondente pode ser usado.

O código de cores da Magia de Cordas é um simbolismo rico e variado, de modo que qualquer cor pode ter significados diferentes em diferentes contextos: vermelho, por exemplo, ou azul, significa uma coisa na Iniciação, outra no sentido elementar e outra novamente na escala planetária. Azul prateado pálido é a cor para trabalhar nos princípios zodiacais. O ouro é a cor do Rei ou Alto Sacerdote. Preto representa domínio sobre o Submundo. Alex tem uma faixa de cordas vermelhas, brancas, pretas, azuis e douradas costuradas juntas. "Quando me vir usando isso dentro do Círculo", ele diz, "você saberá que algo grande está por vir."

A escala planetária de cores é a seguinte (por conveniência, adicionei as *Sephiroth* correspondentes da Árvore da Vida, que são tratadas no Capítulo 9):

Saturno: preto (*Binah*, "compreensão")
Júpiter: azul-céu profundo (*Chesed*, "perdão")
Marte: vermelho (*Geburah*, "força")
Vênus: verde (*Netzach*, "Vitória")
Mercúrio: escarlate; alguns dizem amarelo ou prata (*Tiphareth*, "beleza", e *Hod*, "glória")
Sol: ouro
Lua: prateado > (juntos, a combinação da Divindade em *Kether*, "Coroa")
Terra: oliva, citrino, castanho-avermelhado e preto (*Malkuth*, "Reino")

Para um trabalho de Magia de corda que qualquer psicólogo endossaria, independentemente de sua interpretação oculta, um cordão verde é tradicionalmente empregado. Quarenta nós são amarrados nele,

33. Para uma tese interessante e prática sobre qualidades elementais e sua relação com traços de personalidade, leia *The Purpose of Love*, de Richard Gardner.

o que o torna a "Escada de Bruxa".[34] E é usado para autossugestão direta.

Suponha, por exemplo, que um colega de trabalho (chame-o de João) tenha o dom de aborrecê-lo, tirá-lo do sério e fazer com que você se sinta inadequado. Você quer se tornar menos vulnerável a ele. Assim, você formula seu desejo em uma frase curta e precisa, como "João não pode me perturbar". Imediatamente antes de adormecer, você pega a escada em sua mão e, em voz baixa ou mentalmente, repete "João não pode me perturbar" uma vez para cada nó, até que o número 40 seja alcançado. A cada repetição, você visualiza o desejo como já realizado. Se acordar durante a noite, pegue sua escada e faça de novo. De manhã, se possível antes de estar totalmente acordado, faça novamente. Muito simplesmente, você está imprimindo uma nova atitude em relação a João em sua mente subconsciente, condicionando um novo reflexo ao estímulo dele.

A Escada também pode ser usada para autocura ou para a quebra de maus hábitos. Mas uma palavra de advertência: não a use para um novo desejo até que esteja absolutamente satisfeito com os resultados do último, ou seu subconsciente (que é tortuoso, mas não muito brilhante) só ficará confuso.

(Outra de Alex: use a Escada apenas para desejos que tenha a ver com a personalidade, incluindo, é claro, seus aspectos psicossomáticos. Não funcionará com bingo ou caça-níqueis, então não perca seu tempo.)

A corda roxa akáshica também pode ser transformada em uma Escada de Bruxa, mas apenas para uso dentro de seus próprios termos de referência espiritual, uma vez que você entenda completamente o que eles são.

O trabalho com a Escada pode ser feito dentro do Círculo (aproveitando o Cone de Poder), bem como na cama (aproveitando o controle relaxado da mente consciente sobre o subconsciente). Cabe ao indivíduo descobrir, pela experiência, o que é eficaz para ele; talvez ambos, especialmente se o problema for persistente.

Há muitos feitiços que podem ser trabalhados no Círculo e esta é talvez a atividade que uma pessoa comum mais prontamente imagina que as Bruxas estejam realizando – embora, com todo o respeito, a

34. A escada de Bruxa não precisa ser uma corda com nós; pode ser um cordão de quarenta "contas de oração", ou uma Bruxa pode fazer seu tradicional colar de âmbar e azeviche com quarenta nós para que também possa ser usado como uma Escada. A Escada, como o rosário, é simplesmente um dispositivo para contar sem desviar a atenção para o processo.

pessoa comum geralmente esteja um pouco errada. As pessoas acham que as Bruxas acreditam que certas ações físicas, realizadas com certos objetos físicos, automaticamente trarão certos resultados. As Bruxas não acreditam em nada disso, a menos que sejam excepcionalmente ingênuas (para qual fraqueza, acredite, ser membro do Coven de Alex e Maxine é um antídoto saudável).

Para a Bruxa, o objeto usado em um feitiço é um símbolo, um ponto focal para uma operação psíquica. O motor primário é à vontade, o objeto é um canal para concentrar essa vontade, Círculo e Coven são meios de amplificá-la e o ritual é um meio de esclarecê-la, torná-la específica e dirigi-la.

Usando uma metáfora do automobilismo – o objeto físico é o mapa do motorista, simbolizando e sintetizando o lugar que ele está mirando, sua vontade é o combustível no tanque, o Coven é o motor, o Cone de Poder é a força rotativa produzida pelo combustível e o motor, e o ritual é a transmissão. Com um mapa preciso, combustível puro e um bom carro, o motorista chega a qualquer lugar que quiser.

Um exemplo muito simples é um feitiço de amor consagrado pelo tempo. Duas agulhas, grandes o suficiente para serem manejáveis, são tomadas para representar o homem e a mulher. A ponta da agulha "masculina" é inserida no buraco da agulha "feminino" e as duas são amarradas com fio da cor planetária apropriada à situação. O simbolismo dificilmente poderia ser mais claro, mas o ritual pode (e de fato deve) ser elaborado para dar substância à ocasião nas mentes dos operadores – para dar ao poder algo em que trabalhar, por assim dizer. Por exemplo, cada agulha pode ser nomeada e abençoada. A agulha feminina pode ser segurada por uma mulher e a agulha masculina por um homem. O par deve estar em simpatia emocional, e se eles são amantes, tanto melhor. Palavras são necessárias, é claro; e elas podem ser tradicionais, ou feitas para a ocasião.

"Dos feitiços, as palavras exatas pouco importam se a intenção for clara e você aumentar o verdadeiro poder e o suficiente disso", diz o Livro das Sombras. "Sempre em rima elas são... na rima as palavras parecem falar sozinhas; você não tem que parar e pensar 'O que vem a seguir?'. Fazer isso tira muito de sua intenção."

Conselho razoável, então vamos fazer uma pequena rima para nossas duas agulhas.

João seja afiado,
Maria seja resplandecente,
O fio de Vênus os amarra firmemente.

Sol de dia,
Lua ao anoitecer,
Traga-lhes a cada hora um prazer.

Amor e riso,
Alegria e claridade,
A linha de Vênus os une de verdade.

Não é digno de nota, mas ele rima e levei três minutos e meio para compor, então serviria ao propósito. Todo Coven deve ter pelo menos um membro que pode se sair tão bem ou melhor com esse tipo de coisa, e ele pode ser nomeado o "Poeta do Coven".

(Quanto à ética dos feitiços de amor, isso fica a encargo de cada Coven e depende muito das circunstâncias de cada caso. Encorajar simpaticamente um par que poderia ser auxiliado por um pequeno estímulo ou que parecem atraídos, porém são inibidos, é uma coisa; a manipulação egoísta é outra bem diferente e beira perigosamente ao nefasto.)

Outro feitiço popular, que é realmente referido no Livro das Sombras, é o Feitiço da Vela. Uma nova vela é levada para o Círculo e consagrada. Nela está inscrito um Pentagrama feito com a Faca de Cabo Branco, enquanto o operador recita:

Sobre esta vela eu vou escrever
O que nesta noite quero de ti receber
Conceda-me o que te peço para fazer
E a ti este rito vou oferecer
Eu confio que este benefício vai me agraciar
Oh, amável Deusa do luar

(Uma das partes menos admiráveis do Livro das Sombras; soa como algo saído de um biscoito da sorte e nem sempre é elegante. Procure o Poeta do Coven para algo melhor).

A vela é carregada mentalmente com o desejo e então embrulhada no papel com a cor planetária da pessoa para quem o trabalho está sendo feito. Essa vela é dada para a pessoa e lhe é instruído acendê-la durante a hora planetária apropriada, (ver Apêndice 3) até que ela se apague. À medida que queima, o feitiço começará a funcionar.

Outro feitiço de vela para cura usa uma agulha. Vela e agulha são consagradas e a agulha é nomeada para representar o paciente. A agulha é presa na lateral da vela, que é acesa. O conceito envolvido aqui é o do poder se acumulando à medida que a vela queima até chegar na agulha, e sendo liberado para o trabalho de cura quando a agulha é alcançada.

O uso de uma imagem de cera para representar uma pessoa é o feitiço de Bruxa mais conhecido (e talvez o menos compreendido) de todos. Assim como os demais objetos mágicos, a imagem é um canal de concentração do tipo que já expliquei, mas talvez um dispositivo mais completo do que alguns dos símbolos mais simples. É dado a ela um "nascimento" ritual (geralmente pela Alta Sacerdotisa com a ajuda do Alto Sacerdote) dentro do Círculo e o feitiço apropriado é realizado nela. Que tais imagens tenham sido usadas maliciosamente no passado, muitas vezes com efeitos terríveis, ninguém pode negar, e sem dúvida existem operadores maléficos que as usam atualmente. Mas em Covens benignos, elas são usadas para cura ou, no máximo, para "contenção".

Um exemplo de uso restritivo aconteceu quando uma amiga de Alex, uma jornalista, estava encontrando obstrução da secretária ciumenta e possessiva de um homem com quem ela tinha que trabalhar profissionalmente. Alex executou um feitiço de imagem de cera, amarrando a imagem com um cordão azul. A partir desse dia, a secretária (que não sabia nada sobre o feitiço), tornou-se amigável e cooperativa, e a jornalista conseguiu completar seu trabalho.

Alex certa vez criou uma sensação e algum mal-entendido ao produzir uma imagem de cera no programa Simon Dee Show, na televisão. Ela representava, anunciou Alex, uma ex-Bruxa que o havia "exposto" em um jornal de domingo e ele se propôs a alfinetá-la de tempos em tempos. Um resultado foi uma boa dose de contestação sem humor de certos círculos Wiccanianos que não consideram Alex ou os Alexandrinos gentilmente. Na verdade, como Alex me disse com um sorriso "era apenas sua consciência que eu estava alfinetando". Tipicamente (pois Alex parece quixotescamente incapaz de guardar rancor), ele estava bebendo cerveja com sua "vítima" em um pub de Notting Hill três ou quatro semanas depois.

Para o trabalho de cura, uma alternativa interessante à imagem é o corpo de outra Bruxa dentro do Círculo. Vi Alex localizar e curar dores nas costas da esposa grávida de um de nossos Bruxos, pela concentração e pela imposição direta das mãos sobre o paciente; mas ele também usa e ensina o método de "substituição". A substituição concentra-se no paciente ausente "pensando nele", enquanto o curador se concentra em um substituto. Por esse contato em duas etapas é possível, como Alex demonstrou, tanto diagnosticar quanto curar. Naturalmente o substituto deve ser do mesmo sexo do paciente.

Outro tipo de trabalho deve ser mencionado aqui: a criação e emprego de espíritos com consciência própria e independentes, seja na forma de um simples "elemental" para um propósito específico, com vida útil limitada à realização desse propósito, seja na forma de um "anjo da guarda" que continua sendo o companheiro do criador.

Este é um fenômeno que é muito difícil para os não ocultistas engolirem, mas tem uma história longa e bem documentada. Os trabalhos da falecida Dion Fortune (que não era apenas uma líder ocultista, mas também uma psiquiatra profissional em uma Clínica de Londres mundialmente famosa) estão cheios de exemplos disso – incluindo os malévolos, com os quais ela teve que lidar com seriedade durante sua prática.

Esses seres (assim sustentava Dion Fortune e Alex concorda) não são entidades separadas no sentido literal, mas são setores da constituição mental do operador tornados independentemente ativos; personalidade dividida deliberada e construtiva, por assim dizer. Um elemental desse tipo pode ser comparado a um "complexo" – um grupo de fatores mentais associados a uma ideia particular, que se organizaram em uma unidade reconhecível. Todo mundo sabe como um complexo (uma aversão a gatos ou nossa reação a "João") pode se comportar como se fosse uma força, independentemente de nossa vontade consciente. A Bruxa vai mais longe, construindo-o deliberadamente e mandando-o para o trabalho, informado por sua vontade.

Observei Alex construir tal entidade para uma tarefa específica de cura e dar-lhe um local como lar; neste caso, uma garrafa de Martini. (O verdadeiro significado do "gênio na garrafa".) Dentro de seu próprio Círculo, ele se concentrou nos elementos. O Fogo era o principal, devido à natureza da doença a ser curada, mas os elementos tinham que ser equilibrados no "magneto tetrapolar"[35], então primeiro ele encheu mentalmente seu corpo com "Ar do Ar", a quintessência desse elemento oculto. Em seguida, o Fogo do Fogo, atraindo mentalmente o calor solar visualizando o Deus Sol[36], "O Ar" ele disse, "manterá o Fogo aceso". Ele então transferiu esses opostos equilibrados para o Plano Astral e passou a complementá-los com o outro par – a Água da Água e a Terra da Terra. Então o equilíbrio estava completo, mas ainda não consciente ou carregado com o comando de cura. Em seguida, ele se cercou mentalmente com o roxo profundo do Princípio Akáshico –"nada pode me tocar enquanto eu estiver nele" – e impregnou a entidade com o desejo de cura, enquanto visualizava o paciente e o colocava na garrafa.

"Eu quero uma cura lenta", ele ordenou, "não muito drástica, porque o fogo queima. Eu quero que a cura seja completada até 25 de dezembro... Eu te dou consciência, em nome do Deus e da Deusa e dos governantes dos elementos.. . Vá, faça o trabalho, trabalhe ao nascer e ao pôr do sol, sete minutos de cada vez... Se você sentir seu poder falhando, volte para a garrafa, descanse um pouco, seja restaurado e depois volte para a cura..., E em 25 de dezembro, às sete horas da noite, você deixará de existir".

Alex então baniu o Círculo, e me disse: "Eis o espírito no Fogo, e ele vai continuar trabalhando independentemente de mim".

Perguntei se um espírito que havia sido tratado dessa maneira se tornava obstinado à medida que o prazo se aproximava e resistiria ao seu próprio fim.

"Sim, ocasionalmente" – disse Alex. "Isso aconteceu comigo. Você tem uma súbita sensação 'Ops', algo deu errado em sua própria composição elemental. Quando você identificar o problema, encha uma banheira com água quente, purificando-a exatamente como a água do Círculo, abençoe e adicione sal. Então entre no banho com a garrafa, abra e libere o espírito; devolva ele ao elemento Água. Dissolva todos os elementos dele fora da garrafa para dentro de você mesmo, fora do plano interno, exalando-os para o Universo. Diga 'Agora você deixa de existir' e deixe a água do banho escorrer de volta à fonte primordial. Então ele realmente deixará de existir.

35. O equilíbrio dos elementos dispostos ao redor do Círculo (Ver Fig. 3, pág. 79).

36. Para visualizar o Deus Sol para fins de cura, a imagem que o próprio Alex usa é a da figura de Cristo "*com seus lindos cabelos ruivos e as mãos levantadas, e os "raios de cura vindos deles"*.

"O mesmo com uma imagem; às vezes ela pode se tornar um pouco consciente demais e começar a viver a partir da pessoa para quem está trabalhando. Pegue a água do banho, tão quente quanto puder manipular a cera e quebrá-la, e faça o banimento dela da mesma maneira. Isso realmente funciona."

Uma entidade do tipo "gênio na garrafa" pode ser criada por um indivíduo ou, em um nível mais complexo, por duas ou mais pessoas ou por todo o Coven. Um exemplo de tal criação cooperativa é "Michael", cujo início está descrito no Capítulo XX de *King of the Witches.* Michael ainda está por perto; às vezes ele fala através de Alex em transe, em uma voz muito identificável, e todos nós conversamos com ele nessas ocasiões. Em outras ocasiões, ele é apenas uma presença, amigável, mas muitas vezes barulhenta, com tendência a assumir o ritual. (Ouvi Alex murmurar irritado: "Ah, Michael, fora do Círculo!", o que parece restaurar a ordem). Em geral, ele é um espírito útil e eficaz: Alex e Maxine podem colocá-lo para trabalhar em um problema e deixar as coisas com ele. Assim, eu imagino que o mesmo possa fazer Paul, seu outro criado, mas Paul está fora de contato com Alex no momento e eu nunca o conheci.

A criação de um "anjo da guarda" (ou "corpo de luz") é semelhante em alguns aspectos, mas sempre individual e sempre permanente. Em termos psicológicos, enquanto um elemental criado pode ser chamado deliberadamente de "complexo à parte", o anjo da guarda pode ser comparado ao próprio superego de uma pessoa com consciência independente. (Digo isso com certa reserva, como um leigo que se intromete com definições psiquiátricas, mas acho que dará a outros leigos uma ideia do conceito). "Ele é o seu verdadeiro Eu, na realidade seu Eu Divino", diz Alex, "sua consciência superior. Você tem que desenvolver cada aspecto dele e conhecer a si mesmo tão completamente que possa separá-lo e dar-lhe uma consciência, fazê-lo pensar separadamente, fazê-lo viajar para qualquer lugar à vontade. (Este era o propósito da Iniciação egípcia). Ele é um 'eu mesmo aperfeiçoado', que nenhum homem jamais viu".

Obviamente, esta é uma questão de longa autoanálise e autotreinamento.

Não existe um ritual definido. Por ser tão pessoal, deve ser deixado para a própria imaginação e engenhosidade, assim como a forma em que se visualiza o ser.

"Você cria como ele vai ser e se parecer fisicamente, mentalmente, astralmente e espiritualmente", diz Alex, "e você constrói essas imagens e as funde todas. E então transfere sua consciência para ele, até que possa ver com seus olhos, ouvir com seus ouvidos, levando os cinco sentidos do plano físico para o plano interno".

A técnica real para consumar essa transferência tem paralelos com a da projeção astral; mas isso é assunto para o Capítulo 12.

Dar vida independente à própria consciência superior, para que possamos consultá-la, conversar com ela e colocá-la em ação, está longe de ser fácil. Mas se isso puder ser alcançado, alguns podem pensar que vale a pena todo o resto de seu treinamento Wiccaniano.

6

O GRANDE RITO

Quando uma Bruxa ou um Bruxo se desenvolveu até o ponto em que ela (ou ele) está pronta para deixar o Coven e formar o seu próprio grupo – e adquiriu a estatura e autoridade necessárias para a iniciação válida de outras Bruxas ou Bruxos – ela é levada pelos Ritos de Iniciação ao Segundo e Terceiro Graus.

A cerimônia do Terceiro Grau culmina no Grande Rito, o ritual sexual que tem despertado tanto horror piedoso e curiosidade lasciva naqueles que não o entendem, e que é o principal alvo das "exposições" nos jornais, cuja fórmula calculada é combinar a cumplicidade com justiça própria.

Antes de explicar o que o Grande Rito significa para os Bruxos, devo desapontar os horrorizados e curiosos dizendo que o Grande Rito pode ser real ou puramente simbólico e que (ao menos na opinião de Alex) ambos são igualmente válidos. Desde que me juntei ao Coven de Alex e Maxine, os Grandes Ritos simbólicos superaram os reais em dois para um, a escolha cabe inteiramente às pessoas envolvidas e, se decidirem que deve ser real, todos, exceto o casal, saem da sala antes que o ritual se torne íntimo. Ninguém sequer sabe e nem pergunta ao casal se ocorreu a consumação. "Quer tenham consumado ou não", diz Alex, "eles recebem o título, porque se são tão sinceros a ponto de levar as coisas tão longe, isso tem que ser reconhecido".

Há Covens em que os outros não saem da sala, mas vão até a borda do Círculo e dão as costas; Alex considera isso inibitório e desagradável.

Por "real", quero dizer que o rito que descreverei culmina na relação sexual dentro do Círculo. Por "simbólico", quero dizer que o rito segue o mesmo curso, mas culmina na Bênção do Vinho com o Cálice e o Athame em sinal de união do masculino-feminino (Foto 12). A chave para ambos é que a união é em todos os níveis – físico (seja através dos corpos ou através do Cálice e do Athame), astral, mental e espiritual. O casal é, no momento, o Deus e a Deusa, assim como eles mesmos; eles são Microcosmo e Macrocosmo.

A Bruxaria sempre foi uma religião de fertilidade. Nos dias anteriores, mais terrenos, quando a fertilidade do homem, dos animais e do campo era uma simples questão de sobrevivência, as atividades para promovê-la estavam mais preocupadas com a necessidade do que com o gosto ou a moral. Hoje, quando a tecnologia determina a fertilidade agrícola e a superpopulação humana é um grande problema e a falta de filhos um problema menor (embora às vezes angustiante), a fertilidade espiritual se torna mais importante para a religião do que a fertilidade física.

Para algumas pessoas, isso pode soar como uma racionalização hipócrita ou, em palavras mais simples, uma bela desculpa para uma orgia; mas quem estiver procurando por qualquer orgia estará desperdiçando seu tempo em um genuíno Coven Wiccaniano. Seria melhor se encontrasse alguns amigos que pensam como você, um pouco de bebida e uma festa.

A orgia costumava existir na Arte, certamente – quando o Coven trabalhava dançando sob a lua e, em seguida, se uniam na floresta. Seu propósito de fertilidade era direto; oferecia liberação periódica de uma dura rodada de existência e tinha o efeito admirável de dar uma chance às garotas mais simples. Qualquer garota que engravidasse poderia ter a certeza de um "*Handfasting*" – se necessário, imposto pelo Coven, porque pelo menos alguns teriam visto com quem ela desapareceu na floresta. Esses métodos ásperos e prontos não são mais necessários.

Mas mesmo naqueles dias o aspecto espiritual estava presente, pois os filhos resultantes eram considerados presentes da Deusa. E, às vezes, um casal buscava a bênção da Deusa de uma maneira mais planejada e intencional – a mulher se colocando no altar e o ritual e a invocação sendo usados para levar à consumação. Homem e mulher invocavam o Deus e a Deusa sobre si mesmos para garantir não apenas a fertilidade, mas uma criança divinamente protegida e favorecida. Esse era um ato conscientemente religioso e o ancestral do Grande Rito.[37]

---

37. Também pode ter sido a base de histórias e propagandas sobre a Missa Satânica e o uso sacrílego do

Na Wicca Moderna, o Grande Rito é abordado com o mesmo espírito. O casal é identificado ritualmente com o Deus e a Deusa, e eles se unem como um ato sagrado e simbólico no qual tentam atrair todos os níveis de si mesmos. O "filho" que eles procuram é a estatura espiritual que vai habilitá-los a liderar seu próprio Coven.

Os críticos têm o direito de aceitar ou rejeitar esse conceito, mas não acho que tenham o direito de desprezá-lo ou chocar-se com ele. Se um casal quer apenas fazer amor, existem maneiras mais fáceis. E eles nem devem ser atacados como hipócritas, porque as Bruxas consideram o homem e a mulher como seres de muitos níveis, todos eles igualmente importantes e, em certo sentido, igualmente sagrados. Assim, tentar abrir todos esses níveis em um ato ritual é uma expressão honesta e completa de sua crença.

O sexo é a mais pessoal de todas as relações e envolve dois indivíduos únicos, razão pela qual cabe a eles escolher entre a forma real e a simbólica. O rito do Terceiro Grau acontece idealmente entre duas pessoas que vão fundar um novo Coven juntas, como Alto Sacerdote e Alta Sacerdotisa, mas também pode ser entre o Alto Sacerdote ou a Alta Sacerdotisa do Coven e um indivíduo que está pronto para ser elevado a esse *status*. Ou uma das partes pode ser apenas uma Bruxa de Primeiro Grau que estará trabalhando com o novo Alto Sacerdote ou Sacerdotisa, mas ainda não está tomando pessoalmente o Segundo e o Terceiro Grau. Tudo depende das circunstâncias.

A parceria Alto Sacerdote-Alta Sacerdotisa deve ser necessariamente próxima e harmoniosa, mas não há razão para que não seja platônica. Muitas vezes acontece que tal par, cada um deles feliz e casado com outra pessoa, passam simbolicamente pelo Grande Rito e fundam um Coven de sucesso sem ferir ninguém. Na verdade, se eles estão trabalhando e se desenvolvendo adequadamente, devem ser uma esposa e um marido melhores por causa disso. Em outras palavras, o Grande Rito "real" é normalmente entre marido e mulher ou entre amantes estabelecidos.

Na questão de abertura dos níveis, os Graus de Iniciação podem estar diretamente relacionados com a Árvore Cabalística da Vida. Explico isso muito brevemente no Capítulo 9, mas talvez eu possa antecipar aqui dizendo que enquanto a Wicca opera principalmente no triângulo inferior da Árvore – *Malkuth*, *Yesod*, *Hod* e *Netzach* (físico,

---

corpo de uma virgem nua como altar. Para o propagandista hostil, meias verdades são sempre mais úteis do que invenções definitivas.

astral, intelectual, emocional) - toda a Árvore está interligada,[38] e na cerimônia do Terceiro Grau, em particular, a totalidade dela é posta em jogo. Assim, o símbolo da iniciação do Primeiro Grau é o triângulo invertido correspondente à base da Árvore. O símbolo do Segundo Grau é o Pentagrama vertical que abraça a Árvore de *Malkuth* até *Tiphareth*, *Geburah* e *Chesed* (transformação, força, compaixão). Com o Terceiro Grau, isto é coroado pelo triângulo vertical que completa a Árvore, trazendo as três celestiais ou superiores: *Binah*, *Chokmah* e *Kether* (mãe formadora, pai criativo, centelha divina). Essa aproximação também é expressada vividamente pelo símbolo egípcio associado ao Grande Rito, o hieróglifo *Ankh-Ka* ou "vida da alma". O triângulo invertido e o Pentagrama vertical são usados respectivamente na unção do Primeiro e Segundo Graus.

Os rituais de Iniciação do Segundo e Terceiro Graus envolvem dois novos nomes. No Segundo Grau, a Bruxa recebe formalmente um novo nome que ela escolheu de antemão e pelo qual ela pode ser conhecida no futuro dentro do Coven, embora, geralmente, ele seja usado apenas em ocasiões rituais. No Terceiro Grau, ela recebe o Nome Secreto da Deusa, que pode ser usado no futuro no lugar de Aradia (ou qualquer nome que o Coven use no Primeiro Grau). Ela usará este nome secreto em voz baixa, ou simplesmente em sua mente, sempre que alguém estiver presente e que não tenha feito o Terceiro Grau. Esta regra está de acordo com a teoria de que o efeito dos "Nomes de Poder" é diminuído quando eles são amplamente conhecidos e usados, uma teoria com sólidos princípios psíquicos para apoiá-la.

Eu me refiro à Bruxa como "ela"[39] por nenhuma outra razão além da qual eu usei o exemplo de um iniciado do sexo masculino ao descrever o rito de Primeiro Grau, então, desta vez, eu manterei o equilíbrio me referindo a uma mulher. Se o Iniciado é um homem, a principal diferença, obviamente, é que a Alta Sacerdotisa conduz a Iniciação em vez do Alto Sacerdote.

A iniciada, então, é amarrada e vendada como antes, um cordão azul ao redor dos joelhos sendo adicionado ao cordão vermelho ao redor dos pulsos e pescoço, e o cordão branco ao redor do tornozelo,

---

38. A divisão da Árvore em triângulos é mostrada na Fig. 11, pág. 188.

39. N. T.: ao longo da tradução optamos em manter a flexibilidade do termo Bruxa/Bruxo alternando-o ao longo do texto, uma vez que em inglês a palavra "Witch" pode ser empregada para ambos os gêneros.

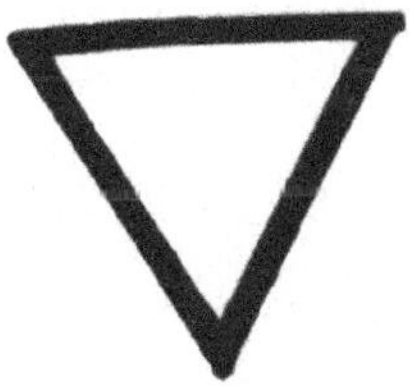

Fig. 7(a). Triângulo do Primeiro Grau

Fig. 7(b). Pentagrama do Segundo Grau

Fig. 7(c). Pentagrama e Triângulo do Terceiro Grau

Fig. 7(d). O *Ankh-Ka*, símbolo do Grande

que são usados no Primeiro Grau.

Ela não fica esperando na borda do Círculo e nem é desafiada, porque já é uma Bruxa e, portanto, pertence à Arte.

O Alto Sacerdote a conduz para Leste, Sul, Oeste e Norte, por sua vez, proclamando em cada ponto:

OUVI, Ó PODEROSOS; MARIA, UMA SACERDOTISA E BRUXA DEVIDAMENTE CONSAGRADA, ESTÁ AGORA DEVIDAMENTE PREPARADA PARA SER FEITA UMA ALTA SACERDOTISA E BRUXA RAINHA.[40]

Agora o Coven faz uma dança circular para a Runa das Bruxas (ver pág. 35), após a qual a Iniciada se ajoelha diante do altar e o cordão branco é amarrado em seu outro tornozelo.

O Alto Sacerdote diz:

PARA OBTER ESTE GRAU SUBLIME, É NECESSÁRIO SOFRER E SER PURIFICADO. ESTÁS DISPOSTA A SOFRER PARA APRENDER?

A Iniciada responde: ESTOU.

O Alto Sacerdote diz:

EU TE PURIFICO PARA FAZER ESTE GRANDE JURAMENTO CORRETAMENTE, E O SINO É TOCADO TRÊS VEZES.

Segue-se o ritual de "açoitamento". Como no Primeiro Grau, há um número definido de açoitadas divididas em quatro grupos, cada número tendo um significado simbólico.

O Alto Sacerdote diz a ela:
EU AGORA TE CONCEDO UM NOVO NOME: LEVANAH,[41]
REPITA SEU NOVO NOME DEPOIS DE MIM DIZENDO:
"EU LEVANAH, JURO..."

A iniciada repete o juramento, frase por frase:

---

40. Para um iniciado do sexo masculino, "Alto Sacerdote e Mago".

41. Um nome da Deusa da Lua. A Bruxa escolhe um nome que ela sente que combina com sua personalidade ou aspirações. Para mim, por exemplo, escolhi o nome de um escrivão egípcio histórico, que parecia apropriado à minha profissão.

Eu, Levanah, juro pelo útero da minha mãe, e pela minha honra entre os homens e meus Irmãos e Irmãs da Arte, que nunca revelarei para ninguém os segredos da Arte, exceto se for para uma pessoa justa, condignamente preparada e no centro de um Círculo Mágico, como neste que agora me encontro. Isto eu juro pelas minhas esperanças de salvação, minhas vidas passadas e minhas esperanças das vidas futuras por vir; e eu devoto a mim mesmo e a minha medida à completa destruição se eu quebrar este meu voto solene.

Agora vem o momento da entrega formal do poder do Alto Sacerdote, no que pode ser chamado de "Sucessão Apostólica da Bruxaria". O Alto Sacerdote se ajoelha ao lado do iniciado e coloca a mão esquerda sob os joelhos e a mão direita sobre a cabeça.

Ele diz:

Eu te envio todo o meu poder – concentrando toda a sua vontade em fazer exatamente isso.

Os tornozelos e joelhos da iniciada são desamarrados e ela é ajudada a se levantar. O Alto Sacerdote umedece o dedo mindinho de sua mão direita com óleo consagrado, dizendo:

Eu te consagro com óleo.

Ele toca seu seio direito, ventre, seio esquerdo, quadril direito, quadril esquerdo, seio direito novamente e ventre novamente – assim completando e selando o Pentagrama da Iniciação do Segundo Grau.

O Alto Sacerdote mergulha o dedo mindinho no vinho e repete o Pentagrama dizendo:

Eu te consagro com vinho.

Finalmente, ele beija cada ponto na mesma sequência, com as palavras:

Eu te consagro com meus lábios, Alta Sacerdotisa e Bruxa Rainha.

A venda e o cordão restante são desatados da recém-criada Alta Sacerdotisa.

Como no Primeiro Grau, todas as ferramentas são agora apresentadas, mas desta vez com uma diferença: a iniciada imediatamente usa cada uma por sua vez. Primeiro ela carrega a Espada ao redor do Círculo, lançando-o novamente. Em seguida, ela faz o mesmo com o Athame. Quando aceita a Faca de Cabo Branco, ela pega uma nova vela apagada, que está pronta no altar, e com a faca inscreve um Pentagrama vertical sobre ela. Esta vela vai acender seu primeiro altar quando ela formar seu próprio novo Coven.

Ela agora acena o Bastão para cada um dos pontos cardeais e depois mostra o Pentáculo para cada um deles e então carrega o incensário ao redor do Círculo.

As cordas são usadas para ilustrar um princípio tradicional da Wicca. Com elas ela amarra o Alto Sacerdote que acaba de iniciá-la e ele se ajoelha dizendo:

Para aprender, na Bruxaria você deve sempre dar assim como receber, mas sempre em triplo. Assim, onde eu te dei três, devolva nove...

... e assim por diante, numerando e triplicando cada um dos grupos de "açoitadas".

O iniciado toma o Açoite e administra o número triplicado de golpes conforme as instruções.

Tu obedeceste à Lei, diz o Alto Sacerdote, mas preste bem atenção, quando tu recebes o bem, assim estarás obrigado a retornar o bem triplicado.

E então o Alto Sacerdote é desamarrado e diz a ela:

Tendo aprendido até aqui, você deve saber porque os Wicca são chamados de Filhos Ocultos da Deusa.

O resto do ritual do Segundo Grau é uma encenação da Lenda da Descida da Deusa ao Mundo Inferior, cujo texto completo será encontrado no Apêndice 1. Se for bem-feito, pode ser lindo.

Normalmente a Iniciada fará o papel da Deusa e o Alto Sacerdote o do Senhor do Submundo. Ou se for um Iniciado do sexo masculino, ele atuará como o Senhor do Submundo e a Alta Sacerdotisa, a Deusa.

Outro membro do Coven atua como Narrador e outro como Guardião do Portal.

Quem vai interpretar a Deusa tira o colar, se ela estiver usando um, e o coloca sobre o altar. Então ela sai do Círculo e é vestida com um véu e joias. O Senhor do Submundo usa uma coroa e fica com o Açoite e a Espada ao lado do altar na Posição do Deus (braços cruzados sobre o peito).

O Narrador lê:

Nos tempos antigos, nosso Senhor, o Cornífero, foi (como ainda é) o Consolador. Mas os homens o conheciam como o Terrível Senhor das Sombras, solitário, severo e justo. Mas nossa Senhora, a Deusa, resolveria todos os mistérios...

À medida que a história se desenrola, a Deusa avança para a borda do Círculo, onde o Guardião dos Portais a desafia com a Espada ou o Athame. Ela tira o véu e as joias e os deixa fora do Círculo. O Guardião a amarra com uma corda e a leva para dentro.

Tal era sua beleza que a própria Morte se ajoelhou e colocou sua espada e coroa aos seus pés, e beijou seus pés...

O Senhor do Submundo faz isso (Foto 10) e, pergunta e resposta, súplica e recusa, reclamação e explicação continuam até que a Deusa se submeta ao Açoite da Morte e admita:

Eu conheço as dores do amor.

Ele a levanta, dá-lhe o Beijo Quíntuplo e a desamarra. E então ele pega o colar do altar e o coloca no pescoço dela; ela pega a Espada e a coroa e devolve para ele.

Então eles ficam lado a lado diante do altar, ele na Posição do Deus, com os braços cruzados, ela na Posição da Deusa, pés abertos e braços estendidos para formar o Pentagrama. (Ver Fotos 17, 19), enquanto o Narrador conclui a leitura.

Finalmente, o Alto Sacerdote toma a Iniciada pelas mãos, segura seu Athame na outra e proclama em cada um dos pontos cardeais:

Ouvi, ó Poderosos; Levanah foi devidamente consagrada como Alta Sacerdotisa e Bruxa Rainha.

O Ritual do Terceiro Grau – o próprio Grande Rito – pode assumir várias formas, diferindo ligeiramente se é um indivíduo ou um casal que está obtendo o Grau. Eu assumirei que é um casal e por simplicidade vou chamá-los de *homem* e *mulher* para distingui-los do Alto Sacerdote e da Alta Sacerdotisa que presidem – embora, é claro, o homem e a mulher agora também tenham esse status.

(Embora o Grande Rito seja o cerne do ritual do Terceiro Grau, o Livro das Sombras também estabelece que ele deve ser observado ao final de vários ritos sazonais, como será visto no Capítulo 7. Em tais ocasiões, ele é realizado pelo Alto Sacerdote e pela Alta Sacerdotisa do Coven, seja simbólico ou real).

Para começar a cerimônia, a Alta Sacerdotisa fica com os braços cruzados sobre o peito na Posição do Deus (ou de Osíris), e diz ao Alto Sacerdote:

Abençoado seja. Antes de eu ousar prosseguir com este rito sublime, devo suplicar a purificação por tuas mãos.

O Alto Sacerdote dá à Alta Sacerdotisa o Beijo Quíntuplo e amarra seus pulsos com uma corda. Em seguida, ele lhe dá um "açoitamento" simbólico e a desamarra.

Agora o Alto Sacerdote e a Alta Sacerdotisa levam o homem e a mulher a cada ponto cardeal, proclamando:

Ouvi, Poderosos; duas vezes consagrada e abençoada Levanah, Alta Sacerdotisa e Bruxa Rainha, e, Geminus, Alto Sacerdote e Magus, estão devidamente preparados e procederão agora para erguer o altar sagrado.

A Alta Sacerdotisa diz:

Agora, novamente, devo suplicar a purificação.

Mas desta vez é o homem que amarra a mulher, a "açoita" e a desamarra.

Agora devo revelar um grande mistério, diz a Alta Sacerdotisa.

E ela novamente assume a Posição de Osíris, enquanto o Alto Sacerdote lhe dá o Beijo Quíntuplo.

A mulher deita-se no centro do Círculo, virada para cima, cabeça para o Norte, com os braços e pernas estendidos na posição do Pentagrama. Um véu é colocado sobre seu corpo.

Se o rito for simbólico, Alto Sacerdote, Alta Sacerdotisa e Coven ficam ao redor do Círculo voltados para dentro. Se é para ser real, eles agora começam a sair do local. O homem recita o encantamento beijando a mulher depois de algumas linha se, no devido tempo, desvelando-a.

Auxiliai-me a erguer o antigo altar,
no qual em dias passados todos adoravam,
o Grande Altar de todas as coisas;
pois nos tempos antigos, a mulher era o altar.
Assim foi o altar preparado e posicionado;
e o ponto sagrado era o ponto no centro do Círculo.
Como temos sido ensinados desde há muito tempo
que o ponto no centro é a origem de todas as coisas,
desta forma nós devemos adorá-lo.
Portanto, aquela a quem nós adoramos também invocamos,
Ó Círculo de Estrelas,[42]
do qual nosso pai é nada mais do que o irmão mais jovem,
maravilha além da imaginação, alma do espaço infinito,
perante quem o tempo fica confuso, a mente perplexa e a
compreensão obscurecida.
Não podemos alcançar a ti, a menos que amemos tua imagem.
Portanto, pela semente e a raiz, caule e botão,
folha e flor e fruto, nós a ti invocamos,

42. De "O Círculo de Estrelas" até "a ti invocamos" é, exceto pela substituição de "amemos tua imagem" por "tua imagem seja amor", uma passagem da Missa Gnóstica em Magia em Teoria e Prática de Aleister Crowley.

Ó RAINHA DO ESPAÇO, Ó JOIA DE LUZ,
CONTÍNUA DOS CÉUS,
QUE SEJA SEMPRE ASSIM,
QUE OS HOMENS NÃO FALEM DE TI COMO UMA,
MAS COMO NENHUMA;
E QUE ELES NÃO FALEM DE TI DE FORMA ALGUMA,
UMA VEZ QUE TU ÉS CONTÍNUA.
POIS TU ÉS O PONTO DENTO DO CÍRCULO QUE NÓS ADORAMOS.
O PONTO DA VIDA SEM A QUAL NÓS NÃO EXISTIRÍAMOS;
E DESTA FORMA SÃO ERGUIDOS OS DOIS PILARES SAGRADOS,
EM BELEZA E EM FORÇA FORAM ELES ERGUIDOS
PARA A MARAVILHA E GLÓRIA DE TODOS OS HOMENS.
O ALTAR DE MÚLTIPLOS MISTÉRIOS
O PONTO SECRETO DO CÍRCULO SAGRADO
ASSIM TE MARCO COMO ANTIGAMENTE,
COM BEIJOS DE MEUS LÁBIOS UNGIDOS.
ABRA PARA MIM O CAMINHO SECRETO,
O CAMINHO DA INTELIGÊNCIA,
ENTRE OS PORTÕES DA NOITE E DO DIA,
ALÉM DOS LIMITES DO TEMPO E DOS SENTIDOS.
CONTEMPLE O MISTÉRIO CORRETAMENTE.
CINCO SÃO OS PONTOS DE COMUNHÃO;
AQUI ONDE A LANÇA E O GRAAL SE UNEM,
E PÉS, E JOELHOS, E PEITO, E LÁBIO.

Quando o Grande Rito foi solenemente consumado, homem e mulher trocam seus novos nomes de Bruxos. A partir deste momento, também, eles podem usar o Nome Secreto da Deusa.

Se o Rito for designado a ser simbólico, a Mulher se deita da mesma maneira e o encantamento é o mesmo, mas ela se levanta na hora de consagrar o vinho.

Gostaria de acrescentar uma lembrança pessoal da primeira vez que estive presente quando o Grande Rito foi realizado de fato. Tínhamos saído do quarto e fechado a porta e estávamos conversando muito baixinho, trocando cigarros nervosos, porque vários de nós éramos novos para tal ocasião.

Depois de um tempo a porta se abriu e a mulher saiu. Ela era uma garota medianamente simples, mas naquele momento a Deusa estava realmente sobre ela: a mulher estava linda, calma, digna e totalmente inconsciente. Ela andou pelo Coven nua, nem evitando nem buscando nossos olhos. Nós nos levantamos para deixá-la passar, os fumantes instintivamente tirando os cigarros da boca. Não havia indícios de constrangimento ou lascívia; por um tempo, aquele apartamento em Londres foi um templo.

Se isso foi uma orgia, eu nunca havia entendido o significado da palavra até então.

Mabone · Samhain · Yule · Imbolc · Ostara · Beltane · Litha · Lammas ·

7

OS FESTIVAIS SAZONAIS

Diz a Deusa:

> Dançareis, cantareis, festejareis, fareis música e amor, tudo em meu louvor. Pois meu é o êxtase do espírito, e meu também é o prazer na Terra... Que minha adoração esteja entre os corações que regozijam; pois observai, todos os atos de amor e prazer são meus rituais.[43]

A Wicca é uma crença de alegria: entre outras coisas, de comunhão jubilosa com o grande ciclo anual da fertilidade da natureza. Assim, os Bruxos celebram os pontos-chave deste ciclo com festivais. O desejo de fazê-lo parece um fator básico no instinto religioso humano. Os quatro festivais principais, dentro de um ou dois dias, ocorrem em quase todas as religiões Pagãs e, com rótulos de santos apropriados, sobreviveram inextinguivelmente no calendário Cristão.

Esses quatro grandes festivais são 2 de fevereiro, Candlemas [44]; 30 de abril, Véspera de Maio[45]; 31 de julho, Véspera de Agosto[46] e 31 de outubro, Dia das Bruxas[47].[48]

---

43. Sobre "A Carga" Ver Apêndice 2.

44. N. T.: também chamado de "Imbolc".

45. N. T.: amplamente conhecido pelo nome de "Beltane".

46. N. T.: chamado de "Lammas" ou "Lughnasadh".

47. N. T.: nomeado como "Samhain" pelas Bruxas.

48. N. T.: essas datas se referem ao Hemisfério Norte. No Brasil, como em todo Hemisfério Sul, as datas das celebrações são: 2 de fevereiro, Lammas; 30 de abril, Samhain; 31 de julho, Imbolc; e 31 de outubro, Beltane.

E estão ligados ao ano agrícola e pecuário, ao invés do astronômico. Mas as Bruxas celebram o último também, nos dois solstícios (22 de junho e 22 de dezembro) e nos dois equinócios (21 de março e 21 de setembro). Esses quatro são festivais menores e, em algumas tradições raciais e períodos da história, eles não aparecem. O fato de que os Bruxos de hoje celebrem esses festivais, parece-me outro indicador da dupla natureza da Wicca Moderna, com suas raízes por um lado nos antigos cultos de fertilidade do campo e por outro na quase igualmente antiga, mas mais sofisticada, sabedoria do templo do Sacerdote astrônomo e dos estudos do Mago.

O que está na mente dos Bruxos modernos ao celebrarem esses festivais? Duvido que muitos dariam a resposta ingênua de uma senhora quando lhe perguntaram por que ela realizava seus ritos: "Porque o sol não nasceria de manhã se eu não os fizesse". Os dias em que os adoradores acreditavam que apenas seus rituais e seus sacrifícios (incluindo, ao mesmo tempo, o de seu Deus-rei humano) mantinham o ciclo solar em movimento, se foram, pelo menos em comunidades alfabetizadas.

Isso não significa que os oito festivais das Bruxas sejam agora meras desculpas para uma festa. Um Festival Wiccaniano certamente é uma festa, e uma das boas vale dizer; mas uma festa com o propósito de entrar em sintonia com o ritmo do Macrocosmo, de se conectar à rede, por assim dizer. Como já vimos, a essência da Wicca é que ela ensina níveis de consciência; e os festivais são um dos meios de fortalecimento dos canais necessários.

De um ponto de vista mais mundano, as Bruxas são pessoas, são amigas umas das outras e, como qualquer um, gostam de encontros que são reforçados por um senso de ocasião. A tradição diz que antigamente os Esbats ou reuniões de rotina eram assuntos de um único Coven, enquanto os Sabbats ou festivais principais reuniam dois ou mais Covens, e esse costume é frequentemente observado hoje.

Os oito rituais do festival que se seguem estão, basicamente, como são dados no Livro das Sombras; mas eles são (e devem ser) flexíveis e adaptáveis de acordo com o humor, as circunstâncias, as pessoas presentes e se a reunião é interna ou externa (e, se for o caso, o clima). Isso é verdade para todos os rituais Wiccanianos, é claro. O Livro das Sombras dá o esqueleto, mas o corpo é a imaginação criativa do Coven.

Sentimentos individuais decidem como as instruções devem ser interpretadas. Por exemplo, o Livro das Sombras estabelece, para a maioria dos festivais, que um falo ou Bastão fálico deve ser carregado. Isso certamente está de acordo com as origens do culto à fertilidade do festival, mas quão visualmente explícito o implemento deve ser é uma questão de gosto. Um símbolo tradicional é um Bastão simples com a ponta de uma pinha e Alex considera isso o suficiente. Pode ser decorado com uma fita preta e branca; Alex sugere que esta é a verdadeira forma do caduceu, ou cajado de Mercúrio, com suas serpentes gêmeas entrelaçadas.[49] Eu me refiro a ele no decorrer do texto como "Bastão".

2 de fevereiro - Candlemas[50]

Esta é a clássica Lupercália ou Festa de Pã. Mais antiga ainda é a celebração da recuperação da Deusa após dar à luz ao Deus Sol do novo ano, chegando a sua sexta semana após o Solstício de Inverno. O mesmo conceito sobreviveu sem disfarce no festival Cristão da Purificação da Bem-Aventurada Virgem Maria; em um nível individual, seu equivalente é o amplamente obsoleto Ação de Graças pelo Nascimento[51].

Carregando o Bastão, a Alta Sacerdotisa conduz o Coven com um passo de dança até o local escolhido. Nenhum canto é estabelecido. Ela pode escolher a sua própria canção ou usar a Runa das Bruxas (ver pág. 35). Segue-se a Dança *La Volta*: ou seja, dança animada em dupla. (A Dança *La Volta* veio da Itália via França no século 16. Foi considerada bastante chocante na época, porque a dança social até então era do tipo quadrada ou circular e *La Volta* foi uma das primeiras em que os casais realmente se abraçavam. Era uma ancestral da valsa).

A Alta Sacerdotisa lança o Círculo da maneira usual. O Alto Sacerdote então entra no Círculo, com uma Espada na mão direita e um Bastão na esquerda. Ele os coloca no altar e dá à Alta Sacerdotisa o Beijo Quíntuplo. A Alta Sacerdotisa diz: ABENÇOADO SEJA, e lhe dá o Beijo Quíntuplo em troca.

49. As fitas pretas e brancas também são consideradas como simbolizando os dois pilares do Templo de Salomão, *Boaz* (preto) e *Jachin* (branco), que representam a dualidade, a unidade dos opostos equilibrados. Esses pilares são um tema recorrente no simbolismo oculto - por exemplo, na carta da Alta Sacerdotisa do Tarô.

50. N. T.: 31 de junho no Hemisfério Sul.

51. N. T.: cerimônia em que uma bênção é dada às mães após a recuperação do parto para serem purificadas.

Ela então recita esta invocação.

Terrível Senhor da Morte e Ressurreição,
da Vida, e o Doador da Vida;
Senhor dentro de nós mesmos,
cujo nome é Mistério de Mistérios;
encorajai nossos corações,
deixai tua Luz se cristalizar em nosso sangue,
realizando em nós a ressurreição;
pois não existe parte de nós que não seja dos Deuses.
Descei, nós a ti rogamos, sobre teu servo e Sacerdote.

Se houver novas Bruxas a serem iniciadas, isso será feito agora.

Segue-se o Bolos e Vinho.

"Em seguida", diz o Livro das Sombras, "vem o Grande Rito, se possível". Isso é estabelecido para a maioria dos festivais, como convém a uma celebração do ciclo da fertilidade; e pode, é claro, ser simbólico.

Os rituais formais, festas, danças e jogos completam a ocasião.

Um jogo tradicional da Wicca é o Jogo da Vela. Para isso, os homens formam um círculo voltado para dentro, sentados ou em pé. As mulheres formam um círculo do lado de fora deles, "de pé se muito pequeno", como o Livro das Sombras permite. Os homens passam uma vela acesa de mão em mão, em deosil (sentido horário), enquanto as mulheres se inclinam para frente e tentam apagá-la.

O homem que estiver segurando a vela quando ela é soprada recebe três golpes do Açoite da bem-sucedida sopradora e deve dar a ela o Beijo Quíntuplo em troca. A vela é reacendida e o jogo prossegue.

21 de março – Equinócio da Primavera[52]

Para esta celebração o Símbolo da Roda deve ser usado. Pode ser um disco simples ou uma roda de oito raios, ou o Pentáculo pode servir. Alex e Maxine usam um espelho circular que tem uma moldura larga, também circular, decorada como uma estrela de doze pontas.

Esta Roda é colocada de antemão sobre o altar, ladeada de velas acesas, ou com fogo de alguma forma – tochas, ou pequenos tripés com fogo em seus recipientes.

52. N. T.: por volta de 21 de setembro no Hemisfério Sul.

No centro do Círculo há um Caldeirão cheio de material inflamável ou (ao ar livre) uma fogueira pronta para ser acesa.

A Alta Sacerdotisa lança o Círculo e invoca os Senhores das Torres de Observação. Então ela fica no Oeste e o Alto Sacerdote no Leste, ambos carregando Bastões. A Alta Sacerdotisa recita:

Nós acendemos este fogo hoje
na presença dos Sagrados,
sem malícia, sem ciúmes, sem inveja,
sem temor de nada sob o Sol,
exceto aos Altos Deuses.
A Ti invocamos, Ó Luz da Vida,
sejas Tu uma chama brilhante perante nós,
sejas Tu uma estrela guia acima de nós,
sejas Tu um suave caminho sob nós.
Acenda em nossos corações,
uma chama de amor aos nossos vizinhos,
aos nossos inimigos, aos nossos amigos,
a todos os nossos parentes,
e a todos os homens sobre toda a Terra.
Ó bondoso Filho de Cerridwen,
desde a criatura mais humilde que existe
até o Nome maior de todos.

Então a Alta Sacerdotisa traça o Pentagrama de Invocação (veja pág. 84) na frente do Alto Sacerdote com seu Bastão, e entrega um Bastão e o Açoite para ele.

A Donzela (ver pág. 94) acende uma luz e a entrega para o Alto Sacerdote, que acende o Caldeirão ou a fogueira. Ele (carregando um Bastão) e a Alta Sacerdotisa (carregando um Sistro) lideram a dança, com o resto seguindo em pares. Cada casal deve saltar sobre o fogo.[53]

"O último casal sobre o fogo antes de apagar deve ser bem purificado", diz o Livro das Sombras. Isso significa, na prática, um ritual de "açoitamento" e muito riso. O homem penalizado deve então dar o

53. Dentro de casa, uma fogueira pode não ser praticável, então a Alta Sacerdotisa pode inventar uma alternativa. Em nosso último Equinócio de Primavera, Maxine nos fez ajoelhar no centro, virados para fora, enquanto a Roda (espelho para fora) foi rolada pelo chão lado a lado, várias vezes ao redor do grupo. O espelho refletia muito bem a luz das velas; Maxine é uma coreógrafa natural, nada ruim em uma Alta Sacerdotisa.

Beijo Quíntuplo a cada uma das mulheres, e sua parceira a cada um dos homens – "ou qualquer outra penalidade que a Alta Sacerdotisa decida".

Essas penalidades, como as "multas" em festas infantis, dependem da engenhosidade e senso de humor da Alta Sacerdotisa. Em uma ocasião, Maxine decidiu que todos os homens eram orgulhosos demais e que deveriam se tornar animais de carga. Ela promoveu as mulheres a várias rainhas lendárias e elas montaram os homens de lado em volta do Círculo, até que seu orgulho fosse adequadamente humilhado.

E então vem o Bolos e Vinho.

O Equinócio da Primavera é obviamente uma ocasião para decorar a sala com narcisos e outras flores da primavera e também para homenagear uma das mulheres mais jovens, nomeando-a Rainha da Primavera do Coven e mandando-a para casa depois com um buquê de flores. Isso também pode ser feito na Véspera de Maio.

30 de abril a Véspera de Maio[54]

O Festival do Fogo gaélico de Beltane, também é conhecido como *Rood Day* ou *Roodmas* (transferido para 3 de maio pela Igreja), e na Alemanha como *Walpurgjs Nacht*, ou a véspera do dia de Santa Valburga, uma santa nascida em Sussex, que emigrou para a Alemanha e morreu lá por volta de 780 EC. Curiosamente, *Walburg* é um antigo nome teutônico para a Mãe Terra.

Nos tempos clássicos, 30 de abril era o Festival de Plutão ou Hades, Deus e Rei do Submundo, a quem as Bruxas consideram não como o governante de um inferno de tormento, mas sob uma luz mais gentil. Embora seu chamado seja inevitável, ele também preside o descanso necessário da alma antes de sua próxima reencarnação, e foi ele quem ensinou à Deusa os segredos da Bruxaria para transmitir à humanidade.[55]

A festa da Véspera de Maio é a celebração mais antiga de todas, e a que sobreviveu com o máximo de vigor popular e o mínimo de remodelação cristã. Não é preciso ser um expert para ver o significado do mastro com fitas, e é certamente significativo que o movimento operário que surgiu da Revolução Industrial tenha escolhido o Dia 1º de Maio como sua maior celebração.

54. N. T.: celebrado em 30 de Outubro no Brasil, conhecido como "Beltane".

55. Veja a Lenda da Descida da Deusa, Apêndice 1.

Fantasias de cavalos são uma característica de vários costumes locais sobreviventes de maio e no festival Wiccaniano de Beltane. O Livro das Sombras diz "se possível, cavalgue em mastros". A Alta Sacerdotisa lidera o Coven com um passo rápido, cantando:[56]

> Oh, não conte ao Reverendo sobre a nossa Arte
> ou ele poderia chamá-la de pecado;
> mas nós estaremos nas florestas por toda a noite
> conjurando o verão a chegar!
> E nós lhe trazemos as novas em alta voz
> para as mulheres, gado e plantação
> agora o Sol está vindo do Sul
> com carvalho, freixo e espinheiro!

Segue-se uma dança circular, após a qual a Alta Sacerdotisa lança o Círculo. O Livro das Sombras menciona especificamente "Puxar a Lua para Baixo" (ver pág. 94) para esta ocasião; Alex diz que de fato isso deveria ser feito em cada um dos festivais. O Livro também pede a "purificação" de todos no Círculo, incluindo do Alto Sacerdote pelas próprias mãos da Alta Sacerdotisa, mas Alex não favorece um excesso dessa flagelação simbólica.

O ritual prescrito para a Véspera de Maio é um dos menos detalhados do Livro. Além do que já foi descrito, ele pede apenas Bolos e Vinho e "o Grande Rito, se possível, simbólico ou real". Talvez seus autores, quem quer que fossem, sentissem que esta era a época do ano em que a maior parte poderia ser deixada para a inventividade e o senso de diversão do Coven.

22 de junho – Solstício de Verão[57]

Naturalmente, o Festival de Verão é um dos favoritos entre as Bruxas britânicas, sendo que eles provavelmente podem ser celebrados ao ar livre sem desconforto, o que também torna muito mais fácil para mais de um Coven se reunir.

O Caldeirão cheio com água e decorado com flores é colocado diante do altar. A Alta Sacerdotisa lança o Círculo e então fica na frente

56. O Livro das Sombras diz "cantando", mas nenhuma melodia é mencionada.

57. N. T.: celebrado no dia 22 de dezembro no Hemisfério Sul.

do Caldeirão com seu Bastão elevado. O Alto Sacerdote fica ao Norte, atrás do altar, e o Coven forma um grande anel voltado para dentro, homens e mulheres alternadamente.

A Alta Sacerdotisa diz:

PODEROSO DO CÉU, PODER DO SOL, NÓS TE INVOCAMOS EM TEUS ANTIGOS NOMES – MICHAEL, BALIN, ARTHUR, LUGH – VINDE NOVAMENTE COMO NO PASSADO A ESTA TUA TERRA. ELEVAI A TUA BRILHANTE LANÇA DE LUZ PARA NOS PROTEGER. EXPULSAI OS PODERES DA ESCURIDÃO. DAI-NOS AMÁVEIS FLORESTAS E CAMPOS VERDES, ORQUÍDEAS FLORESCENTES E MILHO MADURO. TRAZEI-NOS PARA PERMANECER SOBRE TUA COLINA DE VISÃO E MOSTRAI-NOS O CAMINHO PARA OS AMÁVEIS REINOS DOS DEUSES.

Ela então traça o Pentagrama de Invocação na frente do Alto Sacerdote com seu Bastão. Ele avança em deosil ao redor do altar, pegando seu próprio Bastão e o Açoite. Ele mergulha o Bastão no Caldeirão e o ergue, dizendo:

A FLECHA PARA O CALDEIRÃO, A LANÇA PARA O GRAAL, O ESPÍRITO PARA A CARNE, O HOMEM PARA A MULHER, O SOL PARA A TERRA.

Saudando a Alta Sacerdotisa sobre o Caldeirão, ele toma seu lugar entre o Coven. A Alta Sacerdotisa, ainda carregando seu Bastão, pega o aspersor que foi colocado pronto no altar e fica ao lado do Caldeirão. Ela diz:

DANCEM PERANTE O CALDEIRÃO DE CERRIDWEN, A DEUSA, E SEJAM ABENÇOADOS COM O TOQUE DESTA ÁGUA CONSAGRADA; AO MESMO TEMPO EM QUE O SOL, O SENHOR DA VIDA, ERGUE-SE EM SUA FORÇA NO SINAL DAS ÁGUAS DA VIDA!

O Coven dança no sentido horário em torno do altar e do Caldeirão, liderado pelo Alto Sacerdote. A Alta Sacerdotisa borrifa todos eles com água do Caldeirão enquanto eles passam por ela.

Bolos e Vinho é seguido por "danças, ritos e jogos, como a Alta Sacerdotisa deve dirigir". Se a reunião for ao ar livre, também pode haver uma fogueira no Círculo. No clima britânico o Solstício de Verão costuma ser uma ocasião melhor para pular fogueira do que o Equinócio da Primavera.

31 de julho - Véspera de Agosto[58]

Este é Lammas, o festival do fogo gaélico de *Lughnasadh* e a Véspera do Dia da Senhora. Antigamente era a Festa do Pão, a época do ano em que o divino Rei-Sacerdote era sacrificado nos campos e seu corpo distribuído. O grão transformado em pão representava seu corpo.

No Livro das Sombras, o rito prescrito é ainda mais enigmático do que o da Véspera de Maio. Mastros devem ser cavalgados e uma dança circular é seguida pelo lançamento do Círculo.

A Alta Sacerdotisa traça o Pentagrama de Invocação na frente do Alto Sacerdote, dizendo:

> Ó Mãe Poderosa de todos nós, que traz toda fartura, dai-nos frutos e grãos, rebanhos e manadas, e filhos para a tribo, que possamos ser poderosos. Pelo teu amor rosa,[59] descei vós sobre o corpo de tua serva e Sacerdotisa aqui.

Todos saúdam a Alta Sacerdotisa e então bolos e vinho são distribuídos.

A menos que a Alta Sacerdotisa se sinta movida a expandir o rito prescrito, tais formas breves normalmente seriam combinadas com o trabalho normal de uma reunião de Coven.

21 de setembro - Equinócio de Outono[60]

Para este festival, o altar é decorado com pinhas, ramos de carvalho, bolotas, espigas de grãos ou outros símbolos do outono.

Depois que o Círculo foi lançado, o Coven fica em um círculo voltado para dentro, homens e mulheres alternadamente. O Alto Sacerdote fica a Oeste do altar e a Alta Sacerdotisa a Leste, um de frente para o outro. A Alta Sacerdotisa recita:

58. N. T.: comemorado em 2 de fevereiro no Hemisfério Sul, também conhecido como *Lammas* ou *Lughnasadh*.

59. Esta estranha frase é como Alex copiou do Livro das Sombras de sua avó... A invocação é única, sendo a única ocasião em que a Alta Sacerdotisa invoca a Deusa sobre si mesma. Em todos os outros ritos, o Alto Sacerdote invoca a Deusa sobre a Alta Sacerdotisa, enquanto ela permanece calada.

60. N. T.: no Hemisfério Sul é celebrado por volta do dia 21 de março.

Adeus, ó Sol, Luz que sempre retorna,
o Deus oculto, que ainda assim sempre permanece.
Ele agora parte para a Terra da Juventude
através dos Portais da Morte
para habitar entronado, juiz de Deuses e homens,
o líder cornudo das hostes do ar.
Assim, ainda que permaneça invisível fora do Círculo,
reside dentro da semente secreta.
A semente do grão recém-colhido, a semente da carne;
escondida na terra, a maravilhosa semente das estrelas.
Nele está a Vida, e a Vida é a Luz do homem,
aquilo que nunca nasceu e nunca morre.
Portanto, os Sábios não choram, mas se regozijam.

Então ela entrega o Bastão ao Alto Sacerdote e pega um Sistro; eles conduzem a dança três vezes ao redor do altar.

O Jogo da Vela é realizado, seguido de Bolos e Vinho e quaisquer outras danças e jogos que a Alta Sacerdotisa decidir.

31 de outubro - Halloween[61]

Véspera de novembro, Véspera de Todos os Santos, o Festival de Fogo gaélico de Samhain ou *Samhuin*, atinge uma nota mais misteriosa do que os outros festivais. É o fim do verão, quando se sente que os poderes do Submundo estão crescendo, com seus portões abertos e todas as suas forças soltas - tanto o mal quanto o bem. Os não Bruxos costumavam trancar suas portas e janelas no *Halloween* e usar abóboras iluminadas por velas para espantar os maus espíritos, um costume que se tornou atenuado (particularmente na América) em uma brincadeira infantil.

As Bruxas eram menos defensivas; elas passavam essa temporada ativamente invocando espíritos amigáveis. Bruxas modernas fazem o mesmo, tentando deliberadamente entrar em contato com amigos e parentes que já partiram - com muito sucesso, de acordo com Alex, que admite que não gosta de *Halloween*. "Eles estão mortos; deixe-os em paz", é a sua atitude.

61. N. T.: comemorado em 30 de abril no Hemisfério Sul, conhecido como *Samhain* entre as Bruxas.

"Às vezes vejo minha avó na fumaça do Caldeirão durante o ritual de Halloween. Eu a amei muito enquanto ela estava viva, mas ela seguiu em frente e não precisamos um do outro agora."

O ritual começa com uma caminhada ou dança lenta, o Coven portando tochas ou velas, liderados pelo Alto Sacerdote e pela Alta Sacerdotisa carregando Bastões. A Runa das Bruxas, ou qualquer outro cântico adequado, é cantado em um ritmo lento.

Quando terminar, o Alto Sacerdote e a Alta Sacerdotisa traçam o Pentagrama de Invocação com seus Athames, enquanto a Alta Sacerdotisa recita:

> Temível Senhor das Sombras, Deus da Vida e o Doador da Vida ainda que o conhecimento sobre ti seja o conhecimento da Morte, abra totalmente, eu rogo a ti, os Portais pelos quais todos devem passar.
> Deixai nossos entes queridos que partiram retornarem esta noite para estarem felizes conosco.
> E quando chegar a nossa hora, como deve ser, ó tu, o Confortador, Consolador, Doador de Paz e Descanso, entraremos em teus reinos alegremente e sem medo; pois sabemos que quando estivermos descansados e revigorados entre nossos entes amados, seremos novamente renascidos por tua graça e pela graça da Grande Mãe.
> Que seja no mesmo local e no mesmo tempo que nossos entes queridos, e que possamos nos reunir, conhecer, lembrar, e amá-los novamente.
> Descei, rogamos a ti, em teu servo e Sacerdote.

Cada mulher então dá o Beijo Quíntuplo no Alto Sacerdote, como personificação do Deus.

Nenhum método preciso é estabelecido para induzir a visualização dos amigos falecidos. A escolha depende individualmente do Coven, que pode ter achado este ou aquele sistema mais eficaz em sua própria experiência. Alex e Maxine preferem o Caldeirão fumegante.

Seguem-se o Bolos e Vinho, danças e jogos, e se a atitude certa for alcançada, haverá uma sensação de participação daqueles que já se foram.

De todos os oito festivais, este é aquele em que o Livro das Sombras insiste mais enfaticamente no Grande Rito. Se não for possível no momento, o Livro diz que o Alto Sacerdote e a Alta Sacerdotisa devem celebrá-lo assim que for conveniente, "simbolicamente, ou, se possível, real". O ponto presumivelmente é que, como o ritual de *Halloween* está intimamente relacionado com a morte e com os mortos, deve terminar com uma reafirmação solene e intensa da vida.

22 de dezembro – Solstício de Inverno[62]

Este é o festival do renascimento do Deus Sol, o dia mais curto do ano, após o qual ele cresce constantemente em força e influência em direção ao pico do meio do verão.

Os antigos Sacerdotes-astrônomos eram capazes de calcular exatamente os solstícios de verão e inverno, o que sugere que eles também estavam preocupados em colocar a si mesmos e seus rebanhos em sintonia com o ciclo anual e não se iludir que estavam realmente causando isso. Eles eram menos ingênuos e tinham um senso mais verdadeiro das realidades científica e espiritual do que alguns dos historiadores que alegaram interpretá-los acreditam.

Isso não significa que seus rituais fossem vazios ou hipócritas; pelo contrário. "Colocar-se em sintonia" significava tirar o máximo benefício para a humanidade daquele ciclo e, para isso, eles aplicavam tanto sua sabedoria espiritual quanto o conhecimento científico de que eram também os guardiões públicos. Em algumas civilizações, certamente, sua função degenerou e a luz se perdeu no sacrifício sangrento, no medo, no obscurantismo e na cínica manutenção de seu status de classe. Mas na melhor das hipóteses, a luz queimava claramente. No antigo Egito, acima de tudo, provou-se inspirando e guiando a mais duradoura e (apesar de altos e baixos) uma das civilizações mais estáveis da história mundial.

É a mesma luz que, nas condições modernas e com a vantagem adicional do conhecimento moderno, as Bruxas de hoje estão tentando recapturar.

O Solstício de Inverno é o verdadeiro Ano Novo, tanto astronômico quanto espiritual. O cristianismo reconheceu o significado religioso da virada do ano quando estabeleceu 25 de dezembro (6 de Janeiro nas igrejas orientais) como a data do nascimento de Jesus, após três ou quatro séculos de discussão, durante os quais março, abril e novembro foram

62. N. T.: celebrado no Hemisfério Sul por volta do dia 22 de junho.

todos fortes concorrentes. De fato, enquanto a maioria dos estudiosos permitiria que os relatos evangélicos do ministério e da morte de Cristo tivessem pelo menos um fundamento de fato histórico, as lendas de seu nascimento (como dadas por Mateus e Lucas e posteriormente embelezadas) carregam todas as marcas de uma tradição muito mais antiga - a da Deusa dando à luz no Solstício de Inverno ao novo Deus Sol prometido, que no devido tempo morreria (ou seria sacrificado) como um prelúdio para o renascimento (ou ressurreição).

A celebração deste nascimento está explicitamente no rito *Incantation of the Wiccan Winter Solstice.*

Esta é uma cerimônia que começa como de costume, com o lançamento do Círculo e a convocação dos Senhores das Torres de Observação. Mas para esta ocasião, o Caldeirão de Cerridwen (o símbolo da imortalidade) é colocado no Sul do Círculo, coroado com azevinho, hera e visco, e com fogo dentro dele (que pode ser apenas uma vela). "Não deve haver nenhuma outra luz", diz o Livro das Sombras, "exceto a vela do altar e as que cercam o Círculo".

Após Puxar a Lua para Baixo, a Alta Sacerdotisa fica atrás do Caldeirão e o Coven forma um círculo voltado para dentro, homens e mulheres alternadamente. O Alto Sacerdote fica de frente para a Alta Sacerdotisa com um feixe de tochas ou velas apagadas e o Livro das Sombras. Um dos membros do Coven fica ao lado dele com uma vela acesa para que possa ler.

O Coven começa a se mover lentamente ao redor do Círculo, em deosil. À medida que cada um passa pelo Alto Sacerdote, ele acende uma tocha ou vela do fogo do Caldeirão e a entrega para a pessoa, até que todos tenham uma. Um fogo real é agora aceso no Caldeirão, isso se apenas uma vela foi usada até agora, e o Alto Sacerdote lê o encantamento:

> Rainha da Lua, Rainha do Sol,
> Rainha dos Céus, Rainha das Estrelas,
> Rainha das Águas, Rainha da Terra,
> trazei a nós o Filho da Promessa!
> É a Grande Mãe que a Ele dá à luz;
> é o Senhor da Vida que renasceu;
> escuridão e lágrimas serão afastadas
> quando o Sol se levantar em breve!

Sol Dourado da colina e da montanha,
ilumine a terra, ilumine o mundo,
ilumine os mares, ilumine os rios,
cessem os lamentos, alegria para o mundo!
Abençoada seja a Grande Deusa,
sem começo, nem fim,
perpétua pela eternidade, Io Evo! He!
Abençoado seja!
Io Evo! He! Abençoado seja!
Io Evo! He! Abençoado seja!

Durante o encantamento, o Coven circula lentamente. Eles se juntam ao canto de "*Io Evo! He! Abençoado seja!*" e, finalmente, a Alta Sacerdotisa se junta à dança, conduzindo-a com um ritmo mais calmo.

O Caldeirão em chamas é empurrado para o centro e os dançarinos pulam sobre ele aos pares. O último par antes de sair "deve ser bem purificado, três vezes cada, e pode pagar uma multa divertida como a Alta Sacerdotisa ordenar". Às vezes, o Caldeirão é reacendido várias vezes para prolongar a diversão.

E então segue o Bolos e Vinho.

Foto 1. Os Instrumentos de Altar e o Livro das Sombras

Foto 2. Alex e Maxine consagrando as Cordas

Foto 3. Puxando a Lua para Baixo

Foto 4. Alex invocando os Senhores das Torres de Observação

Foto 5. Desafio da Iniciação de 1º Grau

Foto 6. Tomando as medidas

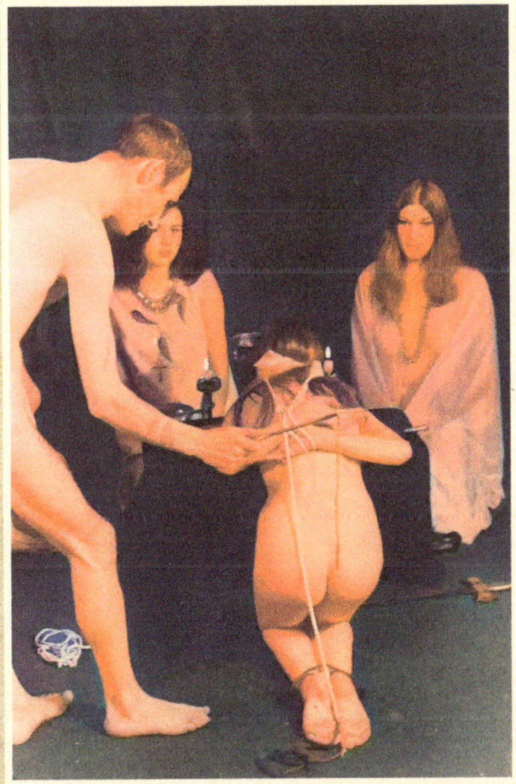

Foto 7. O açoitamento ritual

Foto 8. A nova Bruxa recebe seus Instrumentos

Foto 9. Iniciação de 2º Grau, encenando a Descida da Deusa

Foto 10. Magia de Corda individual

Foto 11. Magia de Corda em grupo

Foto 12. Consagrando o vinho

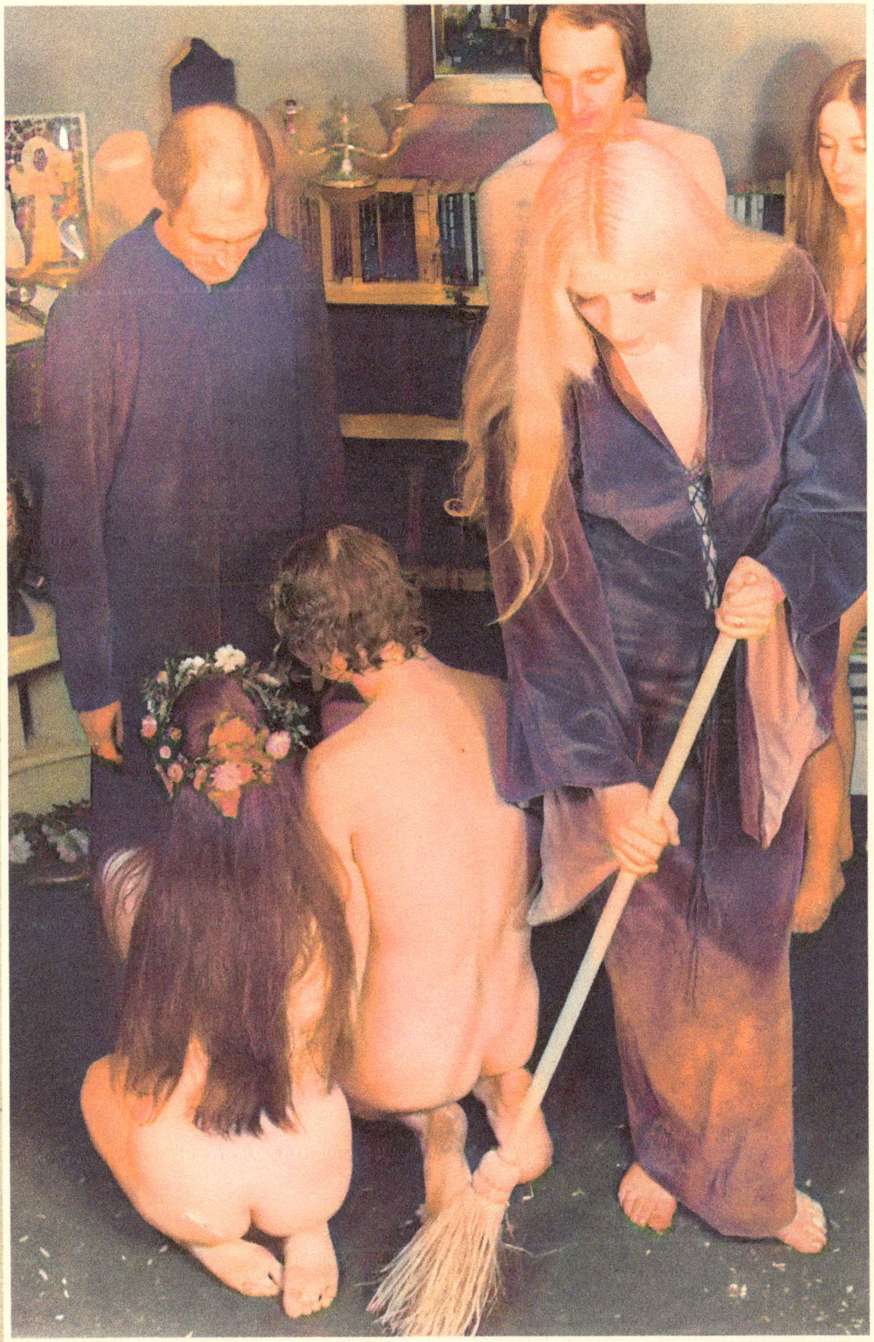

Foto 12. Handfasting: toda influência negativa é ritualmente varrida do casal

Foto 14. Altar preparado para o Grande Rito simbólico

Foto 15. Joias da Bruxa: a Alta Sacerdotisa usa um colar de âmbar e lignita(azeviche) com o Rose Ankh Alexandrino e um anel de casamento incomum

Foto 16. A Alta Sacerdotisa em seu altar

Foto 17. A Alta Sacerdotisa na posição de Osíris(ou do Deus)

Foto 18. A Alta Sacerdotisa consagrando a água e o Alto Sacerdote abençoando o sal

Foto 19. A Alta Sacerdotisa na posição do Pentagrama (ou da Deusa)

Foto 20. Vidência em um espelho negro -
feito com vidro de relógio e pintado de preto no lado convexo

Foto 21. As Bruxas preferem, se puderem, usar sua própria imaginação e mão de obra para equipar seus Círculos. Esta peça do Coven (em óleo, 60 cm x 45 cm) simboliza a Deusa da Lua, o Deus Cornífero e sua influência no mundo. Estando ao norte do Círculo, o globo do mundo também simboliza a Terra, elemento que é atribuído a esse quadrante

Foto 22. Cartas de Tarô de diferentes baralhos. Linha superior (da esquerda para a direita): o Louco, de um Muller (suiço); o Mundo, Grand Eteilla (francês); a Estrela, Waite (EUA); o Carro, Masenghini (italiano). Fila inferior (da esquerda para a direita): Justiça, New Tarot for the Aquarian Age (EUA); o Sol, baralho "Egípcio"(EUA); o Mago, Marselha (francês); A Sacerdotisa, Le Grand Tarot Belline (francês)

Foto 23. Alex Sanders em posição ritual

8

CLARIVIDÊNCIA

Clarividência (literalmente, "visão clara") é a faculdade de perceber fatos, objetos, situações e eventos, reais ou potenciais, por outros meios que não os sentidos físicos. Na definição restrita, significa apreender tal informação na forma de imagens visuais, sejam "reais" ou mentais. De maneira mais geral (e neste livro) inclui ver no sentido de "eu vejo o que você quer dizer".

A clariaudiência ("audição clara") é uma faculdade semelhante, mas nesse caso a informação vem como se fosse ouvida em vez de vista. Para simplificar, incluo isso também sob o título geral de clarividência.

Alex sustenta que todos são clarividentes se apenas se permitirem ser, e que a faculdade pode ser despertada, desenvolvida e treinada. Acho que a maioria das pessoas concordaria que o dom da intuição parece ser difundido, particularmente entre as mulheres: "palpites" surgem sem trabalho mental prévio, ou dados sensoriais óbvios, para apoiá-los. Confiamos na intuição muito mais do que percebemos, mesmo porque, simplesmente não temos tempo suficiente para aplicar o pensamento consciente a todas as milhares de decisões importantes e menores que precisam ser tomadas todos os dias em nossa vida. Então, fazemos nossos palpites e, gostando ou não da palavra, estamos usando a clarividência. O homem comum limitaria a palavra às manifestações mais espetaculares e "sobrenaturais" do dom, mas estas são apenas a mesma coisa desenvolvida em um tom alto, onde a consciência vaga se torna certeza. A clarividência eficaz e confiável é, em essência, a intuição compreendida, confiável e treinada.

Como explicar isso é outra questão e vale um livro (pelo menos) por si próprio. Em um nível psicológico ortodoxo, pode ser que a mente subconsciente absorveu todos os dados conhecidos da mente consciente e continuou trabalhando neles no subconsciente. Ele chega a uma resposta e a lança na consciência. Esse súbito surgimento da resposta muitas vezes parece milagroso (e, portanto, não confiável) para a mente consciente, porque acredita que nenhum trabalho foi feito sobre o problema. De fato, o trabalho foi feito, mas abaixo do nível de conscientização.

Quando decidimos "dormir sobre um problema", é precisamente este processo que estamos a pôr em marcha. Funciona, e não apenas com problemas emocionais; cientistas e matemáticos também o usam.

Mas esta explicação, embora certamente seja parte da verdade, não é suficiente para todos os fenômenos envolvidos. Não se pode explicar a precognição (a previsão de eventos futuros), exceto na medida em que esta é uma extrapolação de fatores conhecidos. Por exemplo, não daria conta da primeira previsão que Alex me deu pessoalmente, conforme registrado na página 23. Não havia como eu ou Alex ou meu agente (que Alex ainda não conhecia), ou mesmo a Thames Television, saber, naquele estágio, que eu estaria escrevendo um episódio especial final, ou qual pagamento (que meu agente negociou, não eu) seria. (No máximo, a Thames Television pode ter tido meu nome em mente entre os de outros escritores. Mas como todo roteirista sabe, quando se trata de enredos e contratos, muitos são chamados, mas poucos são escolhidos).

Tampouco pode explicar muitos casos que conheço em que Alex deu bons conselhos e previsões precisas por telefone para, ou sobre, pessoas que ele nunca conheceu. Um breve exemplo: X estava angustiada com seu noivo Y, com quem ela havia brigado. Alex disse para X ligar para Y em seu escritório em um determinado horário e um certo dia. Ela tinha a certeza de que ele não estaria ali, e mesmo que estivesse, não conseguiria falar. Alex insistiu. Ela ligou e não só ele estava lá, como estava sozinho e atendeu ao telefone.

Alex nunca tinha conhecido ou falado com Y, e não tinha uma maneira "natural" de conhecer seus movimentos, mas ele deu seu conselho com absoluta certeza. (Tanto Alex quanto X me falaram sobre isso de forma independente).

Para explicar tais casos, é preciso ir além dos limites da psicologia convencional para os domínios da telepatia,[63] do inconsciente coletivo, do eu e da teoria dos níveis. Este não é o lugar para propor tais teorias em profundidade, então vou me limitar às maneiras práticas pelas quais as Bruxas realmente devem usar a clarividência.

Clarividentes altamente desenvolvidos como Alex parecem ser capazes de extrair seu material "do ar" se necessário, sem auxílios artificiais, mas a maioria das pessoas precisa do que pode ser chamado de "gatilho" para colocá-los em funcionamento.

Esses gatilhos podem dar origem a muitos mal-entendidos, porque eles incluem, perfeita e justificadamente, coisas como folhas de chá. Usadas mecanicamente para dar uma resposta automática de acordo com fórmulas estabelecidas, as folhas de chá (ou cartas de Tarô) merecem todo o desprezo que o cético derrama sobre elas. Usadas na forma de gatilhos, como catalisadores para iniciar um processo psíquico, como estimuladores da intuição treinada, elas estão em uma classe completamente diferente.

A função do gatilho é ajudar na consciência revelando símbolos relevantes que estão hesitando em seu limiar. (Os psicólogos usam as manchas de tinta do teste de Rorschach exatamente da mesma maneira, e ninguém os chama de Bruxos). A partir daí, a intuição e a experiência do clarividente levam o processo adiante para o estágio interpretativo.

Os gatilhos são muitos e variados. Objetos físicos incluem, além de folhas de chá, chumbo derretido derramado na água, bola de cristal, padrões no fogo e até anéis de espuma em um copo de cerveja. A primeira vez que vi Alex pegar o copo de cerveja de uma estranha em um pub e começar a contar coisas sobre ela mesma, devo admitir que pensei que ele estava brincando. Mas sua perplexidade com a precisão dele me fez pensar novamente.

"Guinness é melhor", Alex me disse alegremente. "Sua espuma é mais profunda, mais rica e dura mais tempo". Então, mais seriamente, "Não é tanto a coisa em si, mas os símbolos que ela desperta em sua mente, sua reação à simbologia e a interpretação que você dá a ela".

63. Embora Jung tenha sido o grande proponente do conceito de inconsciente coletivo, percebo que esse uso de sua frase excede o que ele quis dizer. Ele a aplicou à memória racial comum, inconcebivelmente antiga, na qual os arquétipos persistem! Eu o uso no sentido estendido de escritores como Rosalind Heywood (*The Sixth Sense and The Infinite Hive*), que sugerem que o inconsciente coletivo pode e se intercomunica, e é o verdadeiro canal de telepatia.

As cartas de Tarô (veja o próximo capítulo) são um gatilho muito mais complexo, uma vez dominadas, porque sua simbologia é infinitamente rica e profunda. Mesmo sem conhecimento, elas podem ser úteis. Alex fala de uma mulher a quem ele estava tentando convencer de que ela, como qualquer outra pessoa, tinha poderes de clarividência. Ele deu à mulher um baralho de Tarô (que ela nunca tinha visto antes) e lhe disse para colocar algumas cartas, escolhendo seu próprio padrão. Ela o fez, protestando que não fazia ideia do que significavam. "Não importa", ele disse a ela, "escolha alguém na sala para quem você acha que a mensagem é e conte uma história a partir das fotos". Ganhando confiança, ela foi em frente.

"Sua mensagem foi excelente e útil E ela se encaixou", disse-me Alex, "porque a verdade foi imposta a ela".

Os indivíduos diferem nos gatilhos que consideram eficazes. Por exemplo, Alex não aconselha novas Bruxas a gastar muito dinheiro em um cristal, porque pode não ser adequado para elas. Ele recomenda um substituto mais barato, que se adapta a quase todos: dissolver cristais de sulfato de cobre em água até uma solução azul-esverdeada satisfatória, despejar em um frasco esférico (um frasco de laboratório é ideal), cujo gargalo foi cortado com um cortador de vidro, ou acender um anel de algodão embebido em álcool e cortiça e selá-lo sem bolhas de ar. Em seguida, o frasco deve ser montado de cabeça para baixo em um suporte forrado com veludo preto. "É o melhor cristal de todos", diz ele. "É pacífico, relaxante e induz ao estado de espírito certo".

Um gatilho não precisa ser um objeto físico. O clarividente pode pedir ao consulente[64] para dar dois ou três números e pode então usar a simbologia numérica para iniciar sua linha de pensamento. Ou ele pode pedir símbolos aleatórios da mente do consulente e usá-los para provocar seus próprios símbolos.

Ou o clarividente pode usar a psicometria – pegando em suas mãos um objeto que pertence ao consulente, ou a uma pessoa ausente a quem a leitura se refere, e sentir sua "carga" psíquica (novamente, em termos dos símbolos que ela provoca). O contato físico com o próprio consulente – tocar sua mão, por exemplo – pode servir ao mesmo propósito. Na verdade, suspeito que a quiromancia, quando eficaz, é realmente psicometria e não uma leitura mecânica de linhas.

64. Um termo geral para a pessoa que busca uma leitura divinatória.

Outra classe de gatilho tem um propósito ligeiramente diferente, desvincular em vez de estimular. A isso pertencem o pêndulo oscilante, o estroboscópio, a chama da vela fixa e também os antigos, mas perigosos métodos de flagelação, restrições à circulação sanguínea, mortificação da carne, jejum e os vapores entorpecentes do oráculo de Delfos. O objetivo principal de tudo isso é induzir um desapego semelhante ao transe do ambiente do clarividente, de modo que os símbolos que surgem sejam mais vívidos e não distorcidos por outras influências.

Na verdade, porém, ambas as classes se sobrepõem, porque, deliberadamente, a concentração em um fogo de carvão, ou em um cristal, ou mesmo em folhas de chá, tem algum efeito de desapego, ao mesmo tempo em que fornece o estímulo para o surgimento de imagens. Para o iniciante (além dos perigos de alguns dos outros métodos), essas abordagens mais suaves devem ser preferidas e têm a vantagem adicional de que a mente consciente permanece clara para a interpretação dos símbolos. É significativo que os pronunciamentos das confusas Sacerdotisas de Delfos fossem enigmáticos e que o consulente fosse deixado para interpretar os símbolos ele mesmo, muitas vezes desastrosamente.

Com a prática, a capacidade de discernir e interpretar símbolos melhora e os gatilhos artificiais tornam-se cada vez menos necessários. Os resultados fortalecem a confiança do aprendiz de clarividente nos símbolos que vê, na interpretação que dá a eles e na relevância dos novos símbolos que vêm à sua mente à medida que a interpretação se desenvolve. Esses novos símbolos a princípio parecem mera "associação livre" (se a livre associação é "genuína"), passando para outras categorias – por exemplo, do simbolismo das cores ao simbolismo do Tarô, da numerologia ao Zodíaco e vice-versa, mas (novamente através de resultados) ele aprende a confiar neles.

Eu estava presente recentemente quando Alex fez uma leitura clarividente "intrigante" para um homem consulente.

"Vejo um novelo de lã desarrumado, faça o que fizer, você sempre tem que dar um nó em algum lugar; ele nunca está completo, um sempre falha, você nunca está totalmente satisfeito. Eventualmente, você vai conseguir o que está procurando na vida. Você não comprará o novelo de lã, vai começar a fazê-lo você mesmo a partir das matérias-primas, e não haverá falhas nele à medida que for avançando.

"Vejo um ramo de flores, crisântemos, flocos-de-neve e violetas, amarrados por uma larga fita azul que é tudo desproporcional às flores menores, mas não aos crisântemos... Você terá problemas com regras e autoridade – isso é azul, a cor de Júpiter – e está em sua casa... A flor floco-de-neve aparece na época mais difícil do ano. É uma coisa delicada, é pureza total e absoluta. Para obter sua regra, para prender tudo com fita azul, você tem que esperar até que o tempo realmente difícil chegue e então a pureza e a pequenez desta semente da verdade começarão a sair... Com a violeta, que vem na primavera, as coisas ficam mais frescas para você; condições instáveis em sua casa vão melhorar tremendamente; há uma condição de saúde que vai melhorar também. Mas atenção entre o final de outubro e início de fevereiro para algo absolutamente novo se abrindo em uma direção comercial. Este é o crisântemo, bronze muito profundo do lado de fora, mas ouro muito pálido no centro, que é excelente... Símbolos de flores geralmente indicam a época do ano, você sabe. Regra, autoridade – há alguma condição em sua vida doméstica em que você deve colocar o pé no chão. Deixe que todos digam o que querem dizer (realmente, não sei do que estou falando), mas você toma a decisão final... Cuidado com os cinco meses de outubro a fevereiro, até a simbologia do 5, o Hierofante no Tarô que usa uma tríplice coroa: são três pessoas governando em um só poleiro, mas cada uma tem sua própria individualidade, você tem confrontos, você precisa da grande fita azul para amarrar tudo, gentil e sutilmente...

"Deve haver bastante dinheiro entrando no lugar, porque as três flores têm tudo a ver com dinheiro – não me pergunte como, eu não sei. Nos próximos cinco ou seis meses. Floco-de-neve representa a pessoa mais jovem; violeta a mais velha e o crisântemo você. Apenas uma flor me cheira, a violeta. Algo muito bom ali, algo muito real e que vale a pena... Mas é você que deve amarrar os três com a fita azul, tem que haver um equilíbrio em algum lugar, um entendimento. Eu não sei com o que isso se relaciona, não é da minha conta saber... Posso ver o rosto da senhora mais velha, com rugas ao redor dos olhos, não de idade, mas de cansaço visual. Talvez ela devesse trocar de óculos? E ela deveria ir para a cama mais cedo com mais frequência, e você deveria levar uma bebida para ela..."

Depois que o homem foi embora, Alex disse: "Uma vez que você começa a clarividência, pode continuar aberto por um longo tempo. Deve começar com a imaginação, daí todos esses exercícios de controle mental que dou nas minhas aulas. Então a imaginação deve ser guiada de modo que se torne imagem; imagens controladas. Então essa imagem pode ser chamada a produzir imagens em harmonia com outra pessoa que precisa de ajuda, e elas começam a enviar os símbolos para você. Não é telepatia, porque isso é inconsciente, e isso é muito deliberado... Então você age sobre o simbolismo e prevê o resultado da coisa.

"Se as pessoas não entendem, diga a elas do mesmo jeito. Suas próprias relações com a pessoa que está ajudando podem afetar o que você vê e diz, porque quer agradá-la. Você tem que se desapegar disso e desenvolver a atitude de conseguir algo e transmitir a ela, quer ela acredite, quer não. A Bruxa deve fazer seu trabalho e depois esquecê-lo... Às vezes, se é alguém que você ama, a mensagem tem que ser realmente drástica para que ela se imponha.

"Você obtém sucesso pela prática constante e por ter a coragem de fazê-lo. E pode até errar o alvo às vezes no começo, mas isso acontecerá cada vez menos à medida que avançar... Há muito mais clarividência por aí do que as pessoas imaginam, se ao menos se atrevessem a usá-la."

"Uma boa maneira de começar", diz Alex, "é pegar o Tarô e aprender o simbolismo aproximado de cada carta. Em seguida, comece a trabalhar com elas, expondo-as e tentando relacioná-las com um problema específico entre si. Depois de um tempo você vai descobrir de repente que, por trás de tudo isso, está despertando outra coisa. Outras imagens estão chegando e você pode interpretá-las".

O incenso pode ser útil e, assim como para todas as outras expressões da simbologia - cores, plantas, animais, Deuses e Deusas de vários panteões, números, letras hebraicas, astrologia, a Árvore da Vida, o Tarô - vale a pena estudar as tradicionais tabelas de correspondência dadas, por exemplo, no livro de Aleister Crowley, *Magia em Teoria e Prática* ou mais plenamente no livro *777*. Essas correspondências podem parecer em grande parte fortuitas à primeira vista, mas quanto mais você as estuda, mais percebe que não são. E mesmo que não esteja convencido de sua validade universal, em um nível puramente pessoal, elas o equiparão com uma ampla rede de associações que tornarão muito mais fácil para você praticar a clarividência seguindo trilhas de simbologia que se ramificam naturalmente e de forma recompensadora.

Os clarividentes altamente desenvolvidos muitas vezes podem ver (quero dizer literalmente com os olhos) fenômenos que são invisíveis para o resto de nós. Alex, por exemplo, diz que muitas vezes sabe que um estranho foi iniciado na Wicca ou em alguma fraternidade oculta antes mesmo de falar com ele, porque ele pode ver um pequeno disco de prata "do tamanho de uma meia coroa" brilhando logo acima da cabeça do estranho. Perguntei se isso era uma faculdade de visão astral, como a capacidade de ver a aura de uma pessoa e suas cores significativas, mas Alex achou que era em um nível superior, espiritual e não astral.

De fato, a clarividência em geral parece operar nos níveis mental e espiritual e não no astral, o que é bom, porque o Plano Astral (ver Capítulo 12) é notoriamente uma ilusão, onde uma experiência considerável é necessária antes que se possa ter a certeza do significado do que se vê. Se, portanto, a clarividência fosse principalmente uma função astral, a clarividência confiável seria um monopólio do trabalhador avançado. Mas felizmente, como é principalmente mental e espiritual, os esforços do iniciante podem ser úteis, mesmo que rudimentares, desde o início.

Sugeri que grande parte da informação recebida simbolicamente na clarividência vem do inconsciente coletivo (e intercomunicante) e o próprio fato de ser recebida simbolicamente confirma isso, porque a simbologia é a única linguagem que o inconsciente pode falar. Mas surge a questão – parte disso vem de seres não humanos, ou humanos desencarnados? Eu acho que pode ser algo entre os dois. No caso de Alex, por exemplo, muitas informações precisas vêm de "Michael" (ver pág. 111), que me parece operar (se ele me perdoar a descrição) como uma espécie de mensageiro psíquico para Alex, reunindo e transmitindo não apenas sentimentos, mas fatos. Como Michael (seja como você quiser explicá-lo) é inquestionavelmente consciente, ele não precisa de simbologia, mas fala diretamente com Alex. Foi Michael quem disse a Alex que X devia ligar para seu noivo Y em um determinado momento, no exemplo que dei anteriormente. E como se comunicaria "11h15m de uma quinta-feira" por simbologia?

No entanto, para iniciantes, a fonte é velada; eles estão meramente cientes dos símbolos; tudo o que precisam é de confiança para deixá-los vir, e de discernimento inteligente para interpretá-los.

Para demonstrar que todo mundo tem essa habilidade, basta apenas usá-las, Alex sugeriu um experimento. Na nossa próxima aula, eu deveria olhar ao redor das pessoas presentes, escrever os nomes de três delas ("quanto mais improvável, melhor") em um pedaço de papel e entregá-lo a ele, que usaria meus três escolhidos como cobaias.

Quando chegou a hora, escolhi B, uma senhora tímida que vinha regularmente às aulas com o marido, mas raramente abria a boca; C, uma menina e G, um homem, que eram os mais novos frequentadores.

Alex pegou o papel, leu, sorriu e murmurou para Maxine: "Veja se ele não é um sacana?", e chamou B.

"Feche os olhos por cerca de um minuto", ele disse a ela, "e veja quais símbolos surgem. Então decida para quem você acha que eles são".

Eu me senti um pouco culpado por minha escolha de B, porque ela estava paralisada com autoconsciência e não conseguia produzir nada. Mas sua timidez, paradoxalmente, quebrou um pouco o gelo. Alex disse a ela que não se preocupasse, ela acharia mais fácil da próxima vez, e virou-se para C.

C concentrou-se por um minuto e depois disse: "Tenho uma foto de N com uma corrente de prata no pescoço e um disco de prata na corrente... Tentei pensar em todos os outros moradores da cidade, mas só consigo ver N com isso no pescoço".

"Bom", disse Alex. "Interprete o que você pensa que é".

"Oh céus... Para mim é uma condecoração de algum tipo. Isso é tudo que posso pensar".

"Bem, posso lhe dizer o que é", disse Alex. "A corrente representa a eternidade e o Círculo Mágico e é feita de prata, o metal da Deusa Lua. O disco é a lua cheia. E como o colar da Bruxa, é um símbolo feminino em volta do pescoço do homem – e é isso que N está procurando, na verdade uma Bruxa com quem ele possa trabalhar como sua Alta Sacerdotisa... Agora, abra a visão mais do que isso. Tente conferir um tempo para isso, quando ele poderá 'usar a condecoração'."

"Eu não sei, só tenho a sensação de que não vai demorar muito", disse C. "Ele parecia muito como eu o vejo agora, não um ancião".[65]

"Foi o suficiente...", Alex disse a ela. "Agora, G..."

G produziu algo para mim: "Eu vejo Stewart e uma maleta, há tanta coisa nela que ele não consegue carregá-la..." Não há necessidade de interpretação – e ele estava certo!

---

65. C só havia encontrado N uma vez antes e não tinha conhecimento desse desejo dele.

Após eu ter nomeado os três, Alex perguntou aos voluntários. M surgiu com um símbolo para J: "Um pássaro, algo como uma águia, mas uma rede de pássaros com penas, é metal ou algo assim... As asas são lindas, mas do pescoço para cima é feio, muito feio..." O símbolo não significava nada para M, mas para J tinha um significado exato ligado ao seu trabalho.

Depois L desenhou para P "um redemoinho, subindo e subindo até um ponto, e ficando mais alto no topo – não, eu não sabia o que isso significava".

Alex, no entanto, sabia. "P precisa de entendimento e estamos trabalhando para ela. O Cone de Poder que o Coven está elevando está chegando a um ponto e, em um futuro muito próximo você, P vai ouvir o que estava esperando escutar. Você sabe o que é – eu não quero revelar isso para todo mundo..."

Eu escutei absorto enquanto os outros falavam, sem entender seus símbolos, sem meramente transmiti-los. De repente, para minha surpresa, porque eu estava dando toda a minha atenção aos outros, dois símbolos vieram muito claramente para mim.

O primeiro era um quadro da Torre de Babel, como um bolo de casamento alto, com figuras minúsculas ocupadas confusamente em seus vários níveis. O segundo era um padrão emaranhado de raízes subterrâneas de uma árvore, entrelaçando-se e saltando uma sobre a outra.

Antes que eu tivesse dado algum significado a essas fotos, eu sabia que eram para H, um estudioso e conhecedor, embora às vezes calado, Bruxo de Terceiro Grau, então eu as descrevi para ele.

"Certo", disse Alex. "Tente interpretá-los".

Eu pensei em uma lembrança "eu acho que significa que ele está tentando basear o que está fazendo em um emaranhado de influências e ideias, então a confusão acerca disso está crescendo".

"Exatamente o que venho lhe dizendo em particular", disse Alex a H. "Que você deve terminar uma coisa de cada vez. Você tem muitas coisas acontecendo e não terminadas, suas raízes estão por toda parte e, em vez de um tronco crescendo delas, há uma Torre de Babel".

Após a aula, H concordou com a avaliação.

Fiquei impressionado com o experimento da classe, não tanto porque as instâncias "provavam" alguma coisa, mas porque confirmavam a fecundidade da técnica de capturar e desenvolver símbolos. E quando isso aconteceu comigo de forma bastante espontânea (os símbolos e o conhecimento que eles diziam respeito me pegaram de surpresa), a técnica se tornou uma realidade para mim pessoalmente, em vez de uma mera hipótese, embora intelectualmente convincente. Foi uma coisa pequena, certamente, mas foi meu primeiro ato consciente de clarividência. Digo "consciente" deliberadamente, porque também me fez perceber que tais símbolos vinham povoando minha mente durante toda a minha vida. Eu simplesmente nunca tinha me perguntado o que poderia ser feito com eles, ou a quem eles poderiam ser endereçados. Então Alex estava certo. Todo mundo pode ser clarividente se souber como fazer.

No dia seguinte, repeti o experimento (silenciosamente) em relação a uma mulher que eu conhecia profissionalmente muito bem, mas domesticamente não. Pensando nela, vi primeiro um arbusto espesso, redondo, de folhas apertadas e alguns metros de altura. Então, vividamente, vi um anel de metal em volta de uma haste de madeira de algum tipo, como uma parte de uma bengala ou de um guarda-chuva.

Interpretação? O contorno de sua personalidade é claro, mas sua vida privada é impenetrável para seus amigos profissionais. Podemos ver as folhas, mas não o caule. Algo mantém essa vida pessoal em um anel inquebrantável; o anel é de ferro ou aço, não de ouro, então não é um anel de casamento. Sendo um anel, é interminável e sem saída, mas é forte, liso e se encaixa perfeitamente no eixo, então, além de comprimi-lo, o anel o mantém unido e evita que ele se parta. Embora represente um impasse em um sentido, em outro representa estabilidade, continuidade e confiabilidade. Talvez ela esteja tão feliz com o aço quanto estaria com o ouro. A notável doçura de seu sorriso ocasional sugere isso.

Obviamente, a clarividência pode se tornar um hábito. E por que não?

9

O TARÔ E A ÁRVORE DA VIDA

Duas coisas são inseparáveis da tradição ocultista ocidental, o baralho de Tarô e a Árvore da Vida Cabalística; e se as Bruxas dos velhos tempos sabiam pouco ou nada da Cabala e apenas algumas delas tinha o Tarô, a Wicca Moderna é profundamente influenciada por ambos.

À primeira vista, o Tarô é apenas um baralho de cartas, algumas das quais têm uma semelhança familiar com o baralho moderno comum; e a Árvore da Vida é um diagrama simples de dez círculos com nomes em hebraico e vinte e duas linhas de conexão. No entanto, cada um deles representa o projeto de uma filosofia do Universo, a quintessência de uma sabedoria tão antiga que ninguém pode identificar sua origem: Caldeia, Egito, Atlântida, dependendo da sua escola de pensamento. O Tarô e a Árvore estão intimamente relacionados.

O Tarô consiste em setenta e oito cartas e é claramente o ancestral do baralho de jogar comum. Cinquenta e seis dessas cartas são divididas em quatro naipes – Taças (correspondentes a Copas), Espadas (Gládios), Bastos (Paus) e Pentáculos (Ouros). Cada naipe vai de Ás a Dez, mais o Valete (Pajem), a Rainha, o Rei do baralho moderno e uma carta extra – o Cavaleiro – que entra entre o Pajem e a Rainha. (O Cavaleiro é às vezes chamado de Príncipe e o Pajem de Princesa.) Os quatro naipes representam os quatro elementos ocultos – sua alocação usual sendo Taças para Água, Espadas para Ar, Bastos para Fogo e Pentáculos para Terra, embora alguns (incluindo Alex) invertem Ar e Fogo (ver pág. 220-1). Essas cartas numeradas são conhecidas como os Arcanos Menores (ou "mistérios menores").

As cartas restantes, numeradas de 1-21, são os Arcanos Maiores ("mistérios maiores") ou Trunfos Maiores; e exceto o arcano 0, o Louco, cujo descendente degradado é o Coringa, elas não carregam relação com o baralho moderno. E, no entanto, elas são o coração do Tarô. O baralho moderno pode ser chamado de Tarô com boa vontade e suspeito que foi a Igreja a responsável pela evisceração. Até recentemente, pelo menos, a Igreja desaprovava as cartas como "o livro ilustrado do Diabo", mas apenas, no que dizia respeito aos quatro naipes, em relação ao pecado menor do jogo. Com os Arcanos Maiores, no entanto, deve ter cheirado a enxofre, o mundo herético da adivinhação, Deuses Pagãos à espreita e uma filosofia não elaborada no claustro. Injusto, de fato, porque as interpretações cristãs dos Arcanos Maiores são possíveis e foram feitas. Mas não posso deixar de sentir que a suspeita sacerdotal reduziu o baralho aos cinquenta e dois tolerados (o Cavaleiro de alguma forma caiu no esquecimento no processo). Seria impossível em meio capítulo analisar com profundidade os Arcanos Maiores e, em todo caso, há quase tantas interpretações quantos intérpretes. O que não quer dizer que todos, exceto um (ou mesmo a maioria) deles, estejam errados. O Tarô é tão rico em simbolismo que quem começa a estudá--lo encontrará significados por trás dos significados. Como qualquer conjunto de símbolos, é um espelho que interage com o observador como se fosse um organismo vivo.[66] Mas para dar uma ideia dos Arcanos Maiores para quem nunca viu um Baralho de Tarô, aqui está uma breve descrição de cada carta. Dos muitos Tarôs atualmente à venda, tomei como padrão o baralho de Waite,[67] não porque seja o mais atraente (infelizmente não é), mas porque é geralmente aceito como sendo o mais preciso em seu simbolismo.

1. O Mago (também chamado de *Magus* ou "Malabarista"). Um jovem segurando um Bastão na mão direita e apontando para a terra com a esquerda. Em uma mesa diante dele estão os quatro símbolos elementais e acima de sua cabeça está o sinal da eternidade ou infinito ∞ (também conhecido como o sinal do Espírito Santo). Ele é o Mago, o

66. Algumas mentes notáveis se inspiraram no Tarô; T. S. Eliot, por exemplo, em *The Waste Land*.

67. Projetado por Pamela Colman Smith, sob a instrução de Arthur Edward Waite, publicado e exportado pela University Books, Inc. New York, e à venda na maioria das livrarias ocultistas.

Adepto, o ser humano integrado em todos os planos, a vontade liberada pela compreensão. Seu gesto se refere ao princípio oculto básico "Como acima, é abaixo".

2. A Alta Sacerdotisa (também chamada de "Papisa", "Papa Joana", "Virgem do Templo", "Ciência Oculta"). Uma jovem sentada entre os pilares *Boaz* e *Jachin* e em frente ao véu do Templo. Em seu colo, meio escondido, está o pergaminho da *Torah*, a Lei Secreta. Ela é coroada com o disco e os chifres de Ísis e a lua crescente está aos seus pés. A Alta Sacerdotisa oferece sabedoria oculta e é sua guardiã. Ela é ao mesmo tempo virgem e mãe. Waite diz que ela é "a noiva espiritual do homem justo, e quando ele lê a Lei, ela dá o significado divino", e acrescenta "há alguns aspectos em que esta carta é a mais elevada e sagrada dos Arcanos Maiores".

3. A Imperatriz (também chamada de "Mãe Celestial"). Uma mulher sentada, coroada e portando um cetro. Enquanto a Alta Sacerdotisa é virginal e secreta, a Imperatriz é fecunda e deste mundo. Ela é a ação, a fertilidade, a Mãe Terra; em alguns baralhos é mostrada como grávida. Em certo sentido, ela é o equilíbrio das cartas 1 e 2.

4. O Imperador.[68] Um governante entronizado, também com coroa e cetro. De muitas maneiras, a contraparte viril da Imperatriz. Ele também é deste mundo; expressa poder executivo e sabedoria intelectual. Em certo sentido, diz Waite, "é ele quem procura remover o Véu de Ísis; ainda assim ela permanece a '*virgo intacta*'." intelecto sozinho nunca entrará no Templo secreto.

5. O Hierofante (também chamado de "Papa"). Uma figura sacerdotal, sentada com uma tríplice coroa. Ele é "o poder dominante da religião externa", em contraste com a Alta Sacerdotisa, que simboliza os segredos internos. Isso não significa que ele representa meramente um espetáculo exterior vazio (embora ele possa degenerar nele), mas que representa, na melhor das hipóteses,

68. Nos caminhos da Árvore (Fig. 8) Aleister Crowley troca Imperador e Estrela, por razões complexas demais para serem discutidas aqui.

a expressão pública daquelas verdades que têm sua raiz na sabedoria oculta comum a todas essas formas.

6. Os Enamorados. Um jovem e uma mulher virando-se um para o outro, com o Sol brilhando sobre eles. No baralho de Waite eles são Adão e Eva nus, simbolizando a inocência antes da contaminação, com uma figura angelical abençoando-os de cima. Em outros baralhos, esta é uma figura do Cupido com arco e flecha. Uma carta do amor humano, com muitas implicações: escolha discriminatória, equilíbrio de princípios masculinos e femininos. Além disso, como Eden Gray coloca em *The Tarot Revealed,* "o intelecto autoconsciente representado pelo homem não estabelece contato direto com a supraconsciência (o Anjo), exceto por meio de Eva (o subconsciente)" – que é, em termos psicológicos, o segredo da Wicca.

7. O Carro. Uma figura de armadura montando uma carruagem puxada por duas esfinges, uma preta e outra branca, que ele controla por um Bastão ou uma Espada. (Em algumas versões, as esfinges são os cavalos.) Esta também é uma carta de equilíbrio e de triunfo: o cocheiro avança confiante controlando, com sua vontade e conhecimento, as forças gêmeas do poder e do amor, *Boaz* e *Jachin*. Ele aprendeu o segredo da polaridade, o resultado positivo das forças contrastantes.

8. A Força (também chamada de "Resistência", *Fortitude*, "a Encantadora").[69] Uma mulher fechando (ou em alguns baralhos abrindo) as mandíbulas de um leão. Acima de sua cabeça está o mesmo símbolo de eternidade ∞ que está acima do Mago (em alguns baralhos este símbolo é formado pelas curvas de seus chapéus). Sua força não é bruta, nem coragem no sentido comum, mas o poder do desenvolvimento espiritual da santa inocência. A Força às vezes é descrita como a contraparte feminina de São Jorge com seu dragão.

9. O Eremita. Um homem encapuzado e barbudo, carregando uma lanterna e um cajado. Frequentemente interpretado como um buscador da sabedoria, mas talvez seja melhor visto como alguém que

69. Numerado como 11 (portanto, trocando de lugar com a Justiça) em baralhos antes de Waite, e até hoje por alguns.

já a alcançou, cuja lâmpada não é para guiar seus próprios pés, mas para mostrar o caminho para aqueles que o seguem.

10. A Roda da Fortuna. Uma roda tendo em sua borda as letras T.A.R.O. (que também podem ser lidas como ROTA, roda) e o *Tetragrammaton.*[70] Circundando com ela estão o Deus egípcio com cabeça de chacal Hermes-Anúbis (representando a evolução ascendente da consciência) e a serpente Tífon (representando a energia cósmica se manifestando como forma). Acima da roda está novamente o equilíbrio da esfinge, a estabilidade dentro do movimento. Nos cantos da carta estão as quatro criaturas de Ezequiel[71] - homem ou anjo, águia, leão e touro, todos eles alados. Eles são a realidade imutável em meio à qual o Universo e a vida humana estão em constante fluxo. É esse fluxo dentro da constância, mais do que qualquer ideia grosseira de "sorte", que a carta representa, apesar dos símbolos amplamente diferentes de um baralho para outro.

11. Justiça[72]. A figura tradicional da Justiça, com espada e balança (mas neste caso não com os olhos vendados), senta-se entronizada e coroada entre dois pilares. O simbolismo é direto, e mais uma vez envolve o tema recorrente do equilíbrio.

12. O Enforcado. Um jovem pendurado de cabeça para baixo, por um tornozelo amarrado a uma cruz em T de madeira viva. Uma de suas pernas está dobrada para formar uma cruz com a outra e suas mãos estão atrás das costas. Em volta de sua cabeça há uma auréola dourada. "É uma carta de profundo significado", diz Waite, "mas todo o significado é velado". O sacrifício é uma interpretação simplificada demais. O conceito do Deus que morre e renasce está aqui – e no sentido humano, transformação e despertar: "uma inversão da mente em vez do corpo", como Eden Gray sugere.

70. As quatro letras hebraicas *Yod, He, Vau, He* – significando simplesmente, "o Nome de Deus", mas em um sentido mais fundamental, a fórmula do processo criativo cósmico.

71. Ezequiel 1:10.

72. É o oposto da carta da Força. Ver a nota 69.

13. A Morte (também chamada de "Ceifador de Esqueletos"). No baralho de Waite, um esqueleto de armadura monta um cavalo branco e carrega uma bandeira com uma rosa branca significando vida. No horizonte além dele, está o portal da imortalidade. A maioria dos outros baralhos mostra um esqueleto com uma foice, mas a carta da Morte não significa necessariamente a morte física – ao contrário, seria mais a morte do antigo eu, seguida de renascimento e renovação. A maioria dos rituais de Iniciação das fraternidades ocultistas incluem uma morte e um renascimento simbólicos (assim como o Segundo Grau Wiccaniano com sua história da Descida da Deusa e sua conquista da Morte). O número 13 também, pode-se dizer, simboliza a Iniciação.

14. A Temperança (também chamada de "Anjo do Tempo", e no baralho de Crowley, de "Arte"). Um anjo alado, nem macho nem fêmea, paira sobre a terra e a água e derrama líquido de um cálice para outro. Em certo sentido, a essência da vida está se movendo do passado para o futuro; em outro, os princípios masculinos e femininos estão se unindo. "Temperança" aqui não tem nada a ver com abstinência, significa temperar, combinar, harmonizar; mais um aspecto do Equilíbrio.

15. O Diabo. Um diabo com chifres e asas de morcego agachado em um altar, ao qual estão acorrentadas uma figura masculina e uma feminina. No baralho de Waite, esses dois lembram os Amantes da Carta 6, "como se fossem Adão e Eva depois da Queda". O homem e a mulher não estão degenerados, no entanto. Seus rostos são inteligentes e suas correntes estão soltas. A carta não implica condenação, mas, sim, o estágio inevitável depois que o conhecimento baniu a inocência e antes de ser liberado pelo entendimento. A matéria é o mestre do presente, mas está destinada a se tornar sua serva.

16. A Torre (também chamada de "Torre Atingida pelo Raio" e "Casa de Deus"). Uma torre sendo atingida por um raio e explodindo em chamas; duas figuras humanas estão caindo de seu cume. De certa forma, isso é paralelo à última carta. Enquanto uma se refere à armadilha do materialismo, esta diz respeito à armadilha do orgulho intelectual e do dogmatismo. O lampejo do conhecimento espiritual está demolindo

a estrutura do falso raciocínio. Na carta de Waite, o céu está chovendo gotas de luz na forma da letra hebraica *Yod*, simbolizando a força vital cósmica que fertiliza a existência material. O relâmpago destrói para que o *Yod* possa reconstruir.

17. A Estrela.[73] Uma menina nua, juventude e beleza personificada, ajoelhada na terra com o pé direito na água. Ela tem um jarro em cada mão e está derramando as "Águas da Vida" imparcialmente na terra e no mar. Uma enorme estrela de oito pontas, cercada por sete estrelas menores, brilha sobre ela, que é a Grande Mãe, eternamente jovem, eternamente renovadora da criação, dando vida tanto à mente quanto à matéria. Por sua vez, ela mesma é uma manifestação da fonte suprema e ilimitada de energia cósmica representada pela Estrela.

18. A Lua. Um cachorro e um lobo estão latindo para a lua crescente, que tem o perfil de uma mulher. Além deles, um caminho serpenteia entre duas torres até um horizonte montanhoso. Em primeiro plano há uma piscina da qual uma criatura como uma lagosta está rastejando em terra firme. Uma carta de níveis de consciência: a natureza semievoluída do homem é atraída (embora tenha medo) da luz refletida da imaginação, que pode conduzi-lo ao Plano Astral. Atrás está a profundidade do inconsciente, de onde emergem[74] coisas inomináveis. A luz, embora da imaginação, não é ilusória, pois a Lua também está enviando os *Yods* da força vital.

19. O Sol. Uma criança nua, montada em um cavalo branco e carregando uma bandeira vermelha, emerge de um jardim murado. O Sol, multirraiado e com rosto de homem, brilha benevolentemente sobre ela. (Outros baralhos mostram duas crianças a pé.) Desta vez a luz não é refletida, mas direta: a plena luz da compreensão que completa o ciclo evolutivo restaurando a inocência, mas agora preenchida e equilibrada

73. Ver nota sobre o Imperador.

74. Um conceito arquetípico, como tantos no Tarô. Jung, analisando os símbolos no sonho de um paciente, escreve: "A água significa o inconsciente, ou melhor, o estado de inconsciência, de ocultação; pois o caranguejo também é algo inconsciente, na verdade é o conteúdo dinâmico que está oculto em suas profundezas. (*Collected Works* 2º. ed., Vol. 7, pág. 89).

pela sabedoria. O jardim – toda a Natureza – volta-se para o homem para seu desenvolvimento final, e o homem totalmente autoconsciente o conduz para a nova fase.

20. O Julgamento (também chamado de "Juízo Final", "o Anjo" e, por Crowley, o *Aeon*). O arcanjo Gabriel toca sua trombeta do céu e homens, mulheres e crianças emergem de seus caixões abertos de braços erguidos. Não o Juízo Final no sentido tradicional, mas o chamado do Supremo, ouvido e respondido internamente, trazendo transformação.

21. O Mundo (também chamado de "Universo"). Uma dançarina, nua, exceto por um tecido na cintura, segura um Bastão em cada mão. Ela é emoldurada por uma coroa oval de folhas. Nos cantos da carta estão as mesmas quatro criaturas de Ezequiel que aparecem na carta 10. O Mundo é uma carta de conclusão, de realização, "o mundo restaurado quando a lei da manifestação tiver sido levada ao mais alto grau de perfeição natural", diz Waite, acrescentando que também pode se referir ao início do ciclo quando "tudo foi declarado bom, quando as estrelas da manhã cantaram juntas e todos os Filhos de Deus gritaram de alegria". Eden Gray coloca isso novamente em termos psicológicos: "O dançarino representa a realização final do homem, a fusão da autoconsciência com o subconsciente e a fusão desses dois com a supraconsciência". Isso está de acordo com a tradição de que o tecido da dançarina (que aparece em todos os baralhos) esconde o fato de que ela é realmente hermafrodita – o equilíbrio final dos princípios masculino e feminino; não assexuado como um anjo vitoriano pálido, contendo ambas as forças.

O. O Louco. Um jovem, ricamente vestido, caminha sem medo à beira de um precipício; um cachorro brinca em seus calcanhares. Em uma mão ele carrega um Bastão (a vontade) o qual está presa uma trouxa de pano (memórias armazenadas, as riquezas do Subconsciente Universal), e na outra, uma rosa branca (liberdade da mera animalidade). Seu olhar é para o céu, não para o abismo abaixo. Ele não é um Louco no sentido moderno, mas um santo inocente; o "Espírito do Éter", como Crowley o chama. Na verdade, ele tem mais em comum com o bobo da corte medieval, muitas vezes o único homem em cuja sabedoria e sagacidade o Rei podia confiar, porque era completamente livre de convenções ou respeito pela posição. Ele entra neste mundo em busca de experiência, mas não pertence a ele, um *Yod* prestes a mergulhar no abismo da manifestação. Por isso ele é numerado como 0, pois está em toda parte, mas em nenhum lugar; é universal, mas não está vinculado a nenhuma hierarquia. Um tolo, mas não idiota, ele é o espírito livre da humanidade.

O Tarô é um alfabeto de simbolismo com o qual volumes inteiros de ideias podem ser soletrados. É quase um anticlímax dizer que também pode ser usado para adivinhação. Mas tem uma função muito real nessa esfera, como eu indiquei no último capítulo. Em um extremo, certamente pode degenerar em mera adivinhação de entretenimento, com todo um conjunto de significados tradicionais para cada carta aplicados mecanicamente, que parecem ter pouca relação com o simbolismo oculto, pelo menos dos Arcanos Maiores.

Mas em um nível mais alto, o Tarô pode ser um catalisador para a própria percepção psíquica. Existem vários sistemas e esquemas de adivinhação do Tarô, dados em muitos livros[75] e, devidamente utilizados, todos têm suas vantagens. O que importa é usar suas leituras como linhas-guia e dicas sobre as quais o poder da intuição pode funcionar. Então eles podem ser surpreendentemente (e às vezes perturbadoramente) provocadores de ideias que parecem além do alcance de um insight sem ajuda. Usados mecanicamente e sem concentração, pelo princípio de "pressione o botão que sai uma resposta", é uma perda de tempo.

Uma amiga minha, muito inteligente, mas sem nenhum treinamento em Ocultismo, comprou um baralho de Tarô e tentou várias leituras divinatórias por curiosidade. As respostas se mostraram tão precisas que ela ficou com medo e guardou o baralho para sempre. Estou certo de que a razão não estava nas cartas em si, mas, sim, no fato de que ela era naturalmente intuitiva e por instinto usava o Tarô corretamente, de modo que desencadeava seus poderes insuspeitos.

75. Por exemplo: *A Chave Simbólica do Tarô*, de A. E. Waite, *O Livro de Thoth, de* Aleister Crowley; *O Tarô dos Boêmios*, de Papus; e para uma abordagem simples e moderna, com a vantagem adicional de muito espaço em branco para escrever notas, o *The Tarot Revealed*, de Éden Gray. Embora publicados na América, todos estes estão à venda na Grã-Bretanha.

Os Arcanos Maiores do Tarô, e menos ricamente os Arcanos Menores, têm suas correspondências e referências cruzadas com todas as esferas de estudo oculto, da Astrologia aos Elementos e aos 360° do Círculo Mágico –, porém, mais intimamente de tudo, com a Árvore Cabalística da Vida.

A Árvore da Vida, assim como o Tarô, é um assunto muito vasto para algumas centenas de palavras. Sobre isso, também, muitos livros foram escritos[76] e muitos mais ainda serão, mas nenhum trabalho sobre a Wicca Moderna estaria completo sem pelo menos uma descrição básica da Árvore da Vida e alguns indicadores de seu significado.

Já falei da Cabala no Capítulo 2. A Árvore da Vida é seu mapa, "o plano básico da Tradição Esotérica Ocidental", como Dion Fortune a descreve. Para colocá-la em termos mais simples, ela retrata os passos pelos quais o incognoscível mais profundo, manifesta a si mesmo "de cima para baixo" para produzir o Universo e o Homem como os conhecemos; e correspondentemente, os passos pelos quais o Homem evolui "para cima" através de vários níveis de consciência e ser para se reidentificar com sua fonte.

A Fig. 8 a seguir mostra o plano da Árvore. Consiste em dez esferas ou *Sephiroth* (singular, *Sephirah*) conectadas por vinte e dois caminhos. As *Sephiroth* são geralmente referidas por seus nomes hebraicos, porque isso as identifica imediatamente como *Esferas*, enquanto palavras como "Reino" ou "Força" não produzem o mesmo efeito.

Cada um dos vinte e dois caminhos de conexão é tradicionalmente associado a um dos trunfos do Tarô, e eu os marquei assim. Seria muito divertido discutir essas associações aqui, mas qualquer leitor que aprecie pensar sobre elas deve achar o estudo interessante.[77]

76. Por exemplo, *The Kabbalah,* de C.D. Ginsburg; *A Qabalah Mística,* Dion Fortune e *Um guia prático para o simbolismo Cabalístico*, de Gareth Knight.

77. Inclusive o fato, já mencionado, de que Crowley (e outros que seguem ele) trocam o Imperador e a Estrela.

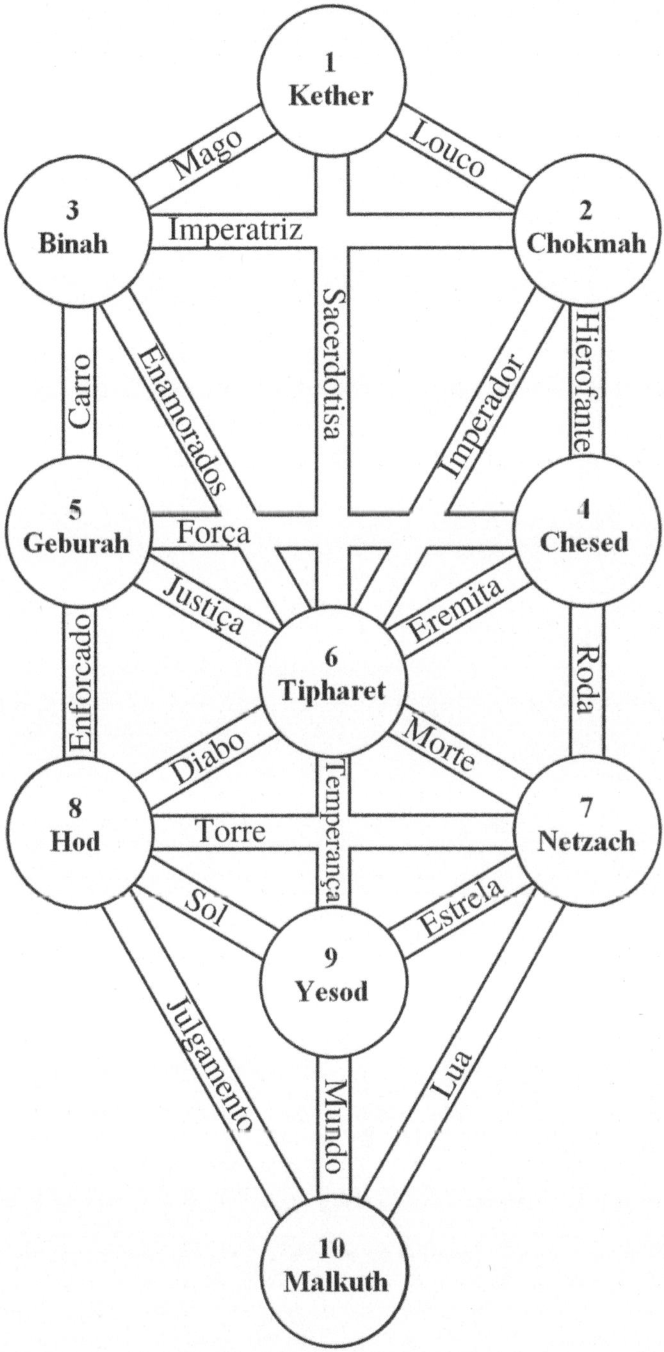

Fig. 8. A Árvore da Vida.

A Fig. 9 mostra a sequência natural das *Sephiroth*, que é a mesma tanto para cima quanto para baixo; a Fig. 10 mostra os três Pilares em que a Árvore pode ser dividida verticalmente e a Fig. 11 mostra os três triângulos em que ela pode ser dividida horizontalmente.

A *Sephirah* superior, *Kether*, é a mais elevada concebível pela consciência humana. Além disso, está o Imanifesto, ou "Existência Negativa", que os cabalistas dividiram em três Planos de Véus. Primeiro *Ain*, Negatividade; segundo *Ain Soph*, o Ilimitado e finalmente *Ain Soph Aur*, a Luz Ilimitada. É a partir de *Ain Soph Aur* que *Kether* se torna manifesto. Os três véus são, por definição, incognoscíveis, de modo que seus nomes são apenas símbolos úteis para o que não pode ser apreendido e são empregados da mesma forma que o matemático usa o termo "raiz menos um".

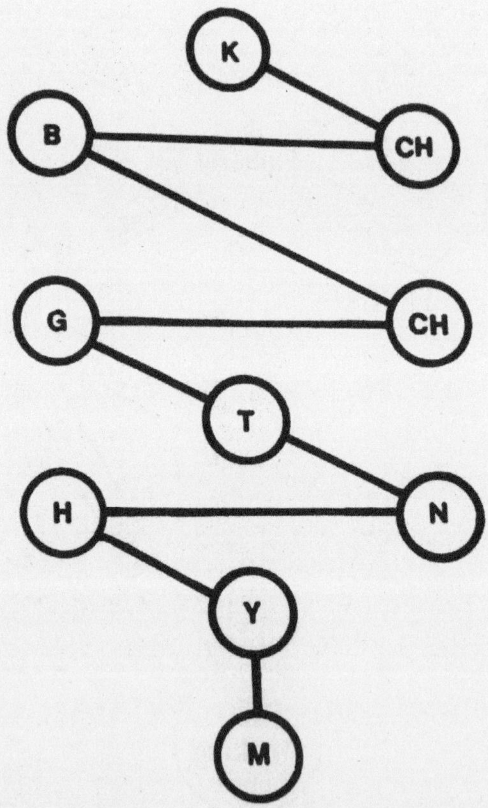

Fig. 9. Sequência de *Sephiroth* da Árvore da Vida (para cima e para baixo).

A Cabala vê a evolução como uma série progressiva de manifestações. (Neste conceito, a Sabedoria Oculta de Israel estava muito à frente de suas lendas públicas; a Árvore da Vida pode ser equiparada à cosmologia científica moderna; Gênesis 1 ao 3 não pode, exceto simbolicamente.) Cada *Sephirah*, portanto, precedeu a seguinte no tempo, mas posteriormente coexistiu com a sua posterior no espaço, transbordando em direção a ela, por assim dizer. Cada uma pode ser pensada como feminina, negativa, receptiva em relação à anterior, e masculina, positiva, ativa em relação a seguinte. Cada uma inclui dentro de si ambas as polaridades.

Severidade Suavidade Misericórdia

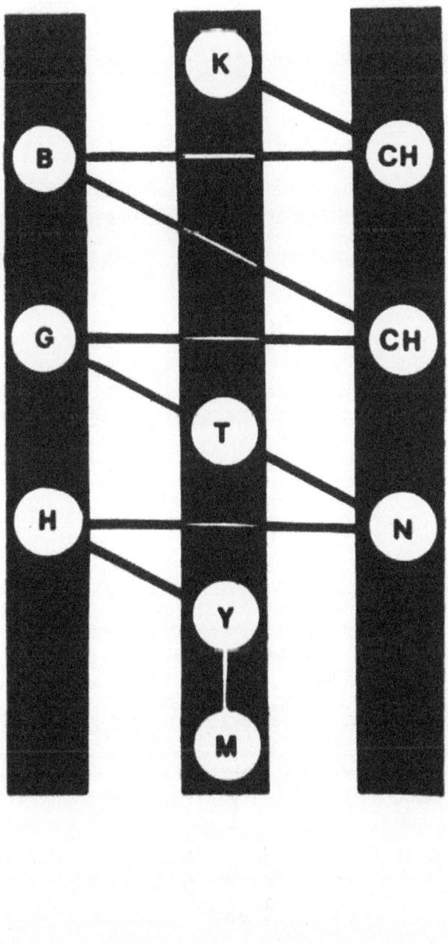

Fig. 10. Os Pilares da Árvore da Vida.

O Universo, incluindo o Homem, contém em si todas as *Sephiroth*, razão pela qual o processo de desenvolvimento individual "para cima" não é tanto uma escalada, mas uma abertura e realização do que já está dentro de nós em potencial. Quando uma Bruxa diz "a Wicca ensina níveis de consciência", ela poderia igualmente dizer que "a Wicca abre progressivamente as Sephiroth".

As dez *Sephiroth*, em ordem decrescente, são:

1. Kether (Coroa). A primeira manifestação, o Primeiro Motor, "Eu Sou o Que Sou", puro ser sem forma, e deu até origem à *Chokmah*, sem atividade. Em termos teológicos, alcançar a consciência de *Kether* é alcançar a união com Deus. Sua imagem mágica é um antigo rei barbudo, visto de perfil.

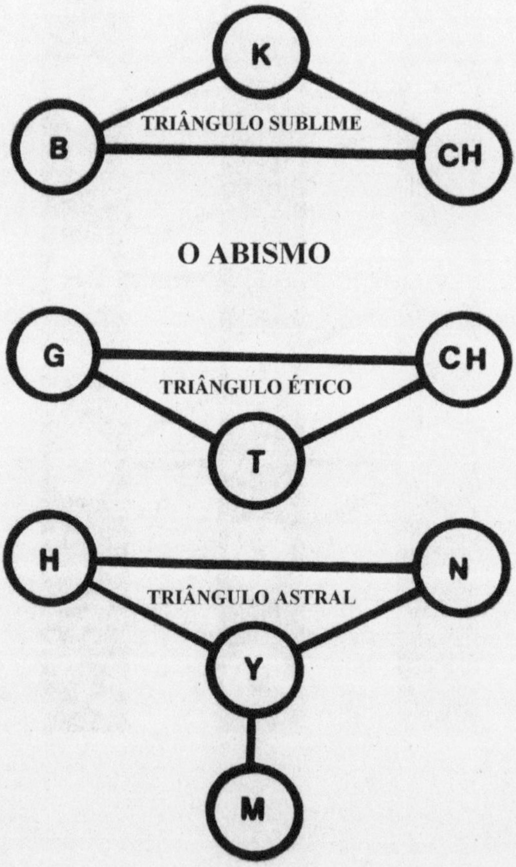

Fig. 11. Os Triângulos da Árvore da Vida.

2. Chokmah (Sabedoria). Começo da atividade; *Kether* torna-se dinâmica em *Chokmah*, mas ainda é um dinamismo sem organização, um puro jorro de energia cósmica. *Chokmah* é o Pai Celestial, o *Yod* do *Tetragrammaton*, a força impregnante do Universo. Seu nome divino é *Jehova*, seu símbolo, o falo, e sua imagem mágica uma figura masculina barbada.

3. Binah (Compreensão). A Força se organiza na forma; *Binah*, a Mãe Suprema, a Inteligência Santificadora, é o princípio feminino que equilibra *Chokmah*. Inerte em si mesma, ela recebe a energia ilimitada, mas não direcionada de *Chokmah* e a põe em ação.

Esse paradoxo de inércia e criatividade se reflete em dois de seus nomes: *Ama*, a Mãe escura e estéril, e *Aima*, a Mãe brilhante e fértil; também em sua alocação está tanto para Juno quanto para Saturno. O nome divino de *Binah* é *Jehova Elohim* (ver nota 89, pág. 211), seus símbolos são a *yoni* e o Cálice e sua imagem mágica é uma mulher madura.

4. Chesed (Misericórdia). (Também chamada de *Gedulah*). Esta é a primeira *Sephirah* abaixo do Abismo que separa as Três Supremas do resto da Árvore (Ver Fig. 11). A manifestação real, como a mente finita pode conceber, só começa abaixo do Abismo. *Chokmah* é o Pai que tudo gera; *Chesed* é a esfera de Júpiter, o Pai protetor, e não pode realmente ser considerado separado da próxima *Sephirah*, *Geburah*, que a equilibra. Assim como *Binah* é formativa, *Chesed* é construtiva, a esfera das ideias arquetípicas. Seus símbolos são a figura sólida, a cruz de braços iguais, o cetro; e sua imagem mágica é um rei coroado e entronizado.

5. Geburah (Força). A contrapartida dinâmica de *Chesed*, *Geburah*, é a severidade, o rei guerreiro, o Sagrado Destruidor, Marte, "tão necessário para o equilíbrio da Árvore quanto *Chesed*, o Senhor do Amor, e Netzach, a Senhora da Beleza".[78] Este equilíbrio essencial é aceito em termos cabalísticos puros (ainda que não reconhecidos) toda vez que um Cristão diz: "Pois Teu é o Reino, e o poder, e a glória" – que

78. Dion Fortune, loc. cit.

é *"Malkuth, ve Geburah, ve Gedulah"*.[79] Os símbolos de *Geburah* são o Pentágono e a Espada, e sua imagem mágica é um guerreiro em sua carruagem.

6. Tiphareth (Beleza). Esta é a *Sephirah* que, mais do que todas as outras, só pode ser compreendida em relação à totalidade da Árvore. É o equilíbrio e a síntese de *Chesed* e *Geburah* e também de *Hod* e *Netzach*. É o ponto central das seis *Sephiroth* que se encontram abaixo do Abismo. Cosmicamente acima de *Tiphareth* estão os planos de força, abaixo dela os planos de forma. Humanamente, acima dela está o ponto de transmutação. Em termos de níveis de consciência, *Tiphareth* é onde a mente "muda de marcha". A religião exotérica não pode ir além disso. Em termos Cristãos, é a figura de Cristo, o Redentor, *Tiphareth*, o Filho, mostrando-nos *Kether*, o Pai; em termos gregos representa Dionísio ou Adônis; em romano, Apolo; em egípcio, Osíris; é o Iluminador, assim como o Deus Sacrificial. Os símbolos de *Tiphareth* são a Rosa Cruz, a Cruz do Calvário e a pirâmide truncada; suas imagens mágicas são um rei majestoso, uma criança e um Deus sacrificado.

7. Netzach (Vitória). Esta é a *Sephirah* de Vênus, o reino das emoções e instintos, da mente grupal, da força vital da Natureza. Como *Chesed* e *Binah*, mas em um plano inferior, equilibra-se com seu oposto *Hod* como força para formar. *Netzach* é povoada por seres indescritíveis pairando em torno das fronteiras da manifestação. Acima de *Netzach*, os conceitos só podem ser percebidos pela intuição abstrata; aqui, a mente em desenvolvimento começa a vê-los como formas astrais, subjetivas no sentido de que o indivíduo as "inventa" em seus próprios termos associativos, arquetípicas no sentido de que ele se baseia no simbolismo coletivo da mente grupal, atuais no sentido de que refletem aspectos de uma realidade superior. É fácil ser enganado nessas *Sephiroth* inferiores, o Plano da Ilusão, mas há muito trigo entre o joio e uma das principais funções do treinamento na Wicca é ensinar a Bruxa a diferenciá-las. De fato, como as dez *Sephiroth* correspondem aos tradicionais dez graus de

79. Algumas Bruxas, incluindo Alex, usam a Cruz Cabalística durante o lançamento do Círculo. Na íntegra é *Kether* (voltado para o Leste, mão direita na testa com palma aberta para a esquerda). *Malkuth* (voltado para o Sul, mão direita na cintura), *ve Geburah* (voltado para Oeste, palma com palma no ombro direito), *ve Gedulah* (voltado para o Norte, mãos no ombro esquerdo), *le olham* ("para sempre" – mãos central). "Glória" é a tradução literal de *Hod*, mas em outro sentido é um significado legítimo de *Gedulah* ou *Chesed*.

iniciação oculta, as *Sephiroth* inferiores são a província específica dos três graus da Wicca. Na prática, é impossível colocar as *Sephiroth* em compartimentos estanques, porque todas elas afetam umas às outras e, em certo sentido, cada grau se refere não apenas a uma *Sephirah*, mas ao "salto" dela para a próxima. No geral, as quatro *Sephiroth* inferiores podem ser consideradas a base de ação da Wicca. O nome divino em *Netzach* é *Jehovah Tzabaoth*, o Senhor dos Exércitos;[80] seus símbolos são a lâmpada, o cinto e a rosa. Sua imagem mágica é uma bela mulher nua.

8. Hod (Glória). A esfera de Mercúrio, de Hermes, do intelecto, onde a universalidade é finalmente diferenciada em mentes humanas individuais. *Hod* representa a forma no Plano Astral, assim como sua contraparte *Netzach* representa a força. Todas as formas divinas que o homem personificou pertencem a *Hod*. É a esfera da Magia, porque é a vontade inteligente do Mago que cria as formas necessárias, mas elas só podem ser "animadas" recorrendo a *Netzach*, a esfera da emoção e da empatia. (Como eu disse em referência à carta do Imperador, apenas o intelecto não pode entrar no Templo secreto). O nome divino de *Hod* é *Elohim Tzabaoth*, o Deus (ou princípio dual masculino-feminino) das *Hostes*. Seus símbolos são os Nomes, Versículos e Avental do ocultista (usados também pelos Maçons), e sua imagem mágica é um hermafrodita.

9. Yesod (Fundação). Às vezes chamada de Esfera do Mecanismo do Universo; sua experiência espiritual associada é a visão desse mecanismo. Na antiga fraseologia rabínica, *Yesod* "purifica as emanações" das outras *Sephiroth*, "prova-as e as corrige", e é responsável pela unidade do projeto. É o único canal pelo qual essas emanações são transmitidas ao Plano Físico e, portanto, é essencial para qualquer operação mágica que tenha efeito naquele plano. É a esfera do Princípio Akáshico da Luz Astral, o éter psíquico universal, que é a matéria-prima do Plano Astral, mais denso que a mente, porém mais tênue que a matéria e forma o elo

80. Apenas dei alguns desses nomes divinos, porque a maioria deles é incompreensível, exceto para um erudito hebraico. Mas eles são muito reveladores, porque a Bíblia os usa com grande precisão e com plena consciência de seu significado cabalístico. Ao identificar o nome original do Deus hebraico em qualquer passagem da Bíblia, pode-se colocá-lo na Árvore e a passagem é iluminada em termos da Doutrina Oculta.

orgânico entre as duas. É a primeira esfera que a Bruxa (ou qualquer outro ocultista) contata quando começa a aprender a "subir nos planos" ou a se abrir para os níveis de consciência. *Yesod* é também a esfera lunar em uma condição eterna de fluxo cíclico, que novamente tem uma importante influência nas operações mágicas. Dentro deste ritmo está incluído tanto a casta Diana como a Ísis Fértil. Em termos Cristãos, é a esfera do Espírito Santo. O nome divino de *Yesod* é *Shaddai el Chai*, Deus Vivo Todo-Poderoso, seus símbolos, perfumes e sandálias[81]; sua imagem mágica é um homem nu forte e bonito.

10. Malkuth (Reino). O Universo manifesto, a esfera dos elementos tanto ocultos quanto físicos, o produto final da involução pelo qual toda a vida deve passar antes que possa completar seu desenvolvimento "subindo" de volta à sua fonte. Todas as emanações da Árvore chegam, através do filtro organizador de *Yesod*, a *Malkuth*, onde se cristalizam em forma concreta. No entanto, Malkuth não é apenas matéria, é também a alma da Terra, "o aspecto sutil e psíquico da matéria; o númeno subjacente do Plano Físico que dá origem a todos os fenômenos físicos.[82] Magicamente, *Malkuth* é a esfera da adivinhação, do uso de objetos materiais (incluindo o Tarô) para fornecer respostas a questões não materiais. Como já indiquei, isso só pode ser feito estabelecendo uma ligação efetiva com pelo menos o triângulo inferior da Árvore. Os nomes divinos de *Malkuth* são *Adonai Malekh* (o Senhor que é Rei) ou *Adonai ha Aretz* (o Senhor da Terra). Seus símbolos são o altar do cubo duplo, a cruz de braços iguais, o Círculo Mágico e o triângulo da arte. Sua imagem mágica é uma jovem coroada e entronizada.

Esta é apenas a estrutura básica; muito mais poderia ser dito. Por exemplo, as *Sephiroth* podem ser atribuídas a partes do corpo humano (ver nota 89, pág. 211). E pode-se discutir as *Qliphoth* (hebraico, "meretrizes"), as "formas horríveis, perigosas até mesmo para se pensar" que são as contrapartes malignas de cada *Sephirah*, lançadas durante a fase de desequilíbrio antes de se completarem ao dar à luz

81. "Tira os sapatos dos pés, porque o lugar em que estás é terra santa". O mago faz seu próprio solo sagrado usando sandálias consagradas.

82. Dion Fortune, loc. cit.

para a *Sephirah* abaixo. O ocultista plenamente desenvolvido deve compreender as *Qliphoth* para que possa controlá-las e limitá-las.

Mas sobre esta questão do mal, um último ponto deve ficar claro. Não se trata de igualar os planos superiores da Árvore com o bem e os planos inferiores, mais grosseiros, com o mal. Para o Cabalista, todas as *Sephiroth* são fases igualmente sagradas - necessárias no processo cósmico. E se o Caminho da Mão Direita significa alguma coisa, a Bruxa - que opera principalmente nas *Sephiroth* inferiores - deve aceitar esta igualdade em termos de santidade.

10

MAGIA

Um Bruxo trabalha com forças elementais. Um Mago trabalha com as essências por trás dessas forças. Um Bruxo trabalha naturalmente, em grande parte instintivamente, sob regras em um Coven, mas ocasionalmente sozinho. Um Mago trabalha metodicamente, com conhecimento exato do que está fazendo, geralmente sozinho, mas às vezes com ajudantes.

Seu objetivo básico é, ou deveria ser, o mesmo: o desenvolvimento espiritual do Bruxo ou Mago individual e a expansão de sua consciência.

Alguns Bruxos e alguns Magos traçariam uma linha divisória nítida entre os dois. Há Bruxos que acreditam que qualquer um que pratique um dos vários sistemas de Magia se desqualifica da Wicca. Há Magos que (como um deles, embora mais tolerante, disse) "nem morto seria visto como um Bruxo".

Todo mundo tem o direito de, e de fato deve, escolher seu próprio caminho. Pode ser a Wicca, ou um dos sistemas de Magia, ou (se ele sentir que pode lidar com eles) ambos, e é difícil entender por que alguém que acha os dois compatíveis, em termos de sua própria personalidade, necessidades e estado de desenvolvimento, deve despertar tal fúria em certas mentes sectárias. Em particular, não vejo razão para que alguém como Alex, que começou como Bruxo e se tornou um Mago, não deva permanecer na Wicca, se quiser, e dedicar parte de suas energias a ela, mesmo que apenas para ajudar e treinar Bruxos mais novos e colocar à sua disposição sua experiência, compreensão e horizontes mais amplos;

assim como um maestro profissional de orquestra não deve ser criticado por cantar canções pop com seus filhos e ensiná-los a cantar afinados.

Afinal, a Wicca é Magia, principalmente simpática, mas também Magia natural em uma simples tradição. O Coven de um Bruxa aumenta o poder de forma elementar (em ambos os sentidos da palavra "elementar") e o aplica por métodos que evoluíram por tentativa e erro ao longo dos séculos, e não por entendimento acadêmico. Tem sua própria beleza única, toca profundamente a natureza humana e funciona.

Nesse sentido, um Mago propriamente dito é um Bruxo mais avançado, mais sofisticado, mais erudito e mais desenvolvido. Da mesma forma, qualquer Bruxo que leva seu trabalho a sério e realmente tenta entender o que está fazendo, já está começando a ser um Mago, mesmo que tenha sido iniciado na semana passada.

É por isso que os três graus da Wicca fornecem uma (embora apenas uma) das maneiras válidas de colocar os pés na escada oculta e mágica.

A Wicca não é para todos (embora seja boa para muitas pessoas que não percebem o fato). A Magia é para menos pessoas ainda, porque pode ser um caminho rigoroso e solitário.

Um Mago, para o leigo, é alguém que pode acenar com uma "varinha mágica" e fazer milagres.[83] É verdade que o Mago, assim como o Bruxo, pode e produz resultados em adivinhação, cura, manifestação, evocação, exorcismo, "carregamento" psíquico de talismãs e assim por diante, que parecem quebrar as regras de causa e efeito mundanos. Na verdade, esses fenômenos apenas mostram que o Mago tem uma melhor compreensão das regras (e das regras por trás das regras) do que uma pessoa comum. Ele não ostenta seus poderes, nem os usa desnecessariamente, nem tenta "prová-los" publicamente, nem mesmo se importa se eles são acreditados ou não; porque para ele, seus poderes são subprodutos de seu verdadeiro propósito – seu próprio desenvolvimento espiritual. Ele os usará para ajudar alguém, se for solicitado, mas não para se exibir.

Se o desenvolvimento espiritual é seu objetivo, por que ele não se junta a uma igreja, sinagoga ou mesquita? A mesma pergunta não pode

83. A ilustração convencional de um livro de histórias de um Bastão mágico tem uma estrela brilhante de cinco pontas em uma de suas extremidades. Eu me pergunto quantos ilustradores percebem com que precisão eles estão retratando a redução do poder pelo Pentagrama de Invocação, que a Bruxa ou o Mago traça e visualiza no ar? Um exemplo da sobrevivência notavelmente tenaz do simbolismo, mesmo quando inconsciente.

ser feita a um Bruxo, porque, à sua maneira, ele fez exatamente isso – juntou-se a um grupo religioso com uma congregação, crenças comuns e serviços regulares. Mas e o Mago solitário?

Israel Regardie em, *The Art and Meaning of Magic*, usa o símile de um homem que quer alcançar o telhado de um prédio de dez andares. A religião convencional tende a tentar pular do chão para o telhado, enquanto a Magia reconhece a existência dos andares intermediários e usa as escadas ou o elevador.

Em ambos os casos, é um processo gradual – uma evolução, se você desejar. O ser humano, sustenta a teoria mágica, é uma criatura mais ou menos complicada, cujas várias faculdades de sentimento, sensação e pensamento evoluíram lentamente ao longo de eras de evolução. É fatal ignorar essas faculdades... o homem inteiro deve evoluir, e não apenas pequenos pedaços ou aspectos dele, enquanto outras partes de sua natureza são deixadas subdesenvolvidas em um nível de ser primitivo ou infantil.

Além disso, essas faculdades devem ser treinadas de modo a serem capazes de "suportar" a enorme tensão que certamente lhes será imposta por uma realização tão elevada e poderosa. Cada faculdade deve ser deliberadamente treinada e conduzida etapa por etapa através de vários níveis de consciência humana e cósmica, de modo que, gradualmente, acostumem-se com o alto potencial de energia, ideação e inspiração, que deve acompanhar inevitavelmente a iluminação e a extensão da consciência.

Este desenvolvimento passo a passo de todo o ser humano é o objetivo completo da Magia, que pode ser mais facilmente compreendido (pelo menos na tradição ocidental[84]), relacionando-o com a Árvore da Vida. Os dez "graus" de progresso mágico correspondem, em ordem ascendente, às dez *Sephiroth* da Árvore que esbocei no último capítulo. Existem muitas atitudes diferentes para esta escala de graus, mas a geralmente aceita é a da Golden Dawn: *Zelator*, *Theoricus*, *Practicus*, *Philosophus*, *Adeptus Minor*, *Adeptus Major*, Adeptus Exemptus, *Magister Templi*, *Magus* e *Ipsissimus*. (O nome para este grau mais alto, que significa literalmente "o próprio eu" ou "mais verdadeiramente si

84. Resumidamente, a tradição oriental visa a eliminação do ego, enquanto a ocidental visa a sua perfeição. Não tão opostas quanto possam parecer, porque são simplesmente duas maneiras de ver a união do ego com a Divindade suprema.

mesmo", expressa o objetivo de todos os poderes mágicos dos sistemas ocidentais). As notas também podem ser indicadas por um código numérico: 1º = 10º para *Zelator*, 2º = 9º para *Theoricus*, indo até 10º = 1º para *Ipsissimus*. (Também encontrado é 0º = 0º para *Neófito*, que ainda não está relacionado a uma *Sephirah*).

Alex enfatiza que esses graus são apenas uma escala móvel e tendem muito facilmente a se tornar "uma coisa esnobe". Um verdadeiro Mago os considera meramente como rótulos convenientes para certas experiências espirituais alcançadas pelas técnicas, preparações e rituais apropriados; e só ele sabe quando passou por essas experiências e as notas são genuinamente dele.

"Algumas fraternidades ocultistas", diz Alex, "tornaram os graus mais altos tão inatingíveis que as pessoas têm medo de fazer os rituais que as acompanham. Eles não percebem que, na vida comum, uma pessoa pode alcançar o Supremo, mas só ter um vislumbre dele, um sentimento dele; não dá para estar imerso nele o tempo todo. Na verdade, pode-se atingir o grau sem fazer os ritos. A pessoa pode planejar seus próprios rituais; sem seguir nenhum caminho particular. Por exemplo, a pessoa pode decidir que seu aspecto Geburah – a vigorosa e energética Sephirah - precisa ser fortalecida, então ela encontra, ou adapta, ou idealiza, os ritos apropriados de Marte, e quando sabe em si mesma que alcançou o resultado que precisa, o equilíbrio desse aspecto de si mesma e a experiência espiritual que o acompanha, então passa a adquirir esse grau.

"Uma ordem pode ficar fora de alcance com todas as roupas caras, ornamentos e esnobismo intelectual que atribui os vários graus. A Golden Dawn fez isso e hoje não é tão poderosa quanto a Wicca. Aleister Crowley disse que estava escrevendo para ajudar o comerciante, a vendedora, o matemático e todo mundo – e então colocou parágrafos inteiros de seus rituais em grego clássico!

"Penas finas dão bons pássaros, mas algumas coisas são carniças quando você as come... O Círculo básico são quatro velas e os móveis empurrados para trás; é a simbologia que você coloca nele que importa."

Existem muitos sistemas de Magia adequados aos temperamentos individuais, e porque seu princípio básico é o mesmo, eles se sobrepõem; portanto, quaisquer nomes que estejam ligados a eles indicam sua ênfase particular em vez de categorias explícitas.

A "Magia Ritual" pode ser aplicada a todos eles em graus variados, porque a técnica da Magia é ritual - segundo o princípio que já expliquei de usar o ritual para colocar o Microcosmo em sintonia com o Macrocosmo, alcançando assim resultados que transcendem o poder sem ajuda do indivíduo.

A "Magia Cerimonial" enfatiza as vestes, cores, ferramentas, armas, incensos e assim por diante, que são usados, e também nas correspondências e horas planetárias (ver o Apêndice 3). Em termos eclesiásticos, poderia ser chamado de "alta".

A "Magia Hermética" vai para os outros extremos; visa dispensar completamente os acessórios materiais e alcançar seus resultados apenas pelo desenvolvimento mental, psíquico e espiritual. A filosofia hermética deriva de Hermes Trismegisto, o Três Vezes Grande, uma figura que pode ter sido real, mitológica ou (como acontece frequentemente) real com acréscimos mitológicos. A tradição diz que a esposa de Abraão, Sara, encontrou seu corpo em uma tumba, dentro de uma caverna, segurando uma tábua de esmeralda na qual a filosofia estava inscrita. As primeiras versões conhecidas da Tábua de Esmeralda estão em árabe e foi traduzida para o latim pelo menos no século 12 EC. Sua primeira frase é: "...'Como acima é abaixo, e como abaixo é acima', para realizar as maravilhas de uma única coisa"[85] - o axioma fundamental de toda Magia, Ocultismo e Bruxaria. A filosofia hermética é baseada em sete Princípios: o da Mente, da Correspondência, da Vibração, da Polaridade, do Ritmo, da Causa e Efeito e do Gênero.

"Magia Cabalística" enfatiza a Árvore da Vida, com ritos apropriados para suas várias *Sephiroth*. Assim como "a Árvore da Vida é o plano básico do Ocultismo ocidental", também os conceitos cabalísticos permeiam toda a Magia ocidental.

Ênfase à parte, não é realmente possível separar essas abordagens de forma definitiva. O mesmo Mago pode se referir a si mesmo alternadamente como "ritual" e "cerimonial", e se expressar tanto na fraseologia cabalística quanto na hermética. Ele escolhe um sistema

85. Na versão latina: *"Quod superius est sicut quod inferius et quod inferius est sicut quod superius ad perpetranda miracula rei unius".*

particular para se adequar a si mesmo, mas todos os sistemas expressam os mesmos princípios em seus próprios termos, assim como o inglês, o alemão ou o francês podem expressar as mesmas ideias, enquanto cada um lhes dá um ponto de vista ligeiramente diferente.

Qualquer que seja seu sistema, o Mago normalmente trabalha em seu próprio "templo". Se for possível, ele reserva um quarto que não deve ser usado para nada mais. O quarto é mantido trancado e só o Mago entra nele, além de alguns (se houver) a quem possa solicitar a trabalhar junto de si de vez em quando. Ele o decora a seu gosto, que pode ser simples ou complexo. Por exemplo, ele pode pintar as paredes e o teto com a cor do céu noturno e pontilhar de estrelas, se isso o ajudar; e poderia colorir suas quatro paredes com o vermelho do Fogo, o azul do Ar, o verde da Água e o amarelo da Terra, em qualquer que seja a direção da bússola, seu sistema particular coloca esses elementos; ou ele pode ter tudo em um tom tranquilo e neutro para evitar distração.

Ele certamente terá um altar, e sobre ele o Pentáculo para a Terra, o Bastão para o Ar[86], a Espada para o Fogo e a Taça ou Cálice para a Água, além de castiçais e um Turíbulo para incenso. Ele pode ter um Círculo marcado no chão ou indicá-lo com quatro velas como o Bruxa faz – ou, mais provavelmente, deixará ele de lado, já que todo o templo é seu "Ovo Akáshico" e um Círculo é realmente supérfluo. Não há sentido em preparar, decorar e consagrar uma sala para o trabalho mágico e depois deixar pedaços dela do lado de fora.

Pinturas, esculturas, enfeites, tudo isso também fica por conta do Mago; e se ele os usa, podem ser alterados para ritos particulares. Por exemplo, um Mago invocando Ísis pode ser ajudado por fotos dela atrás do altar, enquanto outro pode descobrir que elas limitam sua imaginação.

Muitos Magos acham útil a música de fundo adequada ao rito.

Um Mago, ao contrário da maioria das Bruxas, trabalha vestido. Seu manto pode ser ornamentado e de seda, ou liso e de algodão, mas em ambos os casos (como todos os seus Instrumento, assim como os das Bruxas) ele será consagrado e não será usado para outro propósito.[87]

86. Alguns sistemas atribuem o Bastão ao Fogo e a Espada ao Ar. Nenhuma das atribuições é "errada", desde que o operador se sinta em sintonia com ela. O mesmo vale para a atribuição de elementos aos pontos cardeais. Veja também pág. 220.

87. Alex ocasionalmente usa túnicas longas para ocasiões públicas, mas como outros Magos ou Bruxos que fazem isso, ele mantém túnicas separadas para esse propósito e nunca as usaria para trabalhos mágicos ou em um Círculo de Bruxaria.

A maioria dos Magos, de acordo com seu sistema e seu bolso, acumulará um estoque de mantos e velas de cores diferentes para diferentes rituais, também "acessórios" de diferentes metais e incensos de diferentes perfumes.

As fontes das quais os Magos modernos derivam seus rituais são muitas, embora estejam em uma tradição comum e muitas vezes derivam umas das outras. A fonte principal mais moderna é a Golden Dawn (veja o livro de Israel Regardie ou de R. G. Torrens, ambos aos quais me referi na nota da pág. 50). Uma importante fonte do século 19 é Éliphas Lévi, em particular seu *Dogma e Ritual de Alta Magia*.

Dos grimórios medievais, os mais importantes são *As Clavículas de Salomão* e *O Livro da Sagrada Magia, de Abramelin, o Mago*. O autor tradicional de *As Clavículas de Salomão* era o próprio rei Salomão, mas o manuscrito real mais antigo entre aqueles dos quais a edição de Laurence foi compilada (todos no Museu Britânico), data de aproximadamente o final do século 16. Abramelin, um Mago judeu de Wurzburg, nasceu provavelmente em 1362 e escreveu seu livro para seu filho, Lameque, em 1458, em seu nonagésimo sexto ano. A edição de Laurence foi traduzida de uma versão manuscrita francesa do original hebraico, na *Bibliothèque de l'Arsenal*, em Paris. Ambas as traduções, tanto das Clavículas quanto de Abramelin, foram feitas por S. L. MacGregor Mathers, uma das principais luzes da Golden Dawn. Uma antologia útil do "recheio" de todos os grimórios medievais clássicos possui o nome um tanto alarmante: *The Book of Black Magic and of Pacts* (também de Laurence) por Arthur Edward Waite, outro líder da Golden Dawn, de indubitável aprendizado, mas estilo irritantemente paternalista.

A fonte mais antiga existente é o *Livro Egípcio dos Mortos* (Tradução inglesa de Sir E. A Wallis Budge) e, para muitos Magos, esta bela coleção brilha mais claramente do que qualquer outra que a seguiu.

Toda a tradição da Cabala (que em todo caso está subjacente a grande parte do resto) é um quadro particularmente adequado para a elaboração de rituais próprios, que alguns acham preferível a uma adesão rígida às formas medievais.

As regras tradicionais para fazer mantos e ferramentas são muitas vezes impraticáveis hoje em dia; por exemplo, o linho tecido a partir de fios fiados por uma virgem durante a lua minguante geralmente não é tão fácil de ser encontrado nas lojas de departamentos. Tampouco muitos Magos urbanos modernos poderiam obter madeira para fazer um Bastão encontrando uma aveleira ou nogueira, que ainda não deu frutos, e cortando um galho da árvore com um único golpe de uma foice mágica ao nascer do sol no dia de Mercúrio, a própria foice tendo sido feita por uma fórmula que envolvia sangue de um pássaro chamado "pega". Tais fórmulas foram escritas durante a Idade Média, em parte por seu significado simbólico e em parte para torná-las deliberadamente difíceis e desencorajadoras para qualquer um, exceto para os mais dedicados. (Além disso, alguns dos ingredientes mais bizarros eram de fato codinomes para outros, não necessariamente sinistros, mas secretos e transmitidos apenas pela tradição oral.) Ser um Mago no século 20 tem dificuldades suficientes para deter os curiosos casuais e, quanto à simbologia, agora é considerado melhor para o Mago ou Bruxa misturar tradição com individualidade e seu próprio trabalho.

Tenho a certeza de que meu Athame não é pior por não ter sido temperado no sangue de um gato preto e suco de cicuta, como a *Clavícula de Salomão* estabelece. Ele foi consagrado em um Círculo, lançou Círculos e traçou Pentagramas, funciona para mim, e isso basta.

Os Bruxos, como eu disse, trabalham com forças elementais. Seu ano é baseado nos festivais da natureza, seu Deus e Deusa são divindades da natureza e eles invocam e banem o poder com o Pentagrama da Terra. Seu trabalho certamente envolve os outros três elementos e o Plano Astral, mas todos em seus aspectos relacionados à Terra. É claro que os esforços de um Bruxo altamente desenvolvido têm conotações muito mais altas e ele está consciente deles e os estuda e os fortalece (outra razão para dizer que todo bom Bruxo é um Mago); mas em geral, o trabalho de um Coven é firmemente baseado na terra.

Um Mago, no entanto, também usa os Pentagramas de Invocação e Banimento de Fogo, Ar, Água e Espírito (veja a Fig. 5, pág. 84), e está constantemente expandindo seu conhecimento e compreensão desses reinos. Ele os invoca não apenas para explorar a força bruta de cada um, mas para contatar as forças por trás deles. Seus Deuses não estão presos à Terra; eles são Deuses dos Céus. Ele não tem nenhum Deus e muitos Deuses. Nenhum, no sentido de que ele reconhece um princípio divino universal e eterno como a fonte de tudo, mas aceita que é incognoscível diretamente pelo ser humano, enquanto ele ainda é humano. Muitos, na medida em que personificam esse último incognoscível em uma hierarquia de seres que são cognoscíveis e contactáveis. Essas forças não são ficções mentais convenientes, mas realidades. Na extremidade inferior da escala, O Mago pode comandar esses seres ou fazer amizade com eles, e nos planos superiores pode aprender a se identificar com eles. Pois, para o ocultista, é uma característica fundamental da incognoscível força vital divina que se manifesta em seres autoconscientes em cada um dos planos, uma hierarquia que inclui o ser humano no plano físico de manifestação e espíritos elementais da natureza no astral, bem como o que os Cristãos chamam de "anjos" e "arcanjos" no espiritual. (Ver Capítulo 12).

No entanto, embora reais, os Deuses são, em certo sentido, feitos pelos seres humanos.

Os aspectos da divindade que a humanidade personificou como Osíris, Ísis, Mercúrio ou Afrodite adquiriram, ao longo dos séculos, o que pode ser chamado de "imagens públicas" que, por sua vez, alcançaram a realidade como canais de comunicação do nível humano. A imagem de Osíris se tornou o sinal da chamada espiritual desse aspecto da divindade, um caminho para o Deus marcado com as pegadas psíquicas de milhões de homens e mulheres, assim como o seu uso mantém aberto um caminho através de um campo. Assim os Deuses vivem; e do ponto de vista humano, de fato, eles são mais verdadeiramente vivos do que o Supremo Incognoscível que eles manifestam. Ísis existe, porque, como um dos aspectos autoconscientes do Supremo manifestado, ela sempre existiu. Ela existe para nós no manto e nos símbolos do Egito, porque foi assim que os humanos a vestiram quando a conheceram, e uma pessoa poderia, sem dúvida, ser pioneira em seu próprio caminho, mas os caminhos trilhados são os mais fáceis. Ísis se sobrepõe a outras – Deméter, Diana, a Virgem Maria, Astarte, porque todos os aspectos do Uno devem inevitavelmente se sobrepor em maior ou em menor grau, mas isso não impede que cada um seja real, acessível e responsivo como uma entidade única.

Os Deuses mais elevados de um Mago são aqueles com quem ele ainda pode se identificar em seus momentos mais elevados de consciência espiritual. "E, finalmente", diz Alex, "chega um ponto em que você deve aceitar que existe algo além de si mesmo que nunca compreenderá e, embora eu possa senti-lo, nunca posso realmente colocar minhas mãos sobre isso ou descrevê-lo. Do meu ponto de vista, devo dizer: 'Nada sobre meu altar, apenas a Verdade'. Se eu tivesse que simbolizá-lo, colocaria uma rosa vermelho-sangue ali, porque representa a plenitude da vida, a pureza e a espiritualidade de todas as coisas, e mesmo quando a rosa desaparece, o perfume permanece.

"Mas se você viesse a mim nos estágios iniciais, eu teria que apresentar minha experiência passada e compreensão do que eu pensava que os Deuses eram. Eu não os descartei; o que eles fizeram foi enriquecer minha experiência para uma maior compreensão do que está por trás deles, mas se você me perguntar o que está por trás deles, só posso dizer que não sei. E ainda tenho toda a fé e crença do mundo em meus Deuses e Deusas.

"Você me viu Puxando a Lua para Baixo. Entro no Círculo, beijo Maxine nos lábios e, a partir daí, invoco a Deusa. Para mim, significa que a Deusa está velada em mistério, escondida dentro de uma representante do Círculo. Quando me ajoelho, estou olhando para o céu noturno, azul da meia-noite com estrelas cintilantes, e Maxine não está lá. E gradualmente, através de minha própria iluminação e compreensão da Deusa, eu anseio que ela se revele como realmente é, dentro do Círculo, em sua beleza e pureza como uma Deusa – como uma feminilidade absolutamente pura que pode abrir o círculo para o infinito e trazer todas as crianças dentro. Então, o véu é gradualmente retirado e Maxine fica ali, nua."

Nenhum mortal pode passar todo o seu tempo no nível de consciência em que enfrenta os Deuses – ou ainda mais alto, em que sente brevemente em seu rosto o vento do grande Silêncio. Nenhum ser humano poderia suportar isso. Muito do tempo de um Mago é gasto trabalhando com seres de um nível muito menos exaltado, e a estes ele não invoca ou se identifica – mas evoca e comanda. Ele pode ordená-los para obter informação, para adivinhação, para cura mental ou física. Alex tem suas próprias opiniões sobre esse relacionamento.

"Um bom Mago faz amizade com qualquer espírito com o qual esteja trabalhando", ele insiste. "Eles devem ser como mestre e servo dedicado, com um entendimento completo entre ambos e respeito mútuo. Diz no livro que você nunca deve deixar um espírito assumir o comando em nenhum momento, ou ele o dominará. Mas eu não acredito nisso, porque eu confio nos espíritos e lhes dou a experiência de fazer o trabalho da terra para os mortais por direito próprio, usando seus próprios critérios. Dou aos meus espíritos, não a todos, mas a alguns, espaço para se movimentar em sua própria esfera e fora dela. Porque eu sempre sinto que pode chegar um momento em que eles podem nascer e eu posso estar negando a chance a eles".

Mesmo essa Magia inferior não é desperdiçada. Um bom Mago não rejeita ou ignora a ciência "normal". Sua atitude é abraçá-la e ir além de suas fronteiras atuais. Ele, portanto, só usará Magia em um problema que a ciência "normal" não pode resolver, seja por inadequação ou porque as circunstâncias a frustram.

"Se uma pessoa me procura com um problema de fertilidade", diz Alex, "pergunto se todas as medidas médicas e psicológicas foram tomadas primeiro. Só então uso Magia, entrando em contato com o espírito apropriado e enviando-o para fazer o trabalho".

Embora Alex às vezes use rituais, ele não precisa mais; nesse sentido, sua Magia é muitas vezes hermética. Eu o vi lançar um Círculo em volta de si mesmo mentalmente, sentado em sua postura característica de relaxamento com a perna esquerda sobre o braço de uma cadeira, e então prosseguir com o trabalho mágico, explicando cada estágio para mim à medida que avançava. Da mesma poltrona, ele fala com as pessoas que o procuram com problemas e lida com eles sem deixar nada mais mágico do que buscar um cinzeiro.

Um exemplo tanto de seus métodos mágicos quanto de sua absoluta confiança neles é a maneira como Alex lida, quando necessário, com a gravidez. As mulheres muitas vezes vêm até ele pedindo-lhe para interromper uma gravidez por Magia. Antes de concordar, ele sempre se convence de que é moral e legalmente justificável e que a mulher não pode pagar um aborto normal em uma clínica. Mais do que isso, ele pode mexer os pauzinhos com amigos médicos para levá-la a uma clínica por uma taxa reduzida. Apenas como último recurso ele usará Magia.

"Há pouco tempo havia uma garota que havia tentado de tudo e não tinha dinheiro", ele me contou. "Ela disse que realmente acreditava que eu poderia 'interromper'. Apontei para o útero dela, sem tocá-la ou dar-lhe nada para tomar, e disse: 'Sim, parou. Não vai crescer mais. Você vai ter uma menstruação muito forte e no final de setembro estará livre disso'. Sem ritual, sem nada. Ele deixou de existir, por ordem do espírito em ação. Já fiz isso muitas vezes, e não há dor envolvida."

"Para outra menina, grávida de quase três meses, eu consegui reduzir a taxa da clínica em mais da metade, mas ela ainda não podia pagar e estava desesperada. Então eu disse a ela: 'Eu não me importo se você acredita em mim ou não, acabou!' Michael estava gritando em minha mente 'Três, três, três' Eu disse a ela: 'Dentro de três dias você estará perfeitamente bem. Não deixe que isso aconteça de novo, porque não posso mais ajudá-la'. Ela está bem casada agora.

"Quando aponto para o útero e digo as palavras, imagino o Pentagrama (que representa aquele microcosmo fetal em particular) desmoronando, descendo com um rugido e um trovão, caindo em pó e desaparecendo... Ao mesmo tempo, percebo que estou tirando uma vida – tenho que absorver esse espírito em meu ser e me tornar responsável por ele. É aí que entram a Magia e a sabedoria."

Perguntei se o apontamento nunca falhou. "Nunca", respondeu Alex. "Nunca".

O que provoca uma reflexão final para este capítulo - a terrível responsabilidade que esses poderes colocam sobre o Mago. Por trabalhar sozinho, ele fica ainda mais cara a cara com sua consciência do que o Bruxo. Os Magos sombrios existem e, embora corram o risco diário de enfrentar uma defesa mais forte e se destruir pelo efeito bumerangue de seu próprio poder, podem causar muitos danos enquanto durarem. Pela natureza dos fatos, eles podem ser autodestrutivos, pois ao tentar escalar um caminho que deveria ser usado para progressão espiritual, estão escalando alturas onde o preço do trabalho nefasto aumenta de forma astronômica a cada passo. Alguns voltam, mas a agonia de tal reversão e da purificação subsequente - como Alex se lembra muito bem - é mais do que a maioria das pessoas têm coragem de enfrentar.

Felizmente, embora o Mago sombrio possa (literalmente) escapar impune de um assassinato sem ser detectado por seus concidadãos comuns, os Magos benignos têm suas próprias maneiras de rastrear seus passos. Parte do trabalho regular dos Magos benignos, e das fraternidades ocultas efetivas em geral, é atuar como uma espécie de radar, varrendo o horizonte psíquico para os ecos do trabalho sombrio. Quanto mais grave e poderoso o ofensor, mais difícil é para ele encobrir seus rastros e, no momento em que é detectado, inicia-se uma batalha silenciosa da qual apenas os envolvidos estão cientes. Se ele persistir, a batalha só pode terminar de uma maneira, porque em um confronto, os do Caminho da Mão Direita sempre podem chamar os maiores reforços.

E se alguém não acredita em mim, deve ler as obras de Dion Fortune, especialmente seu livro: *Autodefesa Psíquica* e seu romance *Os Segredos do Dr. Taverner* (que, embora ficcional na forma, trata de casos reais).

Na Grã-Bretanha, pelo menos, parece haver mais Magia positiva do que negativa - e ela é mais poderosa.

11

CURA

A cura é uma parte importante do trabalho de uma Bruxa, tanto dentro do Círculo de um Coven quanto sozinha. Muitos métodos e princípios diferentes estão envolvidos, alguns dos quais são "pura" Bruxaria e alguns, são processos mágicos, no sentido que expliquei no capítulo anterior. Dentro dessas categorias também existem subdivisões.

Na Bruxaria "pura", a cura pode ser dividida em herbalismo, Magia Simpática de encantos e feitiços, e o que pode ser chamado de "sem auxílio" da vontade; apenas grosseiramente, porque as três categorias se sobrepõem e se escoram umas nas outras. Por exemplo, a vontade dirigida entra em herbalismo e encantos; e "sem auxílio" geralmente envolve pelo menos alguma ajuda simples para a concentração, como as cordas.

Herbalismo é um assunto por si só complexo demais para ser abordado neste livro, mas já dei alguns exemplos nas páginas 101-2. O ponto a ser lembrado é que o herbalismo Wiccaniano diz respeito mais do que as propriedades puramente medicinais de certas plantas, que são reconhecidas até pelo materialista mais dogmático. Também envolve: (a) o significado oculto das próprias ervas[88] e de seus métodos de preparo e uso, e (b) o conceito da impregnação dos meios materiais com o desejo de cura. Já descrevi nas páginas 111-112 a técnica do "gênio na garrafa" pela qual, com efeito, uma parte do próprio ser mental do curador recebe existência e consciência temporariamente independentes e é enviada para realizar uma tarefa específica. Uma Bruxa que dá a um

88. Um pequeno livro útil é *The Occult Properties of Herbs* por C. B. Crow.

paciente um remédio de ervas faz a mesma coisa em uma escala mais limitada, carregando o remédio com um desejo de cura fortemente impressionado que também é, em certo sentido, um desapego e, agindo independentemente, parte de si mesmo.

O mesmo vale para amuletos e talismãs. Eles são apropriadamente escolhidos e feitos de acordo com o sistema de correspondências - ou, se preferir, de ressonância psíquica - e carregados com o desejo de cura.

Os métodos de trabalho em grupo para fins de cura variam de Coven para Coven. No Coven de Alex, a Magia das cordas conforme descrita na pág. 104 é o sistema básico, e é realizada na maioria das reuniões do Coven. A imagem de cera ou o substituto humano (ver pág. 108) também são usados dentro do Círculo para diagnóstico e cura. Feitiços como o da vela e agulha (pág. 108) é claro que podem ser executados sozinhos, mas há muito a ser dito para consagrar e preparar os objetos enquanto Coven, com a solenidade adicional do ritual de grupo, mesmo que esses objetos sejam usados mais tarde e em outro lugar. Tudo isso depende do material humano. Um curador confiante em seus poderes pode se sentir mais feliz trabalhando sozinho se o Coven não tiver experiência, mas por outro lado, um Coven que está acostumado a trabalhar em conjunto e está ciente de sucessos anteriores pode "carregar" objetos com mais poder do que a maioria das Bruxas individuais são capazes de elevar. Afinal, é para isso que serve um Coven.

O diagnóstico é essencialmente uma arte clarividente e a imagem de cera ou o substituto é um foco e um estímulo para essa clarividência, da mesma forma que um cristal ou um método de tiragem de Tarô, embora em um sentido mais direto, porque é um substituto de forma semelhante para o corpo do paciente. A vantagem da imagem de cera é que ela não tem doenças ou características biológicas próprias para confundir um clarividente inexperiente. A vantagem de um substituto humano é, em primeiro lugar, que ele ou ela é aproximadamente do mesmo tamanho que o paciente e nenhuma ampliação mental é necessária; segundo, que ele ou ela é um "modelo de demonstração" mais eficaz para ensinar os outros.

Alex pode diagnosticar por qualquer um desses métodos, ou com o paciente presente (embora sem ter que tocá-lo), ou com o paciente ausente e sem auxílio de imagem ou substitutos. Digo "pode" em vez de afirmar "ser capaz" para ser cauteloso, porque o vi fazer isso com precisão e muitas vezes para surpresa das pessoas envolvidas. Eu então pedi a ele que descrevesse seu método.

"Pela imaginação eu crio o corpo da pessoa", disse ele. "Se ela está lá, eu olho para ela; se não estiver, eu a visualizo em seu próprio quarto. Fecho os olhos e seguro a imagem por um momento. Então começo a ver uma luz azul, a aura, em volta de sua cabeça e cruzando em duas faixas principais sobre seu peito e em volta de suas costas, como as cobras de um caduceu. Agora, a própria imagem começa a desaparecer, deixando essas luzes, mas a forma permanece vagamente em seu interior e as luzes orientam o jogo da estrutura óssea e muscular.

"Então, em certos pontos, vejo manchas. Algumas delas atravessam a luz em lugares muito positivos, elas são apenas vácuos com espaços entre elas. Algumas coisas que vejo diretamente – dentes ruins, por exemplo, parecem turvos na cabeça, obturações mais sólidas e uma dentadura com uma grande cavidade na boca. A tuberculose parece turva, esfumaçada. Outros aparecem como símbolos – vejo o câncer como uma lagosta ou um escorpião, onde quer que esteja no corpo, muito denso e preto. O reumatismo é como uma anêmona peluda na articulação, ramificando-se para cima e para baixo. Furúnculos, carbúnculos, cistos, parecem vir em minha direção...

"Enquanto estou fazendo tudo isso, tenho a sensação de que há alguém muito maior atrás de mim, dizendo-me como devo proceder – por imposição de mãos, ou o que quer que seja – e aproximadamente quanto tempo vai levar, e por muitas vezes, por quanto tempo a pessoa deve vir me ver, se vai acatar o conselho que eu dou ou negligenciá-lo, se vai ser curada nesta vida ou vai ter que ser retirada do corpo para ele ser curado em outra vida... e, aproximadamente, quanto tempo ela vai viver nesta vida.

"Você já disse a uma pessoa quanto tempo ela vai viver?". Eu perguntei.

"Já, de vez em quando, mas muito raramente. Eu não gosto de fazer isso."

O método de diagnóstico de Alex é o mesmo se o paciente estiver presente ou a quilômetros de distância. "Às vezes eu recebo relógios ou outras coisas enviadas para mim e eu realizo o diagnóstico por psicometria; dou nome e, provavelmente, toco o objeto.

"Às vezes a doença é apenas uma doença mental e a única maneira de tratar a pessoa é conversando com ela, sendo um pai espiritual, livrando-a de seus sentimentos de culpa e complexos... Recentemente, conversei com um homem com pensamentos suicidas derrubando suas convicções – convencendo-o da vida eterna, de modo que ele percebeu que o suicídio não era uma saída.

"Quanto à imposição de mãos, isso é conhecido desde tempos imemoriais. No Egito Antigo, as pessoas procuravam os Sacerdotes Curadores para isso. Posso usá-la sem a simpatia do paciente; ele pode ficar lá sem acreditar que vai funcionar, e eu posso fazer funcionar. Eu entendo os passes elétricos e magnéticos; neutralizo cada coisa que está nele e então começo a preenchê-lo com vibrações de cura. Visualizo o corpo e a aura sendo limpos e preenchidos com a purificação do fogo. Então vem a imposição de mãos, literalmente dando energia pura que elimina a condição. Pode ter que ser feito várias vezes, ou às vezes você pode obter uma reação imediata para que o problema não volte.

"Quando estou pronto para trabalhar, sinto minhas mãos começando a ficar quentes (mesmo agora, falando sobre isso) e os tendões começam a puxar, as palmas das mãos a irradiar. Em certos tons de luz, você pode vê-lo saindo de suas mãos como fumaça de cigarro ou fosforescência.

"Quanto a mim, não penso em nenhum 'nome de poder' em particular; apenas percebo que tenho um potencial dentro do meu próprio corpo, e entendo quais são os elementos e como direcioná-los."

Para o Mago, todas as coisas são mágicas. Alex pode tanto prescrever aspirina como fazer um feitiço, porque para ele, as habilidades técnicas de médico ou farmacêutico são da mesma forma "Ritos de *Tiphareth*" (a *Sephirah* de cura) assim como a vela e a agulha ou a imposição das mãos. "A cura espiritual deve ser praticada nas igrejas e a medicina com os cirurgiões e médicos", ele mantém. "No passado os Sacerdotes eram os cirurgiões e médicos; agora você tem duas divisões separadas, passando a responsabilidade uma para a outra".

Ele muitas vezes prescreve azeite quente aplicado na área afetada. "Esta é a unção de cura, o óleo da unção sagrada. Embora o verdadeiro óleo da unção sagrada – o óleo com o qual você foi iniciado, por exemplo – seja o azeite de oliva mais outro ingrediente bastante simples que não deve ser revelado. Você deve estar em estado de graça para prepará-lo, com ritos de purificação. E nunca deve vendê-lo, embora em circunstâncias especiais possa doá-lo".

A cura de Alex (na verdade, toda a sua perspectiva) está intimamente ligada à Árvore da Vida. Quando está "limpando e reabastecendo um paciente", ele visualiza a Árvore alinhada com o corpo.[89] Ele vê primeiro a si mesmo e depois ao paciente, como o pilar central da Árvore, e trabalha para equilibrar os pilares externos do paciente, seu *Boaz* e *Jachin*. "Eu extraio todo o poder de *Kether*, por toda a pessoa, direto para a manifestação."

Eu já o observei fazer isso, passando as mãos pelas laterais do paciente e terminando sacudindo as mãos para fora na altura do joelho, como se estivesse sacudindo as imperfeições.

Essa visualização da Árvore está relacionada não apenas à anatomia do paciente, mas também à sua personalidade, sua psique, seu conteúdo espiritual. Algumas das colocações das *Sephiroth* no corpo podem parecer arbitrárias à primeira vista (*Netzach*, a *Sephirah* emocional e oculta, na perna esquerda?) –, mas sem aprofundar muito na lógica dessas colocações, elas têm uma vantagem prática imediata. Simbolizam o princípio oculto básico de "como acima, é abaixo" - a correspondência entre Macrocosmo e Microcosmo que o curador precisa manter firmemente em mente. Eles fornecem ao mesmo tempo uma estrutura conceitual útil pela qual ele pode ver o paciente como um complexo de níveis espirituais, mentais, astrais e físicos.

Quando está fazendo um trabalho de cura desse tipo, Alex gosta de começar lavando as mãos, com um ritual de purificação. Em seguida, ele pega uma tigela com água fresca (ou, melhor ainda, pede a alguém que a traga para ele) e começa. "Passo por cada *Sephirah*, descendo a Árvore, com água nos dedos. Não é necessário tocar o paciente, apenas sua aura. Quando termino, enxugo as mãos em uma toalha impecavelmente limpa e a água é jogada fora.

"O mesmo conceito da Árvore da Vida pode ser aplicado à cura mágica da corda. Você dirige seu desejo ao ponto de todo ser – sua Divindade, seu Kether – e de lá ele deve emanar novamente para o paciente recebê-lo. É um desejo consciente de que o paciente

89. As correspondências tradicionais são: *Kether*, o crânio; *Chokmah*, lado esquerdo do rosto; *Binah*, lado direito do rosto; *Chesed*, braço esquerdo; *Geburah*, braço direito; *Tiphareth*, seios; *Netzach*, perna e coxa esquerda; *Hod*, perna e coxa direita; *Yesod*, órgãos genitais; Malkuth, pés e ânus.

seja curado. Você amarra sua vontade na corda, ao mesmo tempo direcionando o desejo para o centro, onde é emitido novamente."

Obviamente, quanto melhor integrado o curador estiver em si mesmo, mais eficaz será sua cura. "Um dos mais famosos é de um excelente homem que curou milhares de pessoas, mas a cura raramente durou mais do que um ano, o que mostra que há algo errado em seu espírito."

Isso aponta novamente para uma das razões pelas quais as Bruxas trabalham em Covens. De certa forma é mais fácil (ou pelo menos mais provável) que um grupo seja mais bem integrado do que um indivíduo. Uma mescla voluntária de idades, sexos, chamados e personalidade, trabalhando regularmente juntos, porque gostam e precisam, presidido por um Alto Sacerdote e uma Alta Sacerdotisa simpaticamente atentos para potencialidades a serem encorajadas ou atritos a serem resolvidos, podem se desenvolver em um equilíbrio e unidade útil. Isso pode soar mais como um conselho de perfeição do que uma descrição de qualquer Coven da vida real, mas mesmo o sucesso parcial em alcançar tal padrão compensa muito. (Os sociólogos estão sempre apontando para o dano causado à sociedade urbana moderna pelo desaparecimento da "família estendida". Um Coven bem diverso, ainda que com seres humanos normalmente imperfeitos, pode fazer muito para preencher esse vácuo, trabalhando uma atmosfera mais forte de intimidade do tipo familiar do que a maioria das igrejas ou clubes).

O impulso de realizar um determinado trabalho de cura pode vir sem aviso, particularmente dentro do Círculo. E pode ou não ser combinado com transe. Eu vi Alex entrar de repente em um estado de transe e começar a falar na voz inconfundível de Michael. Em seguida, ele dá uma mensagem a várias pessoas do grupo, algumas delas são diagnósticos combinados com recomendações de tratamento, algumas são conselhos ou previsões não relacionadas à cura. Quando essas mensagens foram endereçadas a mim, ou a outra pessoa em conexão com circunstâncias das quais eu tive conhecimento ou sobre as quais fiquei sabendo depois, eu as considerei pertinentes. Alguns conselhos podem ser atribuídos à mente subconsciente de Alex tirando conclusões perspicazes de fatos conhecidos, mas alguns deles não poderiam ser.

Alex se desenvolve, como qualquer outra pessoa, e cada vez mais recentemente essas mensagens têm chegado sem nenhum estado de transe e em sua voz normal. "Há momentos", diz ele, "em que de repente me sinto empurrado para cima. Não sei para o que estou me levantando, exceto que é uma clarividência ou cura para alguém na sala. E enquanto estou de pé, sem nenhum Círculo Mágico ou invocação ou qualquer outra coisa, sinto um dos meus espíritos (o mais frequente hoje em dia é o Michael) enchendo meu corpo até ficar muito maior, escondendo-se dentro de mim e me controlando. Os Magos dizem que você não deve permitir que isso aconteça, mas eu faço.

"Então sinto como se estivesse sendo puxado por um grande buraco na parte de trás da minha cabeça e outra coisa está entrando. Não 'eles', quem quer que sejam; eles estão fazendo isso a distância, e isso é uma emanação, um poder que eles estão usando, e eles podem usar melhor através de mim do que por uma cura indireta.

"E ainda assim permaneço plenamente consciente... gostaria de trabalhar assim o tempo todo, em vez de entrar em estado de transe, mas ainda parece ser uma coisa muito imperfeita. Quando entro em estado de transe, não fico consciente depois do que aconteceu ou do que foi dito, mas nos próximos dois ou três dias, fragmentos e partes são devolvidos a mim, para que eu possa verificar se outras pessoas receberam o que deveriam."

Muitas vezes o próprio Alex não sabe o que as mensagens significam. Ele as repassa com a interpolação "não sei para quem estou falando" –, mas geralmente o destinatário sabe. Elas podem ser muito relevantes para fatos em sua vida privada dos quais Alex não deve estar ciente. Eu mesmo recebi várias mensagens desse tipo vindo dele, incluindo um diagnóstico espontâneo, mas correto, de duas doenças físicas para um amigo meu que Alex não via há meses.

Os poderes de cura de Alex estão com ele há muito tempo. Sua filha Janice (agora crescida) se beneficiou de seus cuidados quando tinha algumas horas de vida. Nascida em trabalho de parto difícil, ela foi levada direto para o hospital de ambulância, porque seu pé esquerdo estava torcido, de modo que os dedos apontavam para trás. Duas ou três horas depois o médico a trouxe de volta e disse a Alex com pesar que nada poderia ser feito até que Janice tivesse cerca de quatorze anos.

"Eu mantive o bebê comigo lá embaixo", diz Alex. "E então, de repente, tive a impressão de que precisava pegar azeite e aquecê-lo. Ungi o pé e, em seguida, simplesmente o endireitei. Apenas torci para frente. Eu estava muito apreensivo enquanto fazia isso, mas sabia que precisava fazer. Ela tem sido quase perfeita desde então. É só no tempo muito frio que ela anda mancando muito levemente... Saiu nos jornais – não por mim – e o médico, coitado, quase foi atingido, porque eles tentaram insinuar que ele estava envolvido em cura espiritual numa época em que era muito controverso. Mas ele não sabia nada sobre isso até eu ter feito."

Alex adapta o tratamento ao paciente, não apenas fisicamente, mas espiritualmente. Depois que ele apareceu no programa de televisão, Simon Dee, uma chefe de enfermagem, telefonou para ele. Tratava-se de uma devota católica romana, que não tinha desejo de ser Bruxa, mas estava convencida de que um espírito de bondade emanava de Alex e acreditava que ele poderia ajudá-la. Por muitos anos ela teve uma espécie de erupção nas bochechas e no queixo, devido a um desequilíbrio hormonal mais apropriado à adolescência do que aos seus trinta e cinco anos. Hospitais e médicos não conseguiram curá-la.

"Quando veio me ver, ela continuou insistindo em sua devoção à Igreja Católica. Eu tenho uma cruz que me foi dada pela mãe de Maxine e que dizem ter pertencido ao Padre Pio, o santo italiano que morreu em 1968. Eu disse a ela para segurar a cruz por alguns minutos e absorver o que ela possuía. Ela rezou algumas Ave-Marias com a cruz na mão, depois pressionou as ametistas da cruz contra as bochechas e saiu... O que eu fiz foi fornecer o símbolo e a Deusa Mãe em outro aspecto.

"Cerca de uma semana depois, ela ligou para dizer que seu próprio médico estava se perguntando como seu rosto havia clareado de repente. Um jornal estava me atacando e ela se ofereceu para aparecer em qualquer programa de TV para provar que eu tinha todos os dons que alegava... Seu problema não voltou."

Psicologia direta, talvez - a qual Alex usa tão astutamente quanto qualquer psiquiatra profissional. Mas seus dons diagnósticos por intuição e clarividência muitas vezes permitem que ele identifique um problema e resolva-o em uma sessão em que um praticante convencional levaria semanas de sondagem. Alguns meses atrás, um jovem foi carregado para o apartamento dos Sanders por um amigo em comum, no meio de um grave ataque de asma. Alex colocou as mãos em sua nuca e, em dez minutos, o ataque cessou.

"Então eu disse a ele: 'Você é homossexual e seu sentimento de culpa por isso está causando esses ataques. Vá embora, seja você mesmo e aceite o que você é como uma parte natural de sua vida'. Ele só teve dois ataques muito leves desde então, e antes ele os tinha quase todos os dias."

Alex admite, porém, que alguns casos são mais persistentes. No momento em que escreve, ele está tratando de um jovem profissional obcecado por duas formas de perversão, uma bastante comum e outra desagradavelmente bizarra. Pela primeira vez em muitos anos Alex está usando uma série de testes hipnóticos para ir direto ao problema, que ele suspeita ter suas raízes na última encarnação do homem – o tipo de caso em que Dion Fortune era tão especialista.

"Eu tentei alcançá-lo pelos meus métodos usuais e não consegui, então tenho que voltar ao momento da concepção, caso ele se envolva demais com aquela vida anterior... Este é um dos pacientes mais difíceis que já tive."

Pode ter sido difícil; mas para mim, admitidamente uma pessoa que o conhece muito superficialmente, ele parecia um homem mudado em poucas semanas.

Para voltar a mais métodos estritamente Wiccanianos e a outra admissão de Alex. "Lidar com verrugas – algumas Bruxas chamam meu método de Magia Negativa. Acho que a única maneira de me livrar delas é desejando que sejam transferidas para outra pessoa, alguém que já é feio, com marcas que posso preencher com as verrugas... Havia uma menina que tinha quinze delas no corpo e queria que eu as curasse. Então eu as desejei no pescoço de um homem de um pub, que tinha sido agressivamente rude comigo, naquele mesmo pub; ele deveria me conhecer melhor. O homem não tinha nada a ver comigo, e não havia razão para me atacar publicamente. Então ele pegou as quinze verrugas e a garota as perdeu."

O diagnóstico clarividente precisa ser mantido em bom estado pela prática. "Às vezes, se você está muito envolvido com uma pessoa, pode não ver as árvores na floresta", Alex aponta. "Há vários anos, eu estava na mesma casa que uma nutricionista de hospital. Um dia ela, eu e outra garota estávamos andando e, por brincadeira, eu a levantei em uma parede – ela era uma pessoa muito pequena. Ela disse: 'Oh, não, eu me sinto doente' – então eu a coloquei no chão e pensei 'fim', e a soltei.

"Por volta das duas da manhã, um grito horrível veio até mim durante o sono. Eu e outro homem corremos para o quarto dela e a encontramos pendurada na cama e tossindo um grande pedaço de seu estômago. Ela tinha câncer de estômago e eu não sabia... Nós a levamos para o hospital e por três dias e três noites eu lhe fiz companhia em uma enfermaria particular; ela não queria se separar de mim. Eu tinha minhas mãos literalmente coladas aos pés dela, dando-lhe cura através deles. Ela recusou todas as transfusões, dizendo que a vida estava fluindo de mim para ela. Essa mulher está sã e saudável hoje, e a parede de seu estômago está completamente curada."

Outra funcionária do hospital, uma enfermeira, é minha conhecida pessoal. Ela é uma das Bruxas de Alex e sofreu de cistite durante toda a vida. Alex colocou as mãos na cabeça dela, desejou que o problema fosse embora e ela nunca mais teve isso desde então.

Ainda outro de nossos amigos, que faria qualquer coisa por Alex e Maxine, um jovem que dois anos atrás era viciado avançado em heroína, mantido vivo por sua dose prescrita e considerado incurável, foi curado por Alex em quinze dias. Hoje ele é um homem normal, de olhos límpidos, em um emprego regular.

Às vezes, apenas se tornar uma Bruxa parece ter um efeito curativo em si. Um engenheiro escocês veio a Londres para ser iniciado por nosso Coven, uma cerimônia da qual participei. Ele não mencionou que havia sofrido de hérnia de hiato toda a sua vida, era obrigado a ser muito cuidadoso com sua alimentação e não podia beber cerveja ou destilados.

Ficando com os Sanders por alguns dias, ele se sentiu instigado por algum motivo a comer e beber tudo o que eles comiam e bebiam. Ele veio ao pub com o Coven e bebeu como nós. Ele continua tomando exatamente o que gosta desde então e não teve mais problemas. Eu ouvi dele que um raio-X mostrou que a hérnia tinha sido curada e que seu médico estava muito intrigado.

"A Iniciação o colocou em contato com as forças cósmicas", explica Alex, "e a primeira coisa que a Deusa fez por ele foi limpar essa obstrução que o perseguiu por toda a vida. Eu nem sabia disso até ele me contar".

Os cantores folclóricos Dave e Toni Arthur também são Bruxos e têm um filho de seis anos, Jonathan. "Quando vieram me ver pela primeira vez, no ano passado", diz Alex, "estavam me testando, como todo mundo faz. Eles me mostraram o dedo indicador de Jonathan: estava faltando a primeira unha e a raiz tinha sumido. Ele teve um acidente com um cortador de grama, cortando a ponta, e o médico teve que tirar uma parte maior para dar um retalho de pele para cobri-la.

"Eles me perguntaram: 'você pode fazer alguma coisa com isso?' Eu disse que era muito improvável, mas eles esperavam muito; eu disse a Michael para começar a trabalhar nisso.

"Eles foram iniciados e saíram em turnê. Cinco ou seis meses depois vieram nos ver. 'Você viu o dedo de Jonathan? Ninguém consegue entender – olhe para isso'. O dedo ainda estava curto, mas uma unha completa estava crescendo, embora o médico tivesse dito que a raiz havia desaparecido. E o dedo em si estava cerca de 4 milímetros mais longo do que antes... Michael fez o trabalho ali, não eu; mas eu fui o instigador."

Finalmente, outro caso de criança, desta vez um paciente que Alex nem viu. O pai de uma de nossas Bruxas (ele mesmo um Cristão devoto) trabalha em um hospital - em um trabalho não médico, mas tem contato com pacientes. Ele foi muito afetado pelo caso de um menino que sofria de envenenamento por mercúrio.

Este menino entrou e saiu do hospital por semanas, fazendo exames e tratamento, e não estava fazendo nenhum progresso. O pai de nossa Bruxa se preocupou com ele, pois o caso parecia "bem sem esperança", então ele pediu ajuda a Alex, embora com consideráveis equívocos. Alex deu tratamento ausente e, em uma ou duas semanas, o menino recebeu alta. Um teste posterior mostrou que ele estava livre do envenenamento.

Comentário desconcertado do pai: "Bruxaria funciona!"

12

MUNDOS DOS ELEMENTOS

Uma das crenças fundamentais da Bruxaria (e do Ocultismo em geral) é a de que o Universo é povoado por toda uma hierarquia de seres inteligentes, além daqueles que são materialmente visíveis no reino humano e animal.

Esses seres variam de forma "decrescente" a partir do Supremo incognoscível. Primeiro vêm as mais altas expressões daquele Supremo que a mente humana pode compreender e comunicar. Para a Bruxa, estes são os princípios masculinos e femininos Supremos da Divindade, o Deus Cornífero e a Deusa Mãe. Em seguida, as coisas que regem as categorias fundamentais da existência simbolizadas pelos elementos Ar, Fogo, Água e Terra e suas respectivas hierarquias. Os Cristãos chamam esses seres de "arcanjos" e "anjos". Algumas Bruxas fazem o mesmo, enquanto outras preferem usar nomes que não têm associações dogmáticas; isso é uma questão de escolha pessoal.

Os seres humanos não estão no final da escala, mesmo que excluam os animais. Mais primitivos do que eles em seu estágio de desenvolvimento estão os espíritos elementais ou da natureza. Na visão ocultista, tudo o que vemos ao nosso redor, incluindo o ser humano, evoluiu a partir deles. O ser humano é de fato uma síntese das quatro essências elementais, e quanto mais equilibrada a síntese, mais altamente desenvolvido o indivíduo. Esforçar-se por tal equilíbrio é o objetivo central do Ocultismo – do Mago em seu templo, ao alquimista em seu laboratório e a Bruxa em seu Coven.

Este conceito de uma hierarquia de seres operando nos níveis espiritual, mental e astral, que é compartilhado de uma forma ou de outra por todas as religiões, é obviamente rejeitado pelos céticos; mas mesmo para eles, deve-se ressaltar que, como hipótese de trabalho, obtém-se resultados.

Estritamente falando, não há quatro elementos, mas cinco, sendo o quinto o Princípio Akáshico, o elemento espiritual que permeia todos eles e do qual todos se originam. O Círculo Mágico expressa isso perfeitamente. Seus quatro quadrantes representam os quatro elementos – Ar no Leste, Fogo no Sul, Água no Oeste, Terra no Norte –, mas o Princípio Akáshico é o meio no qual o próprio Círculo é formado. O Círculo, como vimos, é realmente uma esfera, às vezes conhecida como "Ovo Akáshico".

O Princípio Akáshico também pode ser pensado como um meio de gravação multidimensional, no qual tudo o que já aconteceu deixou sua marca. Adeptos avançados adquirem o dom de "consultar" os Registros Akáshicos para obter informações sobre suas vidas passadas e de outras pessoas, um método referido várias vezes nas obras de Dion Fortune, particularmente em *Os Segredos do Dr. Taverner*.

Um livro recente que dá exemplos clínicos da técnica é *Many Lifetimes*, de Joan Grant e Denys Kelsey.

A colocação dos quatro elementos no Círculo das Bruxas (ver Fig. 3 pág. 79) e o Magneto Tetrapolar, não é meramente uma convenção ritual. A Bruxa se esforça o tempo todo em que está no Círculo para estar consciente deles e se sintonizar com eles, até que se tornem partes permanentes de seu conceito do Círculo em todos os níveis de consciência. As colocações reais podem diferir em várias partes do mundo (por exemplo, no Hemisfério Sul, onde o sol passa de Leste para Norte em direção ao Oeste) ou em várias Tradições, mas as que dei são aquelas geralmente usadas no Círculo Wiccaniano. Obviamente, é melhor decidir sobre suas colocações e mantê-las, se você quiser que elas se tornem instintivas.

O mesmo vale para a atribuição dos instrumentos. O Pentáculo representa a Terra, e a Taça a Água, no Livro das Sombras de todos os Bruxos. Mas há duas Tradições relativas à Espada (ou o Athame, com a qual é intercambiável para todos os efeitos) e o Bastão. Alex atribui a Espada ao Fogo e o Bastão ao Ar, e eu também acho essa a correspondência mais natural, mas outros trabalhadores as invertem. De qualquer maneira, está certo se o operador estiver satisfeito com isso. Novamente, o principal é escolher um conjunto de conceitos para você e cumpri-lo.[90]

Ar é o elemento do intelecto, do princípio vital. Seu governante é Rafael (Thoth, Hermes), o instrutor, o viajante, o curador das feridas. As virtudes do Ar são diligência, destreza, otimismo, alegria de viver; seus vícios são: frivolidade, presunção, esbanjamento.

Fogo é o elemento da ação, do princípio da luz. É governado por Michael (Beltane), a divindade solar, o vencedor sobre a injustiça e a ignorância. As virtudes do Fogo são coragem, ousadia, entusiasmo, valor contra o mal; seus vícios são a raiva, o ciúme, a vingança, o ódio.

Água é o elemento da fertilidade, do princípio do amor. É governado por Gabriel, que transforma força em forma e cujo chifre tradicional é um duplo símbolo de fertilidade - o falo masculino e a taça feminina. As virtudes da Água são compaixão, ternura, receptividade, perdão e fluidez no sentido criativo; seus vícios são instabilidade, indiferença, covardia, descompromisso e fluidez no sentido traiçoeiro - tudo o que significa quando chamamos alguém de "escorregadio" ou que comete "deslizes".

Terra é o elemento da solidez, do princípio da lei. É o elemento regido por Auriel, o "Senhor do Pavor", o complemento de Michael. As virtudes da Terra são resistência, responsabilidade, rigor, praticidade, paciência; seus vícios são o embotamento, a preguiça, a melancolia, a falta de consciência, o tédio, a estagnação.

Esses conceitos elementais entram em tudo que uma Bruxa faz. Ela trabalha com eles para equilibrar sua própria natureza; por exemplo, com o método "Livro de Controle" que descrevi nas páginas. 88-89. Quando lança um feitiço, ela envolve ritualmente o elemento ou elementos apropriados. Quando consagra qualquer objeto, coloca-o sobre o Pentáculo, toca-o com água e passa sobre o incensário (para o Ar) e a vela (para o Fogo), antes de abençoá-lo de homem para mulher para envolvê-lo dentro das polaridades de um ímã tetrapolar vivo.

90. No caso de um Coven, é claro, todos devem concordar. Uma das primeiras coisas que um novo Alto Sacerdote e uma Alta Sacerdotisa têm que fazer é concordar que os símbolos com os quais eles estão trabalhando signifiquem o mesmo para ambos e para seu Coven enquanto eles o constroem.

Mas ela também pode desenvolver técnicas para entrar diretamente nos "mundos" desses elementos, experimentar cada um em sua forma não diluída e tomar consciência das entidades que o habitam - de fato, comunicar-se com eles. Em certo sentido, esta é uma forma de projeção astral, que será tratada no próximo capítulo; a pessoa permanece totalmente consciente o tempo todo, mas fora do corpo físico. Alex recomenda o domínio das esferas elementais como um primeiro passo no caminho para a projeção astral "normal".

Os seres inerentes aos elementos têm nomes tradicionais; os silfos do Ar, as salamandras do Fogo, as ondinas (sereias, tritões) da Água e os gnomos da Terra. Esses nomes foram até certo ponto degradados pelos contos de fadas populares, mas para o ocultista eles são nomes específicos para seres reais e sua realidade é sublinhada pelo acordo geral quanto às suas naturezas entre as pessoas que os contataram.

Alex me contou sobre sua surpresa quando viu pela primeira vez as ilustrações de Arthur Rackham desses espíritos elementais em uma edição de *O Anel de Nibelungo.* "Eu tenho a certeza de que ele estava em comunicação direta com elas, ninguém poderia desenhá-las tão bem", disse ele: "As Ondinas de Rackham são verdadeiras ondinas e seus espíritos do Fogo são verdadeiras salamandras".

A técnica para se projetar (por exemplo) na esfera da Água, das ondinas, requer prática constante, mas é basicamente bem simples.

Sente-se em uma posição confortável e relaxada, onde você não seja interrompido, e feche os olhos. Respire calma e regularmente; você deve resistir a toda tendência de respirar rapidamente, ou prender a respiração, ou tensionar os músculos. A concentração calma é o estado a atingir.

Imagine que seu corpo seja oco e cercado por toda a água do Universo. Quando essa imagem for claramente alcançada, comece a trazer a água ao redor para o seu corpo oco, respirando-a em seus pulmões e absorvendo-a por todos os poros da pele. À medida que a água o enche, imagine-se afundando gradualmente até o fundo do oceano.

O que você está realmente fazendo não é afundar em um oceano material, nem inventar um oceano ilusório. Você está procurando, isolando e submergindo no aspecto da água de sua própria natureza, que é real. E no nível astral de consciência, esta parte de você do elemento

Água, pode se tornar consciente e se comunicar com as entidades que povoam esse elemento.

Você pode ter que fazer o exercício muitas vezes, desenvolvendo a experiência em uma realidade vívida, antes de fazer contato consciente com as ondinas. "Elas são muito evasivas, nos estágios iniciais", diz Alex, "mas gradualmente elas se tornam mais claras. Elas são difíceis de entender, porque são criaturas que fluem, mas você pode se comunicar com elas. Você deve ser muito cortês; vagar pela vida delas e observar o que elas estão fazendo. Você não está lá para dominá-las, mas para aprender com elas sobre o elemento em que vivem e os usos que você, como Bruxa ou Mago, pode fazer. Por um ritual mágico você pode trazê-las à aparência visível através de um ser humano; na verdade, elas podem, às vezes, entrar no corpo de um ser humano e habitá-lo... Eu morei com uma sereia; elas são muito ciumentas, muito apegadas e podem matar...

"Um jovem marinheiro mercante que eu estava ajudando com alguns problemas apareceu neste apartamento logo depois do Natal, com uma namorada. Eles estavam dançando juntos, e era lindo vê-la. Ela era recepcionista em um hotel comum, mas naquele momento parecia uma bailarina totalmente treinada. De repente, percebi que ela não era o que parecia ser; ela era aquosa e emborrachada, e eu vi a cauda de uma sereia... Eu disse a ela para colocar os sapatos e sair; eu não queria nenhuma sereia aqui. Ela tinha sido possuída por um espírito de ondina. Ela está de volta à Austrália agora, uma garota perfeitamente normal novamente."

Alex relaciona essa capacidade de possessão com a lenda das "pessoas-focas", ondinas que podem vir e viver na terra, mas devem retornar ao seu elemento após sete anos – "que cobre todo o ciclo da Árvore da Vida e vice-versa".

A técnica de projeção para o elemento Fogo é semelhante àquela para água. As regras para relaxar, respirar e se concentrar são as mesmas, mas desta vez você se imagina como um corpo oco no meio de um universo infinito de fogo. Respire firmemente este fogo e absorva-o por todos os poros, concentrando-o dentro de você. De certa forma, este é o elemento mais encorajador para o iniciante, porque a maioria das pessoas experimenta uma sensação física de aumento do calor corporal na primeira vez que tenta o processo.

Novamente, o fogo que você experimenta não é uma combustão real, nem uma ilusão. É o fator do elemento Fogo genuíno em sua própria natureza, no qual você está isolando e se concentrando. (Aliás, além de seu propósito de projeção, essa técnica é um dispositivo muito prático para superar o desconforto do ambiente frio, como provei para mim mesmo).

Salamandras, as entidades do elemento Fogo, são tão evasivas quanto as ondinas, mas (como se poderia esperar) muito mais hostil ao homem. "Elas vão lhe ensinar", diz Alex, "mas elas não vão desistir. Elas não gostam de fazer o trabalho para você... Elas podem queimar, e você nunca deve tomá-las como dominadas.

"Costumo considerá-las como dominadas, porque às vezes sinto que realmente consegui o domínio das salamandras, que sou o chefe, então me gabo e faço rituais de Fogo. E em vez de usá-las como deveriam ser usadas, dentro da formação de um Círculo Mágico, faço coisas como colocar uma ponta de cigarro na palma da mão para me exibir.

"Da última vez que fiz isso, levei três semanas para me livrar das queimaduras. Então eu não deveria me gabar."

Ao que deve ser acrescentado que eu vi Alex deliberadamente arriscar-se a queimaduras e não sofrer nenhum dano, então só posso supor que isso depende do propósito da ação e do estado de espírito em que foi feito.

Talvez "hostil ao homem" seja a frase errada. O fogo, tanto como elemento psíquico quanto como fenômeno físico (ou classe de fenômenos, pois inclui tanto a reação molecular da chama quanto a fissão nuclear ou reações de fusão de coisas como o Sol ou o túmulo), é essencial ao homem, além de perigoso para ele. Para chegar a um acordo com isso, seja psíquica ou fisicamente, deve-se entender suas regras e respeitá-las. O mesmo vale para o Ar, a Terra e a Água; mas com o fogo as regras são mais rígidas e as apostas mais altas.

"Afinal de contas", diz Alex, "as salamandras em seu aspecto mais verdadeiro são os anjos do Sol – de Miguel, Beltane, o Deus do Fogo. A vida não poderia existir sem eles.

"As crianças, com seus poderes de obstinação temporária e ignorância da filosofia materialista, são autoprojetores naturais e não precisam de técnicas deliberadas. Maxine se lembra de olhar para as fogueiras de carvão quando menina e conversar com as salamandras (embora ela não tivesse ouvido esse nome). 'Tive longas conversas com elas, por horas e ninguém mais podia vê-las. Eu colocava o atiçador no fogo e elas rastejavam pela maçaneta... sinto falta das fogueiras de carvão por isso'."

A maioria de nós pode se lembrar de tais experiências - talvez com outros elementos, de acordo com nossa natureza. (O elemento Fogo é um forte fator na constituição de Maxine e há pessoas de seu conhecimento com merecidas queimaduras psíquicas para provar isso). A maioria de nós, à luz de nossa educação posterior, as descarta como fantasias de infância; mas elas eram genuínas o suficiente e nos faria muito bem reavaliá-las. Como a maioria das coisas que Jesus disse "Das crianças é o reino de Deus" tem muitos níveis de significado.

Para projetar sua consciência no mundo do Ar, dos silfos, você usa a mesma técnica básica, mas visualiza um universo de ar. Você o absorve com a mesma concentração constante, mas relaxada, sentindo-se cada vez mais leve até ter a sensação de flutuar no elemento que isolou.

Ar, o reino do intelecto, é o menos emocional dos quatro. Na constituição do caráter humano é praticamente indefinível, exceto em relação a pelo menos um dos outros três. Mente pura, sem um espelho de amor, ação ou solidez para se ver, dificilmente pode ser apreendido. Então, para isolar esse mundo dentro de você, para se projetar nele e se comunicar com suas entidades, talvez seja o mais difícil de todos. Pode parecer impossível, mas pelo fato de que faz parte da função dessas próprias entidades ajudá-lo a alcançá-lo.

"Os silfos são muito difíceis de ver – você tem que ser um tipo de pessoa bem pura para vê-los" diz Alex. "Mas você pode fazer amizade com eles, embora tenha que trabalhar duro. Eles vão ensiná-lo a controlar sua mente e a nivelar seus pensamentos – como ser criativo mentalmente; este é o seu propósito. Já tive experiências com eles, mas admito que não sei muito sobre eles."

Como o elemento Terra é literalmente o nosso próprio terreno, esse deveria ser, e é, um reino muito mais fácil de explorar. (Isto é também, como já mencionei anteriormente, a base de operações da Bruxa, embora não seu limite).

Agora você já deve ser capaz de trabalhar por si mesmo para realizar a projeção. Em sua posição relaxada, respirando regularmente, você se conscientiza da solidez, ou permanência, da própria terra. Você a absorve em si mesmo e mergulha nela, sabendo que pertence a ela, é parte dela e pode sobreviver naturalmente nela.

"Gnomos", diz Alex, "tendem a ser amigáveis. Eles são os mais fáceis, mas muito ocupados o tempo todo. Na verdade, de certa forma, estamos muito próximos deles. O elemento Terra nos forneceu tantos tratamentos minerais recentemente novos na medicina, por exemplo – que estamos 'com os pés no chão' e tendendo a ignorar os outros elementos.

"Os gnomos lhe dão a oportunidade de abrir cavernas subterrâneas dentro de você, dentro de seu próprio elemento Terra. O quanto você é capaz de explorar o veio de ouro que eles oferecem depende inteiramente de você mesmo."

Estando tão próximos do homem, eles são ocasionalmente discerníveis sem um ato deliberado de projeção. "Se você é muito rápido e muito esperto, às vezes, no campo, você pode vê-los, como uma sombra no canto do olho."

Muitos de nós fomos ensinados a ter cuidado com a imaginação. A sociedade lhe fala da boca para fora, mas na prática gosta que seja uma espécie de Parque Nacional com cercas bem definidas, dentro do qual artistas profissionais, contadores de histórias e músicos são licenciados para caçar e trazer a caça (preferencialmente de espécies reconhecidas) para a alimentação ordenada da maioria das pessoas que fazem o trabalho "real".

A Bruxa é uma rebelde contra essa atitude, uma herege e, portanto (argumenta a sociedade) uma anarquista. Bruxas admitem a rebelião, mas negam o anarquismo, sustentando que ele tem um senso mais verdadeiro de ordem cósmica do que a maioria de seus críticos. Para a Bruxa, a imaginação não é um enclave, mas um território de trabalho, terra arável, produzindo lavouras.

Deliberada e metodicamente, a Bruxa explora esse território. Ela considera a imaginação não como uma fuga (ainda que terapêutica) para a ilusão, mas como um canal de comunicação com outros níveis de realidade e os seres que os habitam. Ela exercita e desenvolve sua imaginação exatamente da mesma forma que um viajante profissional estuda línguas estrangeiras, e pelo mesmo motivo: para que possa compreender, reconhecer e comunicar, além de seu território "normal".

É por isso que o Bruxo trabalha em exercícios como os que descrevi neste capítulo. Se ele for sábio, atingirá suas metas por etapas fáceis, começando com o dever de casa de treinamento mental como descrevi nas páginas 88-89. Quão fácil ou difícil ele acha isso depende em parte de suas habilidades naturais e em parte de quão incrustada sua mente se tornou com as atitudes do materialismo contemporâneo. Mas mesmo que ele pareça deficiente em ambos os aspectos, determinação e paciência trarão o avanço.

Diferentes pessoas consideram diferentes abordagens úteis. Muitos acham mais fácil alcançar a projeção em um mundo elemental escolhendo um local em campo aberto, de preferência adequado ao elemento. Idealmente, por exemplo, eles poderiam procurar uma colina alta para respirar, um lago isolado para água, uma caverna para terra ou um sol brilhante (embora com precauções sensatas contra insolação) para o fogo. Ou mais simplesmente um telhado, uma banheira (não profunda o suficiente para causar acidentes), um jardim ou uma cadeira ao lado da lareira. Os principais requisitos são a liberdade de ruptura e ambientes que o ajudem a se sentir em sintonia com o que você está tentando alcançar.

Para uma Bruxa praticante, o Círculo logo se torna um santuário muito real e foco de poder, então é razoável usá-lo para esses exercícios de projeção - lançando-o e depois sentando-se dentro dele de frente para a vela do elemento apropriado. Qualquer simbolismo que fortaleça seu propósito pode ser adicionado. Por exemplo, se você deseja se projetar no mundo do elemento Água, você pode lançar o Círculo com o Pentagrama de Invocação da Água (veja a Fig. 5, pág. 84) em vez do usual da Terra, e ter uma vela verde em vez de branca, colocando o cálice cheio com água consagrada e o cordão verde no chão diante dele.

Os métodos – e os resultados – são todos muito pessoais. Mas se alguém que alcança os resultados ainda duvida se eles são reais e válidos, que compare as notas com alguém que também os alcançou. Ele logo perceberá que duas mentes, de seus próprios pontos de vista individuais, olharam para as mesmas coisas.

13

PROJEÇÃO ASTRAL

O Ocultismo postula que todo corpo vivo e todo objeto material tem uma contraparte astral, um "duplo" consistindo de substância astral, que é mais tênue que a matéria física, porém mais grosseira que a mente ou o espírito e visível à visão clarividente. O corpo astral humano, quando visto assim, parece muito com seu correspondente físico. É igualmente essencial para ele ao longo de sua vida encarnada, porque, em primeiro lugar, é a ponte de comunicação entre sua mente (que opera em um plano ainda mais elevado) e seu cérebro físico e sistema nervoso.[91]

A morte é vista como um processo de retirada: primeiro (na morte física) do corpo astral do físico; depois, durante um período que pode levar muitos anos, da personalidade mental que lhe foi associada naquela encarnação específica. No devido tempo, a essência individual volta a entrar nos planos inferiores para sua próxima encarnação.

Durante o decorrer da vida, o corpo astral normalmente coincide no espaço com o corpo material. Nos sonhos, é o corpo astral que está consciente e experimenta o conteúdo do sonho. Para a maioria das pessoas, esses dois estados abrangem toda a vida, exceto talvez (e particularmente na infância) por um ou dois incidentes isolados que eles podem não reconhecer ou entender.

91. Uma descrição detalhada das visões ocultas sobre a natureza e estrutura do corpo astral está em *The Astral Body and Other Astral Phenomena* de Arthur E. Powell.

Alguns, no entanto, adquirem a faculdade de transferir deliberadamente sua consciência para o corpo astral, movendo-se nele independentemente do corpo físico, o que é conhecido como "projeção astral".[92]

A projeção astral sempre foi um aspecto da Bruxaria. Uma coisa significativa que se destaca entre a massa de absurdos e distorções nos relatórios históricos de julgamentos de Bruxaria é a referência repetida de as Bruxas "voando" para os Sabbats, enquanto deveriam estar em suas camas, e onde tal testemunho era genuíno e não meramente concordância com a fórmula estabelecida de um questionador para escapar da tortura, parece muito provável que tenha sido uma descrição de projeção astral.

O Plano Astral, no qual um corpo astral deliberadamente projetado se move e observa em plena consciência (muito mais aguçado que a confusa consciência astral dos sonhos espontâneos), é um meio complicado. Tem, por assim dizer, um pé no chão e outro na terra das fadas.

Em um extremo, o que se observa no Plano Astral corresponde intimamente ao mundo físico. É possível, ao projetor experiente, transferir sua consciência à vontade para o Plano Astral (deixando seu corpo físico inerte), vagar nesse plano observando lugares e eventos dos quais não tem conhecimento sensorial normal, retornar ao seu corpo físico e relatar o que viu com tantos detalhes que possa ser verificado e confirmado no mundo material. (Alex sustenta que essa faculdade pode ser treinada para um nível em que pode ser usada, por exemplo, para espionagem industrial).

No outro extremo, o observador projetado pode deixar para trás essa réplica do mundo físico e se mover em mundos que não têm contrapartida material. No entanto, esses mundos não podem ser chamados de "ilusórios", porque podem ser compartilhados. Ambientes astrais "criados" por outras pessoas, ou criados e compartilhados por outros grupos de pessoas, podem ser adentrados e observados. Maxine conta como certa vez acompanhou Alex involuntariamente a um "céu" espiritualista astral, ocupado por espiritualistas que ela conhecera.

92. Entre os livros sobre projeção astral que dão conselhos práticos para alcançá-la estão *The Projection of Astral Body* de Sylvan Muldoon e Hereward Carrington e *The Art and Practice of Astral Projection* de "Ophiel". Alex particularmente recomenda este último como simples e sonoro.

Era, literalmente, o seu Jordão. Ela estava deste lado e eles estavam na outra margem, dançando e cantando e chamando-a para se juntar a eles. Quando ela voltou ao seu corpo físico, estava tão abalada que ficou doente por uma quinzena e Alex, que a havia levado para lá, estava cheio de remorso.

É claro que isso pode ser atribuído ao hipnotismo ou à alucinação induzida (embora tanto Alex quanto Maxine, que têm muita experiência astral, tenham certeza de que não foi). Mas alguns dos outros relatos de Maxine de atividade astral compartilhada seriam mais difíceis de explicar, especialmente, porque ela mesma introduziu fatores verificáveis nessas atividades.

Ela sustenta, por exemplo, que se pode entrar nos sonhos de outra pessoa por projeção astral.[93] "Supondo que eu tivesse pensado," ela me disse, "que J precisava de um conselho que ela não podia pedir. Eu poderia me intrometer em seus sonhos e dar-lhe esse conselho, ou até mesmo a cura.

"Quando faço isso e quero que a pessoa se lembre, dou a ela algo, algum símbolo, que ela provavelmente não esquecerá. Muitas vezes a pessoa vem até mim e diz: 'Eu tive um sonho, e você estava nele e me deu isso e aquilo'.

"Agora acho que posso fazer isso mesmo sem saber; quando simplesmente vou dormir.. Outro dia, C me disse: 'Maxine, você veio a mim em um sonho e me deu...' (o símbolo que eu dou às pessoas, e que ela não poderia saber de outra forma), '... e alguns conselhos maravilhosos'."

C é uma garota muito inteligente, conhecida por nós dois, e ela confirmou isso para mim.

R é um jovem muito normal e simpático que vem recebendo treinamento intensivo de Alex e Maxine em certos assuntos ocultos. Ele me contou como Maxine estava fornecendo a maior parte de seu treinamento durante seus sonhos e ele estava escrevendo pela manhã

93. Poucos dias depois de escrever este parágrafo, um artigo muito interessante intitulado *Is your mind a thief?* foi publicado no Sunday Times Magazine, em 22 novembro de 1970, pela Dra. Ann Faraday, uma psicóloga pesquisadora da University College, em Londres. A Dra. Faraday cita vários exemplos de consultórios, de sua própria experiência e de outros profissionais (incluindo Freud), que lhe parecem apontar para a "invasão" telepática dos sonhos de outras pessoas e sugere que esta seria uma linha frutífera de pesquisa "com o atual impasse em estudos experimentais de ESP".

e verificando com ela. Ele obviamente tomou isso como uma maneira prática de organizar seu tempo de estudo.

A projeção astral desse tipo é, naturalmente, o trabalho de um adepto altamente treinado. Mas mesmo os adeptos precisam começar de algum lugar, e ninguém acha fácil o primeiro avanço.

As técnicas para alcançá-la são basicamente de dois tipos. No primeiro tipo, você deseja que seu corpo astral se afaste de seu corpo físico e, em seguida, que sua consciência seja deslocada para esse corpo astral. No segundo, por imaginação e vontade, você move o "centro de gravidade" de sua consciência para um novo local fora de seu corpo físico (geralmente por etapas), e então seu corpo astral se junta a ele.

Com o primeiro método, uma maneira é começar com uma parte de seu corpo astral – uma mão ou mesmo um dedo – em vez de ele todo, e só mais tarde construir o corpo inteiro.

Para isso você deve encontrar uma cadeira com braços do tamanho certo para você se sentar na "posição egípcia" – quadrado e ereto com as pernas juntas, de modo que a coluna, os braços e as canelas fiquem na vertical e os antebraços, mãos e coxas na horizontal. Você pode descobrir que é possível alcançar essa posição em uma cadeira sem braços, colocando os antebraços e as mãos sobre as coxas. Adquira a habilidade de manter essa posição sem ficar tenso ou cair; você deve estar alerta e relaxado.

Agora concentre sua atenção em, digamos, seu dedo indicador direito. Visualize seu duplo astral, coincidindo com ele. Quando este dedo astral estiver claro e real em sua mente, levante-o apenas pela vontade e seu dedo físico o seguirá. Você pode precisar de muitas tentativas, mas persevere. No devido tempo, você será capaz de levantar o dedo apenas pela força de vontade, sem o uso da força muscular.

Isso pode parecer absurdo, mas é um exercício mental e astral genuíno, e desde que você seja honesto consigo mesmo, logo saberá em sua própria mente quando foi bem-sucedido.

Em seguida (e pode ser semanas depois, mesmo com tentativas diárias) tente fazer o mesmo com dois, três, quatro dedos, a mão inteira, o pulso, o braço. Gradualmente, você se tornará consciente da realidade de seu corpo astral e de sua crescente capacidade de controlá-lo.

Quando sentir que tem controle sobre ambas as mãos, sente-se na mesma posição egípcia, mas perto da borda de uma mesa, de modo que suas coxas e antebraços fiquem embaixo dela. Agora suas mãos astrais passarão pela mesa até o topo. Conseguir isso é realmente um avanço de confiança. A matéria física não é barreira para a substância astral, exceto mentalmente e nos estágios iniciais.

Em seguida, sem a mesa, continue a aumentar o controle de seu corpo astral cada vez mais, até que você possa fazê-lo ficar de pé enquanto seu corpo físico ainda está sentado.

Agora tente construir o conceito de seu corpo astral sentado de frente para seu corpo físico e completamente separado dele. Visualize cada detalhe. Você pode fazer isso com os olhos fechados ou, alternativamente, pode se sentar de frente para um espelho de corpo inteiro, com os olhos abertos e transferir seu corpo astral para a imagem do espelho. Quando sentir que alcançou isso, sua consciência entrará em seu corpo astral.

"Quando estava aprendendo", diz Alex, "eu costumava sentar por horas a fio, construindo a imagem, forçando-me a isso dia após dia –, mas eu ainda não conseguia chegar lá. E de repente, bingo! Eu estava de pé em meu corpo astral e caminhando. Pura persistência – e essa é a única maneira de alcançá-lo".

O método alternativo (que requer a mesma persistência) é começar por tornar móvel a sua sede de consciência em vez do seu corpo astral. Por exemplo, você pode colocar quatro ou cinco símbolos (cartas de tarô serviriam) ao redor da sala; um na lareira, um apoiado em uma estante, e assim por diante. Estudar cada um e seus arredores cuidadosamente, até que saiba cada detalhe de cor – o desenho e a coloração do símbolo, a queima de cigarro no manto, os títulos e encadernações dos livros, e assim por diante.

Sente-se em sua cadeira na posição egípcia, feche os olhos e leve sua imaginação para um passeio pelos símbolos. Mentalmente, caminhe até o primeiro símbolo e visualize ele e tudo ao seu redor precisamente, para que você possa vê-lo em todos os detalhes em sua mente. Contemple-o por um tempo e depois continue sua caminhada mental, visualizando a curva, cada passo e a parada. Então, quando tiver alcançado o segundo símbolo e virado mentalmente para encará-lo, traga sua imagem ao olho da sua mente da mesma maneira.

Uma variação interessante em um estágio posterior é tentar um passeio com o "nariz da mente". Agora, em vez de símbolos, coloque ao redor da sala objetos com cheiro característico; um frasco de perfume aberto, um pires de alvejante, um incenso aceso, um punhado de cravo e assim por diante. Aprenda o percurso puramente em termos olfativos, incluindo o cheiro de fundo da sala e quaisquer cheiros localizados pertencentes a móveis, cortinas, etc., equivalente de visualização (para a qual infelizmente parece não haver palavra, a menos que cunhemos "olfatorização").

A mesma experiência pode ser feita com sons (o tique-taque de um relógio, o silvo de uma lareira a gás, o eco característico de cada parte da sala), e com o toque (várias formas e texturas, tateando pela estante).

Finalmente, você pode combiná-los todos, para que seu passeio mental inclua a visão, o olfato, o som, o tato e até mesmo o paladar e a temperatura.

Nesse estágio, você deve ter uma noção real de sua mente ativa e consciente, movendo-se independentemente de seu corpo. Há uma diferença aqui em relação ao primeiro método, porque enquanto seu corpo astral é real e pode ser manipulado separadamente de seu corpo físico, sua consciência não pode realmente (em qualquer estado normal de desenvolvimento humano, pelo menos) localizar-se fora de seus corpos: físico e astral. O que você está de fato fazendo é acostumar sua consciência cotidiana ao conceito de projeção astral e prepará-la para o avanço.

Quando esse avanço vier (e tende a acontecer como Alex diz, "bingo!", sem aviso), será porque seu passeio mental com a prática se tornou tão vívido e detalhado que seu corpo astral é persuadido a assumir o controle. Em vez de ficar na frente (digamos) da carta do Carro no manto em sua imaginação, de repente você está realmente na frente dele, em plena consciência; vendo, de fato, a coisa real em vez de sua imagem mental dela, de modo que, se, por exemplo, um vento soprasse a carta, você a veria cair – o que não teria sido possível em seu passeio puramente mental, porque isso dependia de imagens mentais armazenadas de antemão.

Emoções fortes às vezes podem desencadear o avanço, como aconteceu com Maxine.

"Isto foi antes de nos casarmos", ela me disse. "Na época, eu tinha um pequeno apartamento na esquina da casa do Alex. Eu queria estar nessa grande cena de projeção astral e estava tentando há meses e meses, sentada à mesa de jantar lutando para trazer minhas mãos astrais através dela – e nada estava acontecendo.

"Chegou uma época em que eu estava muito falida; eu literalmente não tinha comido por cerca de dez dias. Atravessei a pequena passagem para a rua de Alex, bati na porta dele e disse: 'Já passei da fome, mas sei que preciso comer'. Ele disse: 'Eu não tenho nada – vá embora'.

"Eu sabia muito bem que ele tinha. Voltei para o meu próprio apartamento e sentei-me, assumi minha postura de ação, furiosa que alguém pudesse me negar comida. E fiquei lá, por cerca de cinco minutos, fervendo.

"Então, de repente, houve barulho e pancadas – um grande barulho – oh, foi terrível... E eu estava me olhando do outro lado da sala. Vi meu corpo na posição vertical, não deitado, e pensei: 'Bem, já fiz isso, agora vou ver'. Então eu saí de casa. As pessoas me diziam que você poderia atravessar paredes e eu não acreditei nelas, mas agora acreditava. Tive que fechar meus olhos para fazê-lo, na mente. Eu ainda não tinha coragem de atravessar as casas, então fui pela passagem. A porta de Alex estava fechada, é claro, então fechei meus olhos novamente, literalmente querendo passar por ela. Foi um choque quando os abri novamente e me encontrei do lado de dentro...

"Subindo as escadas, passando pela porta da cozinha, lá estava Alex, pão e manteiga todos dispostos, e sanduíches... oh, muito deles.

"Eu estava com um temperamento tão explosivo que fui atraída direto de volta para o meu corpo – rápido demais, porque fiquei terrivelmente doente depois. A projeção pode ser perigosa se você tiver um coração fraco, porque pode acontecer assim."

Alex estava na sala quando Maxine me contou isso. Ele confirmou o pão com manteiga e o sanduíche – ele poderia ao menos corar de vergonha, mas não o fez.

Tanto Alex quanto Maxine agora podem projetar sempre que quiserem. A única pausa de Maxine foi quando ela estava grávida. "Eu parei por volta do segundo mês, e demorei cerca de um ano antes de voltar a projetar."

Exceto para fins particulares[94], no entanto, Alex não pratica mais a projeção astral no Plano Físico – isto é, explorar e observar o duplo astral do mundo físico e, portanto, os eventos que estão acontecendo no mundo físico.

"Nos planos internos eu vou", diz ele, "mas não no nível físico, por esta razão: eu quebrei a melhor amizade que já tive na minha vida por causa da bisbilhotice astral... E uma vez arruinei um noivado entre duas pessoas por causa da amargura. Eles estavam pedindo iniciação e depois brincaram com isso, e eu me propus a provar que poderia quebrá-los. Por projeção astral, peguei o ponto mais secreto da garota e trabalhei nele, trazendo de volta essas informações para o homem e envenenando-o. Era pura bisbilhotice astral, e eu disse então que nunca faria isso de novo. Aliás, é aí que a espionagem profissional pode entrar muito facilmente."

Uma vez alcançada a projeção astral, demora um pouco para se acostumar. Por um lado, primeiro você tenta andar, como se estivesse em seu corpo físico – até descobrir que apenas uma espécie de deslizamento é necessária. Você também descobre, depois de um tempo, que a distância não é um problema e que é possível se projetar a milhas de distância (ou milhares de milhas) sem qualquer atraso na jornada.

"E quando você tenta tocar um objeto astral pela primeira vez", diz Alex, "sua mão o atravessa, porque sua atenção é direcionada para o objeto físico, que não é barreira para a mão astral. Uma vez que você perceba que o objeto também tem uma contraparte astral e aprenda a observar o objeto astral em vez do físico, então ele parecerá sólido para sua mão astral, porque semelhante será como tocar semelhante. Mas isso requer muita prática."

Alguns livros sobre projeção astral mencionam um cordão de prata, infinitamente extensível, que pode ser visto durante a projeção, ligando o corpo físico ao corpo astral. De acordo com Muldoon e

94. Por exemplo, após a apresentação do grupo pop que mencionei na pág. 70, quando Alex sentiu necessidade de retornar astralmente à cena para uma arrumação final do "caos psíquico".

Carrington, "Os corpos astral e físico estão invariavelmente conectados por meio de uma espécie de cordão, ou cabo, ao longo do qual passam as correntes vitais. Se este cordão for cortado, a morte resulta instantaneamente... Este cordão – o 'Cordão de Prata' mencionado em Eclesiastes – é elástico e capaz de alcançar grande extensão. Constitui o elo essencial entre os dois corpos".[95]

Alex não concorda com esse conceito, na verdade ele o chama de "muito lixo, baseado neste texto do Eclesiastes – uma segurança psicológica para você voltar ao seu corpo".

(O texto é Eclesiastes 12: 6-7 – *"Ou mesmo que o cordão de prata seja desatado, ou a taça de ouro seja quebrada... Então o pó voltará à terra como era e o espírito retornará a Deus"* de acordo com *Peake's Commentary on the Bible*, a metáfora é simplesmente de um candeeiro e o cordão que o suspende.)

Quer outros especialistas concordem com Alex ou não, neste ponto em particular eles certamente concordarão que o Plano Astral é muito facilmente preenchido com fenômenos de sua própria criação, e que para a visão astral eles parecem tão reais quanto outros objetos astrais que têm objetos reais equivalentes físicos. Assim, o Cordão de Prata pode muito bem ser uma dessas criações, uma ilusão coletiva evocada pelo desejo de uma linha de vida tranquilizadora e santificada pela tradição. Se assim for, é bastante inofensivo, mas aponta para o fato de que, se você deseja observar o mundo físico e seus eventos durante a projeção astral, precisa ter juízo e aprender a distinguir o objetivo do subjetivo.

"Projeção astral", diz Alex, "é como um estado de sonho controlado. Em um sonho real você não tem controle, você está nele até que termine. Na projeção astral você está consciente. As coisas começam a aparecer como nos sonhos, mas está tudo vivo. É muito difícil transmitir para quem não experimentou. Crowley, em Magia em Teoria e Prática, é o único que foi honesto sobre isso; ele diz que os planos astrais são o que você pensa que são. E, no entanto, isso é simplificar demais.

"Uma vez que tenha o dom de sair do seu corpo, você pode explorar os planos internos. Para mim, o Plano Astral nos estágios iniciais desse tipo de projeção é exatamente o que diz – o Plano Estelar.

95. Muldoon e Carrington, op. cit.

É um céu escuro, como a meia-noite. Você fica lá e de repente percebe que há minúsculos pontos de luz vermelha, amarela, azul e verde em todos os lugares. E à medida que se concentra neles, percebe que está ficando cada vez mais claro, assim como a luz do dia, mas não há nada ao seu redor. Apenas silêncio.

"Então você começa a se carregar com os vários elementos e se projeta nos planos escolhidos... E é realmente tudo o que se pode dizer sobre isso, porque a experiência de cada um é diferente."

A experiência de todos no momento real da projeção também parece ser diferente. Maxine, por exemplo, ainda está ciente do "barulho" que acompanhou sua primeira projeção.

"Existe outra maneira de aprender a projeção astral", diz ela, "e é com o cristal. Mas eu não gosto. O cristal puxa você, suga você como um ímã. Uma sensação horrível. Eu prefiro o barulho".

"Outra maneira", acrescenta Alex, "é visualizar" um túnel com uma luz no final e caminhar em direção a ele".

Uma coisa em que ambos concordam: voltar da projeção astral no corpo físico é como um renascimento; o corpo parece morto, pesado e sujo.

Ao ler livros sobre projeção astral, você encontrará os termos "Plano Etérico", "Planos Astrais Inferiores e Superiores" e "Corpo Etérico", bem como "Corpo Astral", então, talvez eu deva terminar este capítulo indicando como eles se relacionam ao que eu disse aqui. Usei a palavra "astral" para simplificar, mas, como já foi observado no Capítulo 3, as subdivisões são mais sutis do que isso.

O Plano Etérico, como o termo é usualmente empregado, é o que mais se aproxima do físico. Ele se funde com o Astral Inferior e foi nessa zona dos planos, por exemplo, que Maxine pegou Alex com seu sanduíche. No Astral Superior, o etérico e o físico foram deixados para trás e é aqui que Alex experimenta seu céu de cores pontuais.

Novamente, estritamente falando, o corpo etérico deve ser diferenciado do astral. O Corpo Etérico está intimamente ligado ao Corpo Físico. A ele está associada a "aura" que as pessoas psiquicamente sensíveis podem ver ao redor do Corpo Físico e da qual podem ler muito sobre o estado emocional do dono. O Corpo Astral propriamente dito é menos ligado à terra. A projeção da consciência é possível em qualquer um desses corpos e, para muitas pessoas, o primeiro avanço será no etérico, após o qual o próximo passo para o astral deve ser mais fácil e pode acontecer involuntariamente.

Mas enquanto você está realizando os exercícios destinados a esse avanço, essas distinções não são realmente importantes. Uma vez que é alcançado e você começa a se mover em vários planos, logo vai aprender - como "Ophiel" diz - a saber onde você está a partir do cenário.

14

O RITO DA RAINHA HAGIEL

No Capítulo 12, abordei uma técnica para a pessoa se tornar consciente das entidades primitivas dos quatro mundos elementais e se comunicar com elas. Quando uma Bruxa ou Mago deseja entrar em contato com um ser de uma ordem superior (quer chamem de anjo, espírito ou simplesmente de entidade), um método consagrado pelo tempo é invocá-lo ritualmente ao Círculo e não acho que este livro estaria completo sem a descrição de uma invocação típica desse tipo.

Não há necessidade aqui de discutir mais uma vez a natureza da realidade dessas entidades. O princípio envolvido é o que discuti nas páginas 201-202 e a prática confirma sua validade, mesmo que aqueles que experimentaram a comunicação com tais seres possam interpretar sua experiência de maneiras diferentes.

Também podemos ignorar o debate interminável sobre se tais invocações são, propriamente, Bruxaria ou Magia. São magias rituais, mas muitas Bruxas as praticam e tenho a certeza de que o continuarão fazendo, então, por que não deveriam? Bruxas sensatas consideram o alicerce da Wicca – a raiz da Árvore – como a base, mas não o limite de suas operações. Se elas querem operar outros níveis para propósitos particulares, então que usem as técnicas apropriadas. Qualquer um que desaprove isso está convidado a pular este capítulo.

Os grimórios e a tradição boca a boca estão cheios de instruções para invocar uma variedade infinita de espíritos, bons e maus. Alguns grimórios dão tamanha profusão de seus nomes, categorizados regimentalmente, que é difícil levá-los a sério. Suspeita-se que seus autores inflaram seus rolos nominais da mesma forma que as empresas de publicidade por correspondência o fazem, adquirindo as listas de correspondência umas das outras.

Extravagâncias à parte, existem entidades das quais pessoas suficientes tiveram experiências genuínas (e mutuamente corroborativas) para manter qualquer praticante sincero ocupado por toda a vida.

Destas, escolhi um dos ritos de invocação mais encantadores e inofensivos – o da Rainha Hagiel (um conceito de Vênus). Digo "inofensivo", não porque seja ineficaz, mas porque ninguém que o executa, por mais bem-sucedido que seja, pode ser prejudicado por ele – ou causar qualquer dano.

Existem três variedades do rito. Seu método básico é o mesmo, mas diferem no tipo de manifestação pretendida. O mais ambicioso visa a manifestação visual da própria Hagiel em um triângulo fora do Círculo. A segunda forma envolve o uso de um cristal no qual Hagiel deve ser vista. Para a terceira forma do rito, um médium adequado é colocado ajoelhado no triângulo, amarrado e vendado, e Hagiel fala através dele. Em todas as três formas, é claro, a intenção é falar com Hagiel e fazer seu pedido a ela.

Primeiro prepare seu Círculo, mas não o conjure ainda, porque o método de conjuração será diferente dos procedimentos usuais da Wicca apresentados nas páginas 82-85. As quatro velas nos pontos cardeais devem ser verdes, a cor de Vênus. Do teto sobre o centro do Círculo, pendure uma lâmpada de vidro verde contendo uma vela verde. Se você mesmo está fazendo a lâmpada, o uso do cobre – o metal de Vênus – é uma simbologia sonora.

Do lado de fora do Círculo, a leste, marque um triângulo equilátero com uma ponta voltada para o Leste. Se você estiver usando um médium, o círculo deve ser grande o suficiente para ele se sentar dentro dele.

No centro do Círculo, coloque um altar, que deve ser aproximadamente quadrado. Uma mesa de cartas serve, mas seja qual for o uso, o piso embaixo dela deve ser claro e acessível. Cubra o altar com um pano verde e marque nele um triângulo equilátero, também com uma ponta para o Leste, com giz verde mais claro. Coloque uma vela verde em cada ponto deste triângulo.

Se o cristal for usado, ele deve ser colocado neste triângulo do altar, no suporte ou no pano preto com o qual você normalmente o envolve.

O altar deve ser decorado com rosas e lírios. Bastão, Pentáculo, incensário e água consagrada devem estar no chão à mão. Você também vai precisar de dois ou três pedaços de papel (três para o método de manifestação direta) e um lápis ou caneta. Um pedaço de papel deve ter cerca de oito centímetros quadrados, o outro (ou dois) já cortado em forma regular de sete lados, três ou quatro centímetros de diâmetro.

Bastão, Pentáculo e incensário certamente já foram consagrados. A água é consagrada com a fórmula usual dada na página 82, exceto que nenhum Athame é usado.

Tudo o mais usado no rito, incluindo papel e caneta, deve ser consagrado no momento apropriado, colocando-o sobre o Pentáculo ("Eu te consagro com o elemento Terra"), tocando-o com água ("Eu te consagro com o elemento Água"), passando-o sobre o incensário ("Eu te consagro com o elemento Ar") , mas não o passe sobre a vela, porque Hagiel não é invocada com o elemento Fogo.

Tampouco é necessário completar a consagração abençoando homem para mulher da maneira usual, porque este é essencialmente um rito solo - embora não haja nada que impeça você de ter um assistente para lhe entregar o que precisar enquanto o ritual prossegue.

O incenso usado deve ser canela em pó.

Você mesmo deve se vestir de seda azul-celeste, com um cinto de tecido ou cordão verde ou rosa. O manto não precisa ser elaborado ou caro. Um simples pedaço de pano com buracos no braço e no pescoço é suficiente e é um princípio oculto bem estabelecido que qualquer roupa, arma ou acessório feito por suas próprias mãos tem certa vantagem mágica embutida.

Você deve colocar a Espada mágica no lado esquerdo de seu cinto, mas ela não será puxada nem usada; esta não é uma ocasião para o aspecto da força.

Se um médium estiver sendo usado, ele deve ser vendado e amarrado nos tornozelos e nos pulsos, como na Iniciação de Primeiro Grau,[96] e colocado ajoelhado, o mais confortavelmente possível, no triângulo externo. (Por "médium" não quero dizer necessariamente um profissional ou um estranho treinado. Entre os vários talentos que

96. Ver pág. 31. Ambos os tornozelos estão amarrados, como para a "provação". Os pulsos atrás das costas devem estar seguros, mas o cordão que passa deles ao redor do pescoço deve estar solto para que o médium não se machuque durante uma condição de transe.

um Coven de trabalho descobre dentro dele, provavelmente há pelo menos um membro que tem potencial como médium, e isso faz parte da função do Coven para diagnosticar e desenvolver todos esses dons individuais.)

Quando tudo estiver pronto, pegue o quadrado grande de papel e marque-o com a caneta consagrada em quarenta e nove quadrados (sete por sete) para fazer o Quadrado de Vênus, que é o seguinte.

22	47	16	41	10	35	4
5	23	48	17	42	11	29
30	6	24	49	18	36	12
13	31	7	25	43	19	37
38	14	32	1	26	44	20
21	39	8	33	2	27	45
46	15	40	9	34	3	28

Você notará que, como nos Quadrados Planetários[97], cada linha de figuras, horizontal ou vertical, soma o mesmo total. Neste caso é 175, que por sua vez soma 13 e finalmente 4 – o número mágico da Deusa.

Copie os números na ordem correta de 1 a 49, em seus quadrados corretos, dizendo: Karnayna e Aradia abençoem este rito, enquanto escreve cada número. Quando o Quadrado estiver completo, consagre-o e coloque-o no chão sob o altar.

Pegue o Bastão e com ele lance o triângulo externo. Comece no canto esquerdo e trace até o canto mais distante, de volta ao canto direito,

97. Todos os sete Quadrados Planetários são dados no Capítulo XXII do livro *Dogma e Ritual da Alta Magia*, de Éliphas Lévi.

atravessando até o canto esquerdo e novamente até o canto mais distante para selá-lo. Lance o triângulo do altar da mesma forma, ficando a Oeste dele e voltado para o Leste.

Agora é o momento de lançar o Círculo. Isso também é feito com o Bastão, começando no Norte e movendo em deosil três vezes ao redor do Círculo, apontando o Bastão para sua borda como faria com o Athame. Em seguida, borrife água consagrada uma vez ao redor da borda do Círculo, novamente em deosil de Norte a Norte. Finalmente, carregue o incensário uma vez. Você não carrega fogo, nem atrai o poder com Pentagramas Invocantes.

Em seguida, pegue um pedaço de papel de sete lados e, com a caneta consagrada, desenhe o selo de Hagiel em um lado e o signo de Vênus do outro. Consagre-o (novamente apenas com Terra, Água e Ar) e, em seguida, trace cada linha de seus desenhos com a ponta do Bastão. Se não estiver usando um médium, prepare dois desses papéis, consagrando-os e traçando-os com o Bastão da mesma maneira.

Coloque um desses papéis no triângulo do altar (se você não estiver usando um cristal) ou no chão sob o altar (se estiver). Se não estiver usando um médium, coloque o segundo papel no triângulo externo. Ambos devem ficar com o selo Hagiel para cima.

Entre todas essas ações, não se esqueça de manter o carvão do incensário aceso e alimentado com canela. Se estiver usando um médium, provavelmente o ajudará se você se certificar de que ele inale bastante a fumaça do incenso. Se tiver um assistente, ele pode cuidar do incensário.

Agora você está pronto para a invocação real. De pé a oeste do altar e voltado para o Leste, você declama:

> POR KARNAYNA E ARADIA EU TE CHAMO, Ó GRANDE E SAGRADA HAGIEL. HAGIEL, HAGIEL, OUSE DESCER DE TUA MORADA, TRAZENDO TUA INFLUÊNCIA E PRESENÇA PARA O TRIÂNGULO, PARA QUE EU POSSA CONTEMPLAR TUA GLÓRIA E DESFRUTAR DE TUA COMPANHIA E TUA AJUDA.

(Se estiver usando um cristal, você deve dizer isso sobre o triângulo e o cristal).

Em seguida, mova-se no sentido deosil ao redor do altar para o ponto cardeal Leste e, voltado para o Leste, repita a invocação. Repita novamente para o Sul, Oeste e Norte, fazendo cinco vezes ao todo.

Ainda movendo-se em deosil, volte para o Oeste do altar e olhe para o Leste, olhando para o cristal se estiver usando um, ou para o triângulo externo se não estiver.

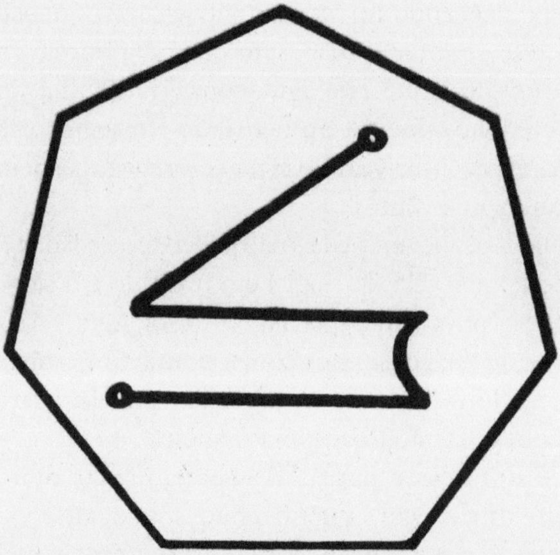

Fig. 12. Sigilo de Hagiel

Fig. 13. Sigilo de Vênus

Espere pacientemente por um tempo, mantendo a concentração em seu propósito, e então diga:

HAGIEL, HAGIEL, HAGIEL – VENHA AO MEU CÍRCULO.

Se o seu ritual foi devidamente preparado e realizado, física, mental e espiritualmente, agora você deve ver Hagiel no triângulo externo ou no cristal, ou ouvi-la através do médium.

Há um amplo consenso sobre a aparência de Hagiel, porque sua imagem é um dos "caminhos trilhados" aos quais me referi na página 202.

Alex a descreve assim: "Ela aparece na forma de uma rainha, cerca de vinte e seis ou vinte e sete anos, com um belo rosto e figura, olhos azuis e cabelos ruivos. Ela usa um tipo de vestido medieval de cor verde, bordado com flores de ouro e chinelos de ouro. Em sua cabeça há uma coroa que parece de cobre, com quatro torres. Ela tem uma voz muito musical".

É claro que Hagiel não deve ser invocada sem um propósito específico; portanto, quando ela se manifestar, você deve nomear seu pedido com muita cortesia e pedir a ela que o conceda.

"Se o que você pede é razoável", diz Alex, "Hagiel vai conceder, e se você chegar a um acordo com ela e ela lhe fizer uma promessa, pode ter a certeza de que será cumprida. Às vezes, quando é necessário que se tenha servos mágicos, ela enviará seus próprios servos para você. Eles também estarão na forma feminina, mas você os verá por si mesmo. Quando ela estiver partindo – não diga a ela para partir, ela simplesmente começará a ir quando estiver pronta –, agradeça por sua aparição e pergunte se ela voltará. É uma experiência que você nunca vai esquecer."

Uma vez que ela se for, simplesmente apague as velas. Despeje o incenso na água consagrada e descarte ambos (o encanamento doméstico comum serve).

Se você estiver usando um médium, desamarre-o primeiro e veja se ele está confortável, porque ele pode estar exausto; mas como você, ele não sofrerá nenhum dano. É uma boa ideia ter um chá fraco e doce pronto para ele (outro trabalho para seu assistente).

Não há necessidade de banir o Círculo, pois o Rito da Rainha Hagiel é puramente um ato de amor.

15

O CASAMENTO DE UMA BRUXA

As Bruxas têm uma cerimônia de casamento própria, que eles chamam de *Handfasting*. O dicionário define *Handfasting* como "noivado", "casamento provisório", "casamento privado". Um casamento de Bruxas é tudo isso. Em primeiro lugar, é claro que não é um casamento "legal" reconhecido pelo Estado. As Bruxas que querem status legal para sua união também têm um casamento civil, ou mesmo, se suas próprias consciências e atitudes permitirem, um casamento na igreja. Sob o amplo guarda-chuva da confissão anglicana, por exemplo, há alguns ministros que, com toda a sinceridade, casariam casais que sabem serem Bruxos. Afinal, um pequeno, mas genuíno punhado desses ministros são eles próprios Bruxos iniciados (embora eu não proponha nomear nenhum deles) e um número muito maior tem um interesse simpático pelo Ocultismo em geral.

Assim como tantas outras coisas na Wicca, um *Handfasting* significa o que as Bruxas em questão escolhem fazer com ele. Em um extremo, pode-se apenas pretender ser um anúncio cerimonial para seus amigos da Arte de que os Bruxos decidiram morar juntos e desejam ser tratados como um casal, a menos e/ou até que mudem de ideia. Por outro lado, a intenção pode ainda ser mais permanente do que "até que a morte nos separe", porque envolve o conceito de "almas gêmeas" – um relacionamento contínuo através de todas as reencarnações subsequentes.

O conceito de alma gêmea é muito antigo no pensamento oculto. Está refletido na Lenda da Descida da Deusa (Ver Apêndice. I): "Pois para alcançar o amor você deve retornar novamente ao mesmo tempo e lugar que a pessoa amada, você deve encontrar, relembrar e amá-la novamente". Mais uma vez, significa muitas coisas para muitas pessoas.

Alguns chegam à conclusão, seja por intuição, seja pelo processo avançado conhecido como "consultar os Registros Akáshicos" (ver pág. 220), de que eles já estiveram envolvidos um com o outro em uma vida anterior, mesmo talvez que seu relacionamento atual tenha que lidar com o karma não descarregado, o fardo do débito e crédito espiritual transportado de encarnação em encarnação até que seja finalmente resolvido. Outros, novamente confiando em sua própria percepção oculta, podem decidir e aceitar que estão destinados a um relacionamento de muitas vidas a partir de agora. No entanto, outros, sem nenhum senso de se curvarem ao destino, podem simplesmente decidir que desejam que assim seja. Para estes, a declaração (particularmente quando ritualmente confirmada e consumada pelo Grande Rito em sua forma "real") é um compromisso que impõe um padrão em suas vidas futuras e, portanto, provavelmente o ato de Magia mais sério que eles jamais realizarão.

O *Handfasting* Wiccaniano aceita todas essas atitudes, desde a união temporária, passando pela parceria vitalícia pretendida, até o reconhecimento da alma gêmea. Tudo o que a lei Wiccaniana diz é que o *Handfasting* é válido, em primeira instância, por um ano e um dia. No final desse tempo, o casal pode procurar o mesmo Alto Sacerdote e Sacerdotisa que os uniu e anunciar que desejam se separar. Se não o fizerem, a união é considerada continuada. *Handfasting* não vincula um casal para sempre (ou mesmo para uma vida), independentemente de seus sentimentos futuros. No entanto, a decisão de um casal de que são almas gêmeas, declarada e ritualmente confirmada, os une; mas esse é o seu próprio ato, colocando deliberadamente em movimento forças psíquicas que eles sabem que não serão capazes de reverter – não algo imposto a eles por qualquer Alto Sacerdote ou Alta Sacerdotisa. O *Handfasting*, então, é uma celebração, e o que o casal se beneficia com isso se baseia naquilo que eles escolheram depositar nele, reforçado pela presença e boa vontade de seus amigos.

A cerimônia é tão alegre quanto qualquer casamento e usa mais flores do que a maioria. Todo o Círculo no chão é composto de flores; o casal geralmente traz braçadas de sua própria escolha, às quais são adicionadas as contribuições de membros individuais do Coven. Mais flores decoram o altar. Tradicionalmente, frutas também podem ser usadas. Uma coroa de flores também está pronta no altar.

O Círculo é lançado, o Alto Sacerdote e a Alta Sacerdotisa assumem suas posições, então o casal é conduzido, geralmente vestido tão esplendidamente quanto o Coven pode conseguir – embora apenas com mantos externos sobre seus corpos nus, pois eles serão removidos mais tarde. Muitas vezes, a introdução é feita por outro casal que são seus amigos especiais. Estes os trazem ao altar e juntam-se ao resto do Coven ao redor do Círculo.

Homem e mulher ajoelham-se – a mulher à esquerda – e o Alto Sacerdote invoca a Deusa. O início da invocação é semelhante à Carga (Apêndice 2) e continua pedindo à Deusa que dê sua proteção a esse filho e filha do homem. Desvie o mal deles e confunda aqueles que blasfemam contra a verdadeira luz de sua sabedoria.

Eles ficam de pé e suas vestes são removidas para a unção. A Alta Sacerdotisa unge o homem e o Alto Sacerdote a mulher, de acordo com seu triângulo invertido de grau para Bruxas de Primeiro Grau, Pentagrama invertido para o Segundo, Pentagrama invertido e triângulo vertical para o Terceiro – com óleo, vinho e lábios. (Ver Fig. 7 a-c, pág. 119).

O casal se ajoelha novamente e o Alto Sacerdote se dirige a eles:

> SAIBAM QUE É NOS DECRETOS DO DESTINO QUE VOCÊS DEVEM SER UNIDOS, NUNCA MAIS DIVIDIDOS. EM VÃO CONTRA AS ESTRELAS PREGAM O MONGE E O PADRE; O QUE TIVER QUE SER, SERÁ. PORTANTO, TOMEM ESPERANÇA E ALEGRIA, Ó FILHOS DO TEMPO. E AGORA, AO UNIR SUAS MÃOS, DESPOSO SUAS ALMAS.

(Essas palavras são tradicionais, obviamente ecoando antigos conflitos. Cabe ao casal tomá-las como quiserem.) A Alta Sacerdotisa pega a coroa de flores do altar, consagra-a com a Terra (Pentáculo), Água, Ar (incensário) e Fogo (vela), passando-a primeiro sobre a cabeça do homem e depois sobre a cabeça da mulher.

O Alto Sacerdote segura a mão esquerda sobre o casal e levanta a direita.

Ó Senhores das Torres de Observação, ó poderoso Deus, ó gentil Deusa; confirma a união desses jovens corações...

Ele conclama o Círculo e o altar para testemunhar, o sol e o ar.

Enquanto as formas são divididas, que as almas se unam, tristeza com tristeza e alegria com alegria; e quando finalmente a noiva e o noivo forem um, ó Estrelas, que o problema com o qual vocês são acusados tenha esgotado seu fardo; que nenhum perigo moleste e nenhuma malícia perturbe; mas sobre o leito conjugal, brilhem em paz, ó Estrelas.

Agora o casal faz o juramento, tomando um ao outro:
de minha mão ao pôr do sol, ao nascer das estrelas – e as palavras do *Handfasting* estão finalizadas.

Uma cerimônia tradicional permanece. Uma vassoura é colocada no chão ao lado deles e ambos pulam sobre ela. Então a Alta Sacerdotisa a pega e ritualmente varre todas as influências malignas para trás e para fora do Círculo.

O Alto Sacerdote traça o Pentagrama na frente do casal recém--unido.

Bolos e vinhos são abençoados da maneira usual e distribuídos. O Grande Rito pode seguir, ou não, conforme o desejo do casal. Se isso acontecer, mais uma vez, cabe a eles se consideram isso como um ritual solene de consumação de seu casamento ou, ainda mais solenemente, como um compromisso um com o outro como almas gêmeas para vidas futuras. Ninguém vai perguntar a eles, que podem escolher dizer ou não.

Quando tudo termina - e se o Grande Rito foi celebrado, o Coven volta a entrar na sala - o casamento se torna, como qualquer outro, uma festa.

16

CAPÍTULO FINAL

Comecei este livro como um Bruxo de Primeiro Grau recém-iniciado. Termino de escrevê-lo, quase um ano depois, como um Bruxo de Terceiro Grau, planejando com minha parceira de trabalho a fundação de nosso próprio Coven. Relendo o manuscrito, acho encorajador que não haja mais do que uma frase ocasional que eu queira revisar, mas há um ou dois pensamentos que gostaria de acrescentar, à luz da experiência deste ano.

Uma coisa eu aprendi rapidamente: o quanto da velha imagem da Bruxa permanece na mente do público e como as pessoas estão prontas para distorcer e sensacionalizar as evidências que chegam ao seu conhecimento. Muitas vezes, essas reações seriam hilárias se não fossem perturbadoras.

No meio do verão passado, Alex e Maxine e a maioria de seu Coven foram para Midlands, com a intenção de unir forças com outro Coven (como costuma acontecer em festivais sazonais) para a celebração do Solstício de Verão. O Coven anfitrião havia encontrado um pequeno vale ideal, uma antiga pedreira em campo aberto e arborizado, muito distante da casa mais próxima. Lá, acendemos nossa fogueira e lançamos um enorme Círculo, que pegou uma pedra convenientemente para servir de altar. A noite estava amena, o ar tão parado que as velas queimavam sem ter que ser protegidas. Realizamos o ritual sazonal com muito bom humor, saltamos sobre a fogueira que afundava como exigia a tradição e em geral, nós nos divertimos. Ninguém se esgueirou para a floresta e, além de nossa nudez, não havia nada a que até mesmo um chefe dos escoteiros pudesse objetar (exceto, possivelmente, por motivos teológicos). Terminada a cerimônia, nós nos vestimos e voltamos para a casa do Alto Sacerdote e da Alta Sacerdotisa para lanches e café e então nos acomodamos em nossos carros e voltamos para Londres assim que amanheceu.

Foi isso, pensamos. Mas cinco dias depois, apareceu na primeira página do jornal local:

Mistério na pedreira

POLÍCIA À PROCURA DE BRUXAS NUAS

A polícia foi chamada ontem à noite para uma pedreira de calcário abandonada, depois que rumores de danças de pessoas nuas e cerimônias de Bruxaria varreram a vila. Foram encontrados restos de uma fogueira em uma extremidade da pedreira de 50 pés, uma pilha de gravetos e uma grande laje de calcário nas proximidades...

Dois gatos desapareceram de uma rua próxima e a teoria dos moradores é de que eles foram usados como sacrifícios em alguma cerimônia estranha.

Em menos de 15 minutos, segundo nossos amigos, o boato havia crescido para dez gatos com a garganta cortada. (E tudo isso direcionado cegamente a um Coven, cuja principal atividade é a cura, da qual eles têm um bom registro, ainda que inédito).

Outro exemplo ocorreu há alguns dias. Uma de nossas Bruxas teve sua bolsa roubada por uma vidraça quebrada em uma cabine de telefone. Ela estava me ligando na hora e eu a ouvi gritar. Ela me contou rapidamente o que havia acontecido e desligou para chamar a polícia.

O ladrão fugiu, mas a bolsa continha apenas alguns trocados e a chave da porta da frente. Mais policiais do que o estritamente necessário (provavelmente porque estavam entediados ou porque ela era atraente) passaram dez minutos ajudando-a a abrir a fechadura da porta da frente, após o que todos partiram, exceto um, que entrou para fazer um depoimento e depois saiu. No dia seguinte o pai trocou a fechadura e, de novo, pensaram que era isso.

Alguns dias depois, um repórter de um jornal local bateu na porta. Correu o boato de que a senhora era uma Bruxa, os vizinhos diziam que a polícia tinha invadido a casa, batido na porta por dez minutos e finalmente a arrombado, revistado o local e (assim alguns declararam) saído com drogas confiscadas. Ela se importaria de fazer alguma declaração?

Quando ela parou de rir, ela deu ao repórter os fatos. Felizmente ele era um jovem inteligente com padrões profissionais e descartou a notícia em favor de um artigo sobre Bruxaria com o qual ela o ajudaria, mas que seu nome não apareceria.

A única coisa que realmente a machucou foi o boato das drogas, porque, assim como Alex e Maxine, ela tem fortes opiniões antidrogas.

Casos bizarros de mal-entendidos como esses podem ser piadas hoje (e um mero incômodo para a polícia), mas por muitos séculos teriam sido o bastante para mandar pessoas inocentes para a forca.

Outro exemplo foi meramente engraçado. Um escritor sobre Bruxaria queria incluir um capítulo sobre Alex em um livro de bolso que estava compilando e o entrevistou para esse propósito. Alex conhecia bem o homem e também sua reputação de convivialidade, então ele começou uma noite de confraternização brincando: "Agora você... bem, fique sóbrio, ou as coisas que eu vou fazer com você vão fazer Aleister Crowley parecer um... escoteiro!"

Quando o livro apareceu, o capítulo (que era para ser curto e perfeitamente razoável) apresentou Alex como "o Bruxo mais extravagante de todos, um inglês que afirma ser o Rei das Bruxas e jura que um dia fará 'Aleister Crowley' parecer um escoteiro".

Alex riu alto quando leu.

Aliás, às vezes eu gostaria que esse título nunca tivesse sido dado a ele, por causa dos obstáculos que isso provou ser para muitas Bruxas não Alexandrinas que poderiam, de outra forma, ter visto além do homem que ele é. Alex admite que às vezes sente o mesmo, mas geralmente, eu acho, seu senso de humor irônico aprecia a comoção que causa.

Um homem estranho, esse tal de Alex Sanders. Um ano de trabalho com ele me deu um profundo respeito e afeição, assim como exasperação ocasional pela maneira perversa com que ele se expõe a críticas irrelevantes. Exuberante ele certamente é, mas é a extravagância de um talentoso bobo da corte – o Louco licenciado era muitas vezes o homem mais inteligente do palácio. Seu talento para a publicidade é como a estridente capa empoeirada que vende o livro, e para meu conhecimento, muitas pessoas valiosas ficaram suficientemente intrigadas por ele ao descobrir o que estava por trás. Quando tudo estiver pronto, ele terá feito mais para limpar o ar sobre o assunto da Wicca Moderna e, para colocá-la em perspectiva, do que qualquer outra pessoa neste século (incluindo – e digo isso sem desrespeito – Gerald Gardner). A exasperação desaparecerá, os truques da televisão serão esquecidos, mas o efeito educativo permanecerá. Não tenho dúvidas de que nos futuros trabalhos sobre ocultismo ele ocupará o mesmo lugar que Lévi[98], Crowley, Gardner e os outros nomes memoráveis e, pelo menos em um aspecto, o da pura realização mágica pode muito bem superar todos eles.

Alex tem sido frequentemente descrito como um enigma, mas geralmente, eu acho, por pessoas que se contentam em permanecer perplexas. Suas opiniões e crenças são claras e ele as explica abertamente, descrevendo seus sucessos e fracassos com igual franqueza para aqueles que realmente querem ouvir. Certamente ele poderia levar alguém importante na conversa (eu o vi fazer isso enquanto lutava para manter meu rosto sério), mas geralmente eles pediram por isso. Sua filosofia é intrigante apenas para aqueles que acham todo o assunto do Ocultismo incompreensível. O enigma, para eles, é que ele faz funcionar.

Com sua extravagância vem um estranho traço de modéstia. Ele pode se gabar alegremente de irrelevâncias, sem dizer nada sobre coisas que são verdadeiramente dignas de admiração. Já o vi fazendo uma corte em um pub, brincando, provocando escandalosamente, mantendo meia dúzia de conversas ao mesmo tempo em níveis muito diferentes – e apenas dois ou três de nós saberiam que ele e Maxine ficaram acordados várias noites a fio, endireitando um suposto suicídio.

Maxine tem duas qualidades em comum com seu marido e Alto Sacerdote: dons ocultos genuínos e um poderoso senso de humor. Caso contrário, eles são diferentes e complementares. Ele é culto, ela é instintiva. Ambos são conhecedores, mas enquanto Alex lhe dará capítulos e versículos para pronunciamentos, Maxine é mais provável

98. Lévi, por exemplo, com todos os seus talentos como expoente da Magia, registra apenas uma operação mágica de sua evocação de Apolônio de Tiana e, mesmo nisso, ele parece ter perdido um pouco de sua coragem.

que cite a tradição Wicca e a experiência pessoal. Os puristas acusam Alex (embora Deus saiba por que deveria ser uma acusação) de ser mais Mago do que Bruxo; Maxine é a Bruxa arquetípica, carregada de sabedoria da terra escura. Ela defende (e quando necessário ataca) Alex como uma leoa. Eu preferiria cruzar espadas com Alex do que com Maxine qualquer dia, porque Alex me perdoaria dentro de uma semana, contanto que eu pudesse rir disso, enquanto Maxine não daria "sossego" até que o ponto fosse esclarecido para sua satisfação.

Eu não gostaria de dar a impressão errada sobre isso, porque muitas vezes é o caso de "a quem a Alta Sacerdotisa ama, ela castiga". É provável que ela combine críticas impiedosas com previsões encorajadoras sobre a eficácia futura de alguém. Nove décimos do tempo ela é toda bondade, bom humor e muito boa companhia; mas quando ela decide que uma reprimenda é necessária, todos se protegem e até mesmo Alex fica quieto.

Cada Coven tem seu próprio estilo e individualidade, que é como deveria ser. O nosso, por exemplo, pretendemos que seja pequeno, fechado e composto, na medida do possível, por igual número de homens e mulheres em pares de trabalho compatíveis. Buscaremos uma associação estável, reunindo-se regularmente e nos acostumando a trabalhar juntos, com ênfase particular na cura. Este padrão pretendido não é uma crítica a Alex, porque, na verdade, representa seu conselho considerado para nós. O Coven de Alex é necessariamente grande e mutável, porque é um campo de treinamento de novos Bruxos, um terreno fértil de novos Covens e uma peneira que separa o joio do trigo. (Durante o ano que se passou, tenho sido constantemente lembrado da Parábola do Semeador.) Isso também, em vista dos talentos de Alex e sua posição, é como deveria ser, mas não é necessariamente o padrão para um típico Coven de trabalho.

O que eu ganhei pessoalmente com um ano de Wicca? Em primeiro lugar, precisamente o que eu esperava obter: a confirmação de que existem áreas adormecidas da psique humana que qualquer pessoa, que for sincera e determinada pode despertar gradualmente e colocar em uso prático e excitante. Sei que estou apenas no início de um longo processo de desenvolvimento, mas logo no início aprendi fatos curiosos sobre minha própria mente que deram o que pensar.

Um pequeno exemplo: no exercício mental de reter uma imagem estática por um número de minutos (ver pág. 87), encontrei grande dificuldade no início com símbolos bidimensionais como o *ankh-ka* (ver Fig. 7d, pág. 119) ou os chinês *yang* e *yin*. Minha mente parecia deslizar sobre o símbolo e, enquanto eu me concentrava em um canto dele, o resto parecia nebuloso. No entanto, a primeira vez que experimentei uma imagem tridimensional – uma rosa cortada com duas folhas e uma gota de água em uma pétala externa – foi completa e vívida. Mantive aquela rosa firme, consciente não apenas da imagem visual, mas também da sensação de seus espinhos e do peso de um pêndulo invertido, durante os cinco minutos completos, e fiquei surpreso quando meu cronômetro predefinido apitou. Então, da próxima vez, eu "criei" o *ankh-ka* de metal de um quarto de polegada de espessura, isso pode soar como um fenômeno menor, mas cada descoberta ajuda na sua abordagem para o próximo passo.

Ganhei uma sensação de imaginação despertada, de teias de aranha sendo sopradas de cantos em desuso da minha mente; um novo prazer panteísta no mundo ao redor e dentro. Somado a isso, a determinação de seguir o caminho e ver onde ele me leva.

O ano me fez acreditar que a Wicca é uma filosofia viável ou religião ou arte – seja qual for a escolha de nomeá-la –, mas não é para todos. Digo isso, não com qualquer implicação arrogante de poucos escolhidos, mas porque é uma abordagem entre muitas e combina com certos temperamentos. Acho belos seu simbolismo, seu ritual satisfatório, sua tolerância (e, de fato, encorajamento) de atitudes individuais civilizadas, suas raízes profundas nutritivas, sua organização de pequenos grupos camaradas e eficaz, o trabalho admirável que se propõe a fazer e seus sucessos impressionantes. Para mim, ela oferece (como tenho a certeza de que poderia oferecer para muitos outros) uma síntese viável das necessidades do indivíduo, dos interesses de seus semelhantes e o significado do Universo. Então eu termino como o Livro das Sombras começa:

Oito palavras da Rede das Bruxas deves respeitar
Sem a ninguém prejudicar, faça o que desejar.

APÊNDICE 1
A Lenda da Descida da Deusa ao Submundo

Nos tempos antigos, nosso Senhor, o Deus Cornífero, era (como ainda é) o Consolador, o Confortador. Mas os homens o conheciam como o terrível Senhor das Sombras, solitário, severo e justo.

Mas Nossa Senhora, a Deusa, resolveria todos os mistérios, mesmo o mistério da morte; e ela então iniciou uma jornada rumo ao Submundo.

O Guardião dos Portais a desafiou:

> Dispa-te de teus ornamentos, põe de lado tuas joias; pois nada poderás trazer contigo para esta nossa terra.

Assim, ela retirou seus ornamentos e suas joias e foi amarrada, como deve ser todo ser vivente que busca penetrar nos reinos da Morte, a Poderosa.

Tal era a sua beleza, que a própria Morte se ajoelhou e deitou sua espada e sua coroa aos seus pés e os beijou, dizendo:

> Benditos sejam os teus pés, que trouxeram a ti por estes caminhos. Morai comigo; mas deixai-me colocar minhas mãos frias sobre teu coração.

E ela respondeu:

Eu não te amo. Por que tu fazes com que todas as coisas que eu amo e com quais me delicio declinem e morram?

Senhora, **respondeu a Morte,** é a idade e o destino, contra os quais nada posso fazer. A idade faz com que todas as coisas declinem; mas quando os homens morrem ao final do tempo, eu lhes concedo descanso, paz e força, de modo que eles possam retornar. Porém tu, tu és amável; não retornai, morai comigo.

Mas ela respondeu: Eu não te amo.

Então, **disse a Morte,** como tu não recebeste minhas mãos sobre o teu coração, tu deves ajoelhar perante o açoite da Morte.

É o destino, melhor assim, **ela disse e se ajoelhou.**

E a Morte a açoitou delicadamente.

Ela então gritou: Eu conheço as dores do amor.

E a Morte a ergueu, e disse: Bendita seja.

A Morte lhe aplicou o Beijo Quíntuplo, dizendo:

Apenas assim pudeste tu alcançar a alegria e o conhecimento.

E Morte ensinou a ela todos os seus mistérios e deu-lhe o colar que é o círculo do renascimento. E ela lhe ensinou o mistério do Cálice Sagrado, que é o Caldeirão do Renascimento.

Eles se amaram e se tornaram um; pois existem três grandes mistérios na vida do homem, e a magia controla todos eles. Para realizar o amor, vós deveis retornar novamente ao mesmo tempo e ao mesmo lugar das pessoas amadas; e vós deveis encontrá-las, conhecê-las e recordá-las e amá-las novamente.

Mas para renascer, vós deveis morrer e vos preparar para um novo corpo. E para morrer deveis ter nascido; e sem amor, vós não podeis nascer.

E a nossa Deusa sempre se dispôs ao amor, ao júbilo e à alegria; e ela cuida e nutre seus filhos ocultos em vida, e na morte ela ensina o caminho para sua comunhão; e mesmo neste mundo ela ensina o mistério do Círculo Mágico, que é posicionado entre os mundos dos homens e dos Deuses.

Apêndice 2
A Carga

O Alto Sacerdote diz:

Ouçam as palavras da Grande Mãe; ela, desde tempos antigos também conhecida entre os homens como Ártemis, Astarte, Athena, Dione, Melusine, Afrodite, Cerridwen, Dana, Arianrhod, Ísis, Bride e por muitos outros nomes. Em seus altares, os jovens da Lacedemônia, em Esparta, fizeram o devido sacrifício.

A Alta Sacerdotisa diz:

Sempre que tiverdes necessidade de qualquer coisa, uma vez por mês e melhor ainda quando a lua estiver cheia, deveis vos reunir em algum lugar secreto e adorareis o meu espírito, que sou Rainha de todas as Bruxas. Lá vos reunireis, vós que estais desejosos em aprender toda Bruxaria, ainda que não tenhais conquistado seus segredos mais profundos; a estes eu ensinarei coisas que ainda são desconhecidas. E vós sereis libertos da escravidão; e como sinal de que sois realmente livres, estareis nus em vossos ritos; e dançareis, cantareis, festejareis, fareis música e amor, tudo em meu louvor. Pois meu é o êxtase do espírito, e meu também é o prazer na Terra; pois minha lei é amor sobre todos os seres. Mantenhais puro vosso mais alto ideal; esforçai-vos sempre nessa direção; não permitis que nada vos detenha ou desvie do caminho. Pois minha é a porta secreta que se abre para a Terra da Juventude, e meu é o Cálice do vinho da vida e o Caldeirão de Cerridwen, que é o Santo Graal da imortalidade. Sou a Deusa graciosa, que concede a dádiva do prazer no coração do homem. Sobre a Terra, concedo o conhecimento do espírito eterno; e após a morte, eu concedo paz, e liberdade, e reunião com aqueles que partiram antes. Não exijo sacrifício; pois observai, eu sou a Mãe de todos os viventes, e meu amor é derramado por sobre a Terra.

Alto Sacerdote:

Ouçam as palavras da Deusa Estrela; ela que na poeira dos pés traz as hostes dos céus, e cujo corpo envolve o Universo.

Alta Sacerdotisa:

Eu que sou a beleza da terra verde e a Lua branca entre as estrelas, e o mistério das águas, e o desejo do coração do homem, chamo a tua alma. Apareceis e vinde a mim. Pois eu sou a alma da natureza que dá vida ao Universo. Todas as coisas se originam de mim, e para mim todas as coisas deverão retornar; e perante minha face, amada pelos Deuses e pelos homens, deixai teu eu divino mais íntimo ser abraçado no êxtase do infinito. Que minha adoração seja entre os corações que regozijam; pois observai, todos os atos de amor e prazer são meus rituais. Portanto, que haja beleza e força, poder e compaixão, honra e humildade, júbilo e reverência dentro de vós. E tu que pensastes em buscar por mim, sabei que vossa busca e anseio não te auxiliarão a menos que conheçais o mistério; que se aquilo que procuraste não encontraste dentro de ti, tu jamais o encontrarás fora de ti. Pois observai, eu tenho estado contigo desde o começo; e eu sou aquilo que é alcançado no fim do desejo.

Apêndice 3
Horas Planetárias

Estas são as horas tradicionalmente aceitas para operar feitiços que têm correspondências planetárias. Cada dia tem um planeta regente; nossos dias da semana em inglês são principalmente nomeados após as formas teutônicas dos Deuses do planeta em questão.

São eles: Domingo, o Sol; Segunda-feira, a Lua; Terça-feira, Marte (Tiw); Quarta-feira, Mercúrio (Woden); Quinta-feira, Júpiter (Thor); Sexta-feira, Vênus (Freya); Sábado (Saturno).

A primeira hora após o nascer do sol é governada pelo próprio planeta do dia, após o que cada hora é governada por um dos outros planetas na ordem Sol, Vênus, Mercúrio, Lua, Saturno, Júpiter, Marte e assim por diante em rotação. Assim, a segunda hora de luz do dia de segunda-feira é regida por Saturno, a segunda de terça-feira pelo Sol, etc. A lista é a seguinte:

Horários a partir do nascer do sol

Hora	Domingo	Segunda	Terça	Quarta	Quinta	Sexta	Sábado
06:00	Sol	Lua	Marte	Mercúrio	Júpiter	Vênus	Saturno
07:00	Vênus	Saturno	Sol	Lua	Marte	Mercúrio	Júpiter
08:00	Mercúrio	Júpiter	Vênus	Saturno	Sol	Lua	Marte
09:00	Lua	Marte	Mercúrio	Júpiter	Vênus	Saturno	Sol
10:00	Saturno	Sol	Lua	Marte	Mercúrio	Júpiter	Vênus
11:00	Júpiter	Vênus	Saturno	Sol	Lua	Marte	Mercúrio
12:00	Marte	Mercúrio	Júpiter	Vênus	Saturno	Sol	Lua
13:00	Sol	Lua	Marte	Mercúrio	Júpiter	Vênus	Saturno
14:00	Vênus	Saturno	Sol	Lua	Marte	Mercúrio	Júpiter
15:00	Mercúrio	Júpiter	Vênus	Saturno	Sol	Lua	Marte
16:00	Lua	Marte	Mercúrio	Júpiter	Vênus	Saturno	Sol
17:00	Saturno	Sol	Lua	Marte	Mercúrio	Júpiter	Vênus

Horários a partir do pôr do sol

Hora	Domingo	Segunda	Terça	Quarta	Quinta	Sexta	Sábado
18:00	Júpiter	Vênus	Saturno	Sol	Lua	Marte	Mercúrio
19:00	Marte	Mercúrio	Júpiter	Vênus	Saturno	Sol	Lua
20:00	Sol	Lua	Marte	Mercúrio	Júpiter	Vênus	Saturno
21:00	Vênus	Saturno	Sol	Lua	Marte	Mercúrio	Júpiter
22:00	Mercúrio	Júpiter	Vênus	Saturno	Sol	Lua	Marte
23:00	Lua	Marte	Mercúrio	Júpiter	Vênus	Saturno	Sol
24:00	Saturno	Sol	Lua	Marte	Mercúrio	Júpiter	Vênus
01:00	Júpiter	Vênus	Saturno	Sol	Lua	Marte	Mercúrio
02:00	Marte	Mercúrio	Júpiter	Vênus	Saturno	Sol	Lua
03:00	Sol	Lua	Marte	Mercúrio	Júpiter	Vênus	Saturno
04:00	Vênus	Saturno	Sol	Lua	Marte	Mercúrio	Júpiter
05:00	Mercúrio	Júpiter	Vênus	Saturno	Sol	Lua	Marte

O número de horas reais do nascer ao pôr do sol e do pôr do sol ao nascer do sol varia naturalmente ao longo do ano e é apenas exatamente doze horas nos equinócios. Há duas maneiras de lidar com isso. Ou pode manter a hora de sessenta minutos e continuar seguindo a sequência por quantas horas houver, ou pode dividir o período do nascer ao pôr do sol (ou do pôr do sol ao nascer do sol) por doze, dando "horas" de cerca de trinta e nove minutos a cerca de oitenta e três minutos no sul da Inglaterra. Em ambos os casos, deve-se iniciar uma nova sequência do nascer ao pôr do sol com o planeta apropriado da primeira hora.

As fontes clássicas, como os grimórios, ou discordam ou não são claras sobre a questão. O primeiro método é obviamente mais simples, mas o segundo mantém a sequência ininterrupta ao longo da semana. Só se pode escolher o próprio método e segui-lo.

Apêndice 4
Transcrições sobre a Wicca

O título acima foi retirado das anotações que Stewart fazia em seu fichário durante o período de pesquisa para *O que as Bruxas Fazem* e de nossa saída do grupo dos Sanders para formar nosso próprio Coven. Embora incluísse as entrevistas para o livro, esses textos continham vários ditados feitos por Stewart Farrar sobre as aulas de Alex Sanders. Na época, era comum, como Alex Sanders apontou em uma de suas entrevistas, ele ter em suas aulas pessoas iniciadas, não iniciadas e convidados em suas sessões de treinamento, portanto, essas anotações não podem ser consideradas como material secreto ou "sigiloso". Embora parte do material seja puramente sobre Wicca, também inclui algumas canalizações de clarividência de Alex Sanders.

Alex Sanders sobre a Natureza da Wicca – 15 de outubro de 1970

A religião fálica da Wicca baseava-se inteiramente no ato sexual; ninguém pode duvidar da definição do *Ankh* que todos nós usamos.[1] Antigamente, os Sacerdotes sugeriam que isso significava mais do que apenas o ato sexual; eles acreditavam que, durante o clímax, a

1. Todos os iniciados Alexandrinos naquela época usavam o *Ankh* com a rosa no centro.

mente humana está no estado certo para permitir que ela mergulhe profundamente no passado ou no futuro. Eles então criaram o ritual conhecido pelas Bruxas como "O Grande Rito", baseado em tal clímax de relacionamento sexual.

No ato sexual, as pessoas podem mergulhar no poço abismal do Mundo Inferior, ou podem alcançar as estrelas. Assim, antigamente, o ato sexual se tornou a cruz ou o cerne de tudo. Nunca foi para promover a promiscuidade, mas para dar validade à virtude, para que, depois que duas pessoas se encontrassem sexualmente, se elas decidissem que eram almas gêmeas, pudessem fazer juntas este ritual, que duraria por toda a eternidade.[2] Na verdade, se a Deusa havia decretado um paraíso na Terra, que forma melhor do que através do ato sexual?

O número mágico da Deusa é o quatro. Não vou dizer o porquê; você deve encontrar sua própria resposta para o motivo de ser assim. Uma vez que o que chamamos de "Grande Rito" é o ritual sexual das Bruxas, e as pessoas dentro da Wicca são Sacerdotes e Sacerdotisas, se eles acreditarem no ritual do Grande Rito e o usarem como desculpa para o amor promíscuo, então essas pessoas estão trilhando o caminho da violação do decreto da Deusa e uma terrível retribuição pode seguir--se rapidamente.

Este ritual, o *Grande Rito,* é para a eternidade; é o ato de unir dois mortais para sempre. O decreto da Deusa era para que homem e mulher se amassem, e que sem essas duas partes do sexo não haveria Magia, ritual ou qualquer outra coisa. Que maior Magia existe para um homem do que contemplar os olhos da mulher que o ama? Isso é Bruxaria real. Magia é, na verdade, as duas forças dos opostos; o maior fator dessas duas forças é o amor verdadeiro e a união das almas gêmeas, com as quais se pode alcançar as estrelas, mover montanhas ou mergulhar fundo no abismo do inferno. Pois o verdadeiro amor pela alma gêmea nasce da unidade, e essa unidade é para toda a eternidade; e se a Deusa decretou um Céu na Terra, deve ser assim.

O cordão branco que usamos neste ritual é chamado de "Escada da Deusa" e é usado para medir o Círculo do Grande Rito, mede nove pés (2.75 m) e tem oito nós. Entre o quinto e o sexto nós dará o raio do Círculo; o quinto nó dará os três pontos do Triângulo da Luz e os três

2. Na Tradição Alexandrina, este era considerado o verdadeiro significado do Rito do Segundo Grau.

pontos do Triângulo das Trevas[3], e este é o hexagrama que você vê nas sinagogas e em algumas igrejas neste país.

O cordão preto que usamos simboliza o luto da Deusa pelo Deus.

O cordão vermelho pertence às salamandras, que são os seres de Fogo que residem no Sul do Círculo. O cordão vermelho é usado na cintura de todas as Sacerdotisas, ou deveria ser assim. É um símbolo da região da cabeça da Deusa, que é elétrica.[4] Os órgãos genitais são equilibrados pelo cordão azul e usados por todos os Sacerdotes se o Coven for administrado corretamente.

O cordão azul pertence aos silfos do Ar, que residem no Leste do Círculo. Este cordão é usado em volta da cintura de todos os Sacerdotes e simboliza a região da cabeça do Deus, que é magnética. Os órgãos genitais são equilibrados pelo uso do cordão vermelho, que é usado por todas as Sacerdotisas.

O cordão verde pertence às ondinas, que são os seres da água, e residem no Oeste do Círculo.

O cordão amarelo pertence aos gnomos e ao elemento Terra, que está ao Norte do Círculo.

O cordão púrpura pertence, segundo a tradição oriental, ao Princípio Akáshico, e representa o Espírito, o próprio Círculo, que une todos os outros elementos.

Bem distinto dos outros cordões, existe o cordão dourado, o Macrocosmo, o Grande Exterior, que é simbolizado pelo Sol.

O cordão prateado é o Microcosmo, o "ser diminuto", que é simbolizado pela Lua.

Agora, no início do meu Livro das Sombras, embora por anos e anos eu não tenha confiado nas pessoas e o tenha removido – foi um mandamento da minha avó eu escrever isto:

> Um santuário me fará, para que eu habite no meio de ti, conforme tudo o que eu te mostrar; o modelo do templo e o modelo de todos as coisas que estão lá, assim o farei; até que te diga, ponhas nele; e puro será o seu fundamento.

---

3. O "Triângulo Mágico da Arte" aponta para cima e para baixo, respectivamente.

4. Alex Sanders usou os termos "elétrico" e "magnético" (não só magnético) para definir a energia mágica. Esses eram termos comumente usados tanto na teosofia quanto no espiritualismo durante os períodos vitoriano e eduardiano.

Agora iremos para a versão moderna do que é a Arte; e ela é *muito* moderna. A Arte, como todas as religiões, é organizada em torno de um núcleo central, por isso possui aspectos de filosofia, dogma; incluindo um panteão, adoração, ética, Magia e uma organização. A Arte tem suas origens na adoração da natureza e na Magia simpática da pré-história, e tem estado em constante evolução desde então. A Arte reflete essas primeiras origens ao enfatizar o aspecto feminino da Criação; e, em vista de sua origem na adoração da natureza, o cerne da Arte hoje é necessariamente a adoração do Criador por meio de sua criação.

A filosofia da Arte é, toda vez que a criação ocorre, que seja pelo homem ou por um Deus, o criador coloca algo de si mesmo na criação para nela habitar. Este fato torna possível adorar o criador por meio de sua criação e faz com que os espíritos da natureza adorados em uma fase anterior da Arte sejam aquele aspecto do Criador residente, manifestando-se por meio dessa parte da criação.

Duas qualidades se destacam na criação: o amor manifestado na pura generosidade e a maravilha alimentada por ele, e o tecido da lei inquebrantável, que se estende pelos níveis físico, mental e espiritual do Universo.

O panteão da Arte é referido dessa maneira. Em seu Nível Superior, o Criador é definido como "Providência", o generoso que provê todas as coisas. Em segundo lugar, como "Destino", o criador das leis, sendo o eu mais íntimo de cada coisa criada. O Criador pode não ser conhecido, exceto no espelho do Universo, assim como algo que não pode ser observado diretamente. A adoração na Arte é, portanto, direcionada para o próximo nível, a Deusa e o Deus.[5] Como a criação vem da conjunção de masculino e feminino, o segundo nível consiste nos princípios masculino e feminino, o Deus e a Deusa.

Trataremos primeiro da Deusa. Ela tem três aspectos correspondentes aos estados da Lua que a representam. A primeira é a Donzela virgem, correspondente à lua crescente. Depois vem a Mãe generosa, correspondendo à lua cheia e, finalmente, a Bruxa da Morte, correspondendo à lua minguante.

Depois, existe o Deus, que tem dois aspectos correspondentes aos estados do Sol que o representam. Primeiro, ele é o Senhor da

5. Alex Sanders aqui está descrevendo um princípio cabalístico, a descida de *Kether* para *Chokmah* e *Binah*. Este é o conceito de um Deus incognoscível, manifestando-se como o Deus e a Deusa conhecíveis.

Luz, correspondente ao dia, e em segundo lugar, o Senhor da Morte e Ressurreição, correspondente à noite. O equilíbrio da noite e do dia se altera ao longo do ano, de modo que um ou outro aspecto se torna dominante. É por isso que temos rituais alternados, quando eu faço os ritos, Maxine de fato sai e me deixa com isso; ou ao contrário, quando Maxine entra e domina o ritual, eu apenas me curvo e beijo seus pés. Desde que o Deus começou como uma divindade caçadora, ele tem chifres na cabeça.

O Universo é criado e mantido pela conjunção desses dois aspectos do Criador e, junto ao Criador, eles estão além da criação, que é exatamente como a Trindade na Igreja.

Em seguida trazemos outro nível, bem no chão, onde podemos compreender. Assim, no terceiro nível temos os Senhores das Torres de Observação, ou os Poderosos dos quadrantes. Estes são os Reis dos Elementos e representam os altos princípios da criação. Eles são o Senhor do Ar no Leste, o Senhor do Fogo no Sul, o Senhor da Água no Oeste e o Senhor da Terra no Norte. Se você realmente estudar sua Magia, vai descobrir que em diferentes partes do mundo os pontos cardeais mudam um pouco; da mesma forma, os mitos também mudam levemente. Você pode lançar um Círculo onde esses elementos mudam; pode até lançar Círculos onde tudo gira no sentido anti-horário.[6] Não estou revelando nada, mas lembre-se do que estou dizendo, que quando as coisas que digo parecem se contradizer, certas coisas estão acontecendo em outras partes do mundo. Se Wicca é sabedoria, e a sabedoria é universal, então o que estou dizendo deve se aplicar à Austrália, Índia ou qualquer outro país.

O quinto princípio da Criação é simbolizado pelo Círculo em que trabalhamos. Ele fica entre os mundos e representa o quinto elemento, a quintessência do espírito. Esta é a tríade do Criador, da Deusa e do Deus.[7] No quarto nível, que nos leva ao nível material, temos o Universo e o outro dogma. O conceito de lei que permeia o Universo implica causas e efeitos observados; e a Arte deve, portanto, considerar a teoria da reencarnação como responsável pelos talentos inatos observados em certas pessoas, que acreditamos terem sido adquiridos em vidas passadas.

6.Uma referência ao Hemisfério Sul, onde o sol nasce no Leste, mas se move pela metade Norte do céu, no sentido anti-horário, e se põe no Oeste.

7. Em outras palavras, *Kether*, *Chokmah* e *Binah*, conhecidos coletivamente como "O Triângulo Superno".

A adoração na Wicca não é exatamente como em nenhuma outra religião. Muitas das divindades que adoramos foram os Deuses mais elevados; mas os Deuses mais elevados caem em desgraça. Assim, os Deuses do passado, tornam-se os demônios do presente. Porém, por trás disso, deve haver uma mensagem de verdade muito sincera e eterna, que é implícita através dos elementos que mantêm todo o Universo funcionando; bem como a instabilidade da natureza humana, a mudança do fluxo das estações e o Universo em mudança. Mudança é estabilidade; ela mantém as coisas unidas, e se tudo parasse de se mover haveria grandes explosões por toda parte e teríamos outro cataclismo.

O método lógico e sincero para a adoração do Criador através da criação é a experiência da alegria na criação, tal como alguém se sente quando tem um dia muito bom e tudo parece absolutamente maravilhoso. Em uma das partes mais importantes do ritual você tem: "*Todos os atos de amor e beleza são meus rituais*"[8] Esses são os rituais do princípio feminino, que sempre o convidam a entrar, que trazem alegria, paz, descanso, harmonia, e, ainda, o preparam para o amanhã. Este estado de ser, de se entregar ao amor, à beleza, à compreensão da vida, da natureza e das pessoas, deveria ser natural para todos.

Infelizmente, estamos vivendo em uma sociedade muito civilizada, portanto, a condição natural foi superada por isso. Assim, a Wicca desenvolveu em seus rituais diversas técnicas utilizadas para transpor o processo que chamamos de "civilização". Isso significa que qualquer técnica de remover os obstáculos entre uma pessoa e o Universo tende a levar a um estado de alegria. Essas técnicas vão desde o uso de exercícios mentais e de como lançar sua atenção constantemente para o exterior, até a nudez ritual dentro do Círculo Mágico; que inclui dançar, movimentar-se, tatear as coisas e o sexo. Antigamente, remontando há milhares de anos, as coisas eram bem diferentes; nós tivemos a Idade Média desde então. O sexo obviamente leva ao estado de alegria que todos estamos tentando alcançar, mas o rito como o conhecemos hoje caiu principalmente em desuso, então, na maioria das vezes, o ato sexual dentro do Círculo Mágico é feito de forma simbólica. O fato de ser feito apenas de forma simbólica mostra o impacto que a civilização e a cultura circundantes tem sobre nós, tornando-nos artificiais e coibindo

8. Estas palavras são tiradas de *The Charge of the Goddess*, que se originou na Tradição Gardneriana.

a nossa entrega ao sexo de todo o coração, aberta e lindamente. Os hippies experimentaram isso por um tempo. Mas você deve ser capaz de olhar para cada pessoa ao seu redor e ver o aspecto do Criador dentro dela; todo homem deveria olhar para uma mulher e ver a Deusa, não importa quem ela seja. A mulher tem o aspecto da verdade e da beleza da Deusa, e a centelha do Deus contidos nela. Esta bela vertente espiritual serve para desfrutar de seu encanto e da beleza da nudez. Hoje é muito difícil para os grupos de Bruxos, trabalhando nus, juntos, manter este elemento no Círculo. Você tem desejos e luxúrias que não são puros como costumavam ser. Então, no que diz respeito aos meus Círculos, você não consegue realizar o Grande Rito com todo mundo parado nos quadrantes do Círculo, olhando e oferecendo seu poder, ofertando-o como um presente. Portanto, temos a coisa simbólica, porque é melhor não oferecer carne fedorenta, estragada ou adoração contaminada.

Outra forma de trazer o Deus ou a Deusa para se manifestar através das pessoas ao redor do Círculo é usar um deles como um meio, um mediador entre os elementos e o Princípio Akáshico.

Agora, existem três tipos de reunião da Arte que funcionam no nível físico, mental e espiritual. Os grandes festivais são conhecidos como "Sabbats", e são celebrações agrícolas, geralmente de interesse de todos, por causa de suas conexões com a vida cotidiana e a compra de pão e carne. Eu quebro todas as regras, pois permito que qualquer pessoa participe dessas reuniões; mas eles sempre permanecem fora do Círculo, exceto para a festa, quando são autorizados a participar da cerimônia dos bolos e do vinho.

Os principais festivais ou Sabbats são *Candlemas*, no dia 2 de fevereiro, a festa da semeadura ou a festa da concepção. Depois, *Beltane*, em homenagem ao Deus do Fogo, no dia 30 de abril, a festa do nascimento. Então você tem *Lammas*, 1º de agosto, antigamente, eles sacrificavam o Alto Sacerdote de um Coven e o espalhavam em pequenos pedaços nos arredores. Hoje em dia você tem um substituto. Esta é a festa do pão ou a festa da fruição. Depois, vem o Halloween, 31 de outubro, uma noite de festa, maravilhosa para todos, quando as abóboras são espalhadas por todos os lados, mas a realidade é que este é o festival da morte, que marca o declínio do inverno e o encurtamento dos dias, quando a terra esfria e você espera o renascimento da luz.

Os principais festivais têm Sabbats ou celebrações nas quais os não Bruxos podem estar presentes. No início do ano, temos o *Yule*, o Solstício de Inverno, o retorno do Sol por mais um ano. O Equinócio da Primavera, 21 de março, para celebrar a transição do Deus de seu aspecto de Senhor da Morte para seu aspecto de Senhor da Vida ou de luz. O Solstício de Verão celebra o Sol no auge. E o Equinócio de Outono, em 21 de setembro, celebra a transição do Deus de seu aspecto de luz para seu aspecto de morte.

Então você tem as reuniões ordinárias, que acontecem mensalmente quando a lua está cheia. Acho que devo ter o único Coven da Inglaterra que realiza reuniões o tempo todo, independentemente de a lua estar cheia ou não.

Mas qualquer reunião da Arte consiste nas seguintes partes, e geralmente na ordem dada:

- Lançamento e purificação do Círculo.
- Iniciações, se houver.
- Um ato de adoração, seja ao Deus ou a Deusa de acordo com a época do ano.
- Trabalhos de Magia, se há coisas a serem feitas – estamos sempre fazendo algo por aqui.
- A leitura da Carga.
- Consagração de novos instrumentos de trabalho.
- A bênção dos bolos e do vinho.
- Uma festa durante a qual os Bruxos de Primeiro Grau, o Triângulo Invertido, podem se sentar junto à Alta Sacerdotisa ou Sacerdote para a instrução.
- O encerramento do Círculo.

Depois, tem a ética da Arte. Não parece possível que qualquer parte do Universo criado pelo Criador seja má. O conceito de bem e mal, portanto, para a Wicca, parece ser inválido. "Preto" e "branco" não tem um significado real para a Wicca. Além disso, como as leis físicas do Universo são imutáveis, as Bruxas não veem razão para acreditar de outra forma nas outras leis do Criador. O pecado – e existem muitas e muitas pessoas que estão atoladas no conceito de pecado, devido a sua educação cristã – suprimiu o conceito da reencarnação ao longo dos séculos, resultando na adoração de um Deus sacrificado; um Cristo sacrificado, e não um Deus vivo. No entanto, a mensagem de Cristo é a ressurreição – ele promete a vida eterna. Assim, você obtém o elemento do pecado, mesmo que as pessoas não estejam cientes disso. Pecado, a quebra dessas leis é, portanto, impossível, e o conceito, juntamente ao corolário do Juízo Final, parece ser uma tentativa de impor ao Criador todas as imperfeições peculiares da lei humana. Você, portanto, encontra cientistas que dizem: "*Ah, todo o mal do mundo. Se Deus é um Deus bom, então ele também fez todas essas coisas ruins*". O homem tem seu próprio livre-arbítrio e, sendo detentor dele, age com conhecimento e em conformidade com essas leis, ou as desconsidera consciente ou inconscientemente. Em ambos os casos, a operação da lei traz para ele e para os outros os resultados de suas ações, o que em muitas partes do mundo é chamado de "Karma". Este processo pode abranger muitas vidas; pode ser que você tenha sido uma menina, um homem, de outro continente, ou qualquer coisa. Mas trouxe um pouco desse conhecimento para a vida em que está agora. Você pode ter sido um padre em uma vida passada, lutando contra a própria Bruxaria. Assim, a verdadeira dicotomia é entre sabedoria e ignorância; e a palavra "Bruxa" (em inglês *Witch*) é derivada da palavra anglo-saxônica *Wicca*, significando "o conhecimento dos sábios", ou o conhecimento da maneira como o Universo funciona, e o caminho, a vontade e a capacidade de agir em conformidade com este conhecimento.

O Universo, portanto, opera em virtude da harmonia entre suas partes, e a primeira e única injunção ética dada pela Arte está na capa do *Livro das Sombras*:

> OITO PALAVRAS A REDE WICCANIANA RESPEITA;
> SEM A NINGUÉM PREJUDICAR, FAÇA O QUE DESEJA [9]

Este mandamento deve realmente ser dado em toda Iniciação de Primeiro Grau. E ele abrange tantas coisas que não é possível fazer maiores generalizações, além do uso da vontade com sabedoria. Isso depende muito das habilidades peculiares de cada pessoa e das

9. Comumente referida como *The Wiccan Rede* (Rede Wiccaniana). Mais uma vez, ela se origina na Tradição Gardneriana.

qualidades da situação particular encontrada. Nenhum homem ou mulher tem competência para comandar uma pessoa; só se pode tentar o melhor de sua capacidade. Por que deveríamos ser competentes quando todos buscamos a perfeição dessa tríade?[10] Só podemos basear nossa ideia dos problemas dos outros em nosso conhecimento dos problemas que nós mesmos temos. Portanto, não somos melhores nem piores que ninguém.

Assim, quando vemos os leigos dizendo que a Arte é sobre "sexo", isso é verdade, não se pode esquecer que somos mais livres do que a maioria das outras religiões, porque entendemos a vida, a natureza e a motivação. É por isso que colocamos sobre o Bruxo a responsabilidade de agir com sabedoria de acordo com suas luzes, daquilo que ele é e daquilo que está aprendendo e, assim, ampliar sua sabedoria ao máximo de sua capacidade. Eu ainda estou fazendo isso todos os dias da minha vida.

Agora temos o trabalho mágico. Os trabalhos de magia realizados pela Arte, pelo Bruxo, surgem da utilização de um poder dentro dele, no interior de cada um. Do ponto de vista da Arte, este é o poder do Criador dentro de nós, mas do ponto de vista da parapsicologia moderna, é chamado de *Psi*. Mas essa ação, no que diz respeito à mente, ocorre principalmente no nível subconsciente, que compreende as imagens com mais facilidade do que as palavras. Existem quatro fatores necessários para um trabalho como este, e todos eles tendem a criar um estado mental no qual isso pode se tornar possível. Em primeiro lugar, há um forte desejo. O desejo é a base de todas as ações e é necessário em uma extensão ainda maior em ações desse tipo. Pense em feitiços de morte. Eles são possíveis, mas muito ódio ou raiva deve ser elevado, como seria necessário para levar alguém a matar com as próprias mãos de qualquer maneira.

Depois, há o segundo requisito. Esta é a criação de um estado hipnótico ou de semitranse. Às vezes é necessário baixar algumas das barreiras entre o subconsciente que age e o consciente que dirige. Dentro do Círculo Mágico, um bom equilíbrio deve ser preservado, pois não há sentido algum se o controle consciente for perdido.

10. O anteriormente mencionado "Triângulo Superno".

Então, em terceiro lugar, existe o ritual que chamamos de "trabalhar com intenção". Esta é a concentração da atenção, onde tais artes mágicas como feitiços ou imagens de cera, ou qualquer outra, podem ser utilmente empregadas como um foco, e são muito mais usados para curar do que para trabalhos nocivos. Novamente, de acordo com a lei das Bruxas, você nunca deve se gabar, nunca ameaçar, nunca dizer que deseja mal a alguém.

Depois vem a necessidade final, a suspensão temporária ou permanente da descrença, que é um importante fator limitante quando as pessoas não acreditam. A descrença está muito mais presente nos dias atuais do que nas sociedades primitivas. Por esta razão, o trabalho da Arte hoje é normalmente direcionado para o improvável e não para o que chamamos de "impossível". Por isso é a descrença das entranhas que conta, não a da cabeça. Todas as técnicas de trabalho mágico da Arte são direcionadas para um ou mais desses fins e, portanto, servem como uma muleta até que o desenvolvimento da mente as torne desnecessário.

Graus e Iniciações na Arte: a Arte é dividida em quatro níveis, e três Iniciações estão entre eles. No passado, os não Iniciados se preocupavam principalmente com os aspectos agrícolas da Arte e, portanto, frequentavam os principais Sabbats, entrando no Círculo para a festa no final.

A Iniciação de Primeiro Grau do Triângulo Invertido é a adoção do iniciado na família do Coven e envolve um juramento de assistência mútua e sigilo sobre certos detalhes da prática da Arte. Inclui também certa quantidade de instrução. Iniciados de Primeiro Grau estão sob a instrução da Alta Sacerdotisa no caso dos homens, e do Alto Sacerdote no caso das mulheres. Eles assistem a todas as reuniões dentro do Círculo, exceto quando ocorrem Iniciações de Segundo ou Terceiro Grau, e passam por vários exercícios de treinamento mental que deveriam começar quando a Deusa oferta seu decreto para aceitá-los à Iniciação. Espera-se também que façam seu próprio conjunto de implementos rituais, fazendo o máximo de trabalho possível com suas próprias mãos, para que algo deles esteja presente no artigo acabado.

A Iniciação do Segundo Grau, que chamamos também de "Iniciação do Pentagrama Invertido", inclui vários testes para ver se as lições do Primeiro Grau foram bem aprendidas. A Iniciação inclui um voto de serviço à Arte e a seus Deuses e a representação da "Lenda da Deusa". Os Iniciados de Segundo Grau que, assim como a Alta Sacerdotisa e o Alto Sacerdote são conhecidos como "Elders", detêm autoridade, pois toda verdadeira autoridade repousa no serviço, assim como um juiz tem a verdadeira autoridade de justiça, precisamente na medida em que oferece justiça. Os Elders são organizados em pares de trabalho. Estar intimamente ligado a esse tipo de trabalho é fortemente propício ao afeto. A Arte considera um tanto fora do normal estabelecer deliberadamente uma situação tendente a relacionamentos artificiais, homossexuais ou lésbicos.[11]

Minha avó costumava dizer a esse respeito: "*você só é Bruxo quando está dentro do Círculo. Fora, você é apenas um homem ou uma mulher comum*". As únicas exceções a essa regra dentro do Círculo são que mãe e filha, ou pai e filho, podem trabalhar juntos, pois pode já existir um canal natural, nesses casos, para levar o afeto formado. Mas a relação ideal de parceiros na Arte é a da cabeça e do coração, pois estes são perfeitamente complementares e devem ser levados a um estado de equilíbrio. A instrução não termina com o Segundo Grau, mas cada Elder se encontra na posição de estudante e de pesquisa, desenvolvendo sua própria compreensão da realidade e compartilhando-a com os outros.

A Iniciação de Terceiro Grau é realizada na presença de todos os Elders e consiste na manifestação da Deusa e do Deus através de um par de trabalho específico, de modo que este par se torne a Alta Sacerdotisa e o Alto Sacerdote para representar a Deusa e o Deus naquele Coven. A Alta Sacerdotisa e o Alto Sacerdote devem presidir todas as reuniões, embora, em sua ausência, qualquer par de Elders possa substituí-los. Como a Arte é matriarcal, o papel da Alta Sacerdotisa é dominante. Eles também compartilham igualmente o trabalho de ensino e o de manter contato com outros Covens.

A organização do Coven: a Arte é organizada em Covens, e em grupos de quatro a vinte iniciados. O limite inferior é definido pelo fato de que são necessários quatro Elders para realizar uma Iniciação de Segundo Grau adequadamente; uma Alta Sacerdotisa, um Alto

11. Essa visão foi alterada consideravelmente desde então.

Sacerdote e um outro par ativo de Elders representam o mínimo para um Coven totalmente autossustentável. Treze é mais flexível, sendo definido pelo maior número de pessoas que podem trabalhar facilmente dentro do Círculo utilizado, que por sua vez é definido pelo espaço disponível do ponto de encontro. Antigamente, com adoração nos maiores templos, a organização geral da Arte era de conhecimento público e respeitável, mas durante a perseguição, os Covens deliberadamente perderam o contato uns com os outros, de modo que a descoberta de um não levaria à descoberta de outro. Hoje, cada Coven é totalmente independente e guarda aquela cobiça da independência. Mas, sujeito a essa consideração, o contato entre eles está aumentando continuamente.

O ritual, o treinamento e as técnicas de ensino da Arte estão contidos em vários livros que cada Elder deve copiar para si o mais rápido possível, após a Iniciação de Segundo Grau. Eles são *O Livro da Lei*, *O Livro das Sombras*, *O Livro dos Feitiços* e *O Livro dos Fardos e Ápices*.[12]

O Livro das Sombras contém os princípios orientadores da Arte, mas a prática da Arte varia consideravelmente em detalhes e ênfase de um para outro. Toda autoridade executiva no Coven cabe ao Conselho, ao qual pertencem todos os Elders. Está em suas mãos decidir quem será ou não aceito para qualquer Iniciação. Ele também rege quaisquer mudanças que possam ser feitas na prática da Arte ou do ensino naquele grupo e ainda regula o relacionamento dessa comunidade com os outros Covens e o mundo em geral. Como a harmonia no Círculo é de suma importância para o trabalho da Arte, todas as decisões do Conselho devem ser unânimes. Se os Elders sentirem fortemente que esta unanimidade é impossível, ou se o grupo crescer tanto que não possa trabalhar confortavelmente, é necessário, para o bem do Círculo, que o Coven se separe. Nesses casos, os Elders decidem qual deles formará o núcleo de qual grupo, e os outros têm livre escolha quanto a qual nova comunidade irão participar. Dessa forma, os Covens podem se multiplicar.

12. Todos esses livros são conhecidos por terem se originado na Tradição Gardneriana, embora, por algum motivo, o título da cópia de Sander de *O Livro dos Fardos e Ápices* tenha sido escrito incorretamente. Deveria ter sido "auspícios". Alex Sanders posteriormente adicionou outros livros, incluindo *O Livro dos Planetas*, depois que ele se mudou para Bexhill, Kent, em 1973.

Alex Sander em *The Crown*[13] (data desconhecida)

Agora eu (Alex Sanders) vou tratar de um assunto que tem consternado e até preocupado muitas pessoas ao meu redor, o público em geral e muitos Bruxos que não pertencem aos meus Covens: a Coroa.

Posso garantir a todos vocês e, se necessário, apresentar provas, de que, em 25 de outubro de 1965, fui coroado por 13 Altas Sacerdotisas.

Ao realizar operações de Magia ritual, sejam evocações, invocações ou quaisquer outras operações, o Mago totalmente treinado deve usar algo em sua cabeça. Ele pode usar para isso uma coroa de prata, com símbolos mágicos gravados, ou, se for muito pobre, pode usar um gorro ou algum outro acessório de cabeça com os símbolos do Macrocosmo e do Microcosmo da divindade com a qual está ligado ou cuja forma ele está assumindo. Os símbolos devem ser desenhados em boas cores ou bordados ou presos com seda. Tal símbolo do Microcosmo e do Macrocosmo, por exemplo, é um hexagrama no meio de dois círculos, dentro do qual está o símbolo microcósmico do homem, o Pentagrama.

Se você mesmo bordar o gorro, ou mandar outra pessoa bordar, pode escolher um cordão dourado para os círculos, como símbolo do infinito. Para o hexagrama você pode pegar um cordão de prata, símbolo do universo criado, e para o pentagrama no centro, um cordão branco ou violeta.

Em vez de usar um gorro como adorno, uma faixa de seda – chamada "Faixa do Magus" – serve, e essa faixa pode ser branca, violeta ou preta, e deve ser enrolada em volta da cabeça. A parte que atravessa sua testa deve ser ornamentada com o símbolo microcósmico que acabei de mencionar. O símbolo pode ser bordado ou desenhado num pedaço de pergaminho, usando as cores que mencionei, ou, em vez do símbolo do microcosmo, pode ser usado algum outro emblema que represente sua conexão com sua própria divindade. Por exemplo, uma cruz, que ao mesmo tempo simboliza o positivo e o negativo, cujas pontas representam os quatro elementos. Um símbolo Rosa-Cruz também pode ser usado, ou seja, uma cruz com sete rosas no centro, simbolizando os quatro elementos, o positivo e o negativo, e ainda por cima os sete planetas.

---

13. Stewart marcou no topo desta página *'principalmente de Franz Bardon A Prática da Evocação Mágica mas com acréscimos de AS'*.

Então veja, mesmo que eu use uma coroa que ganhei e que me foi presenteada, você pode escolher outros símbolos, porque não está restrito a símbolos específicos. Minha coroa, para quem entende os mistérios, com seus círculos gêmeos, seus quatro Pentagramas e seus quatro Nomes Sagrados de Deus, expressa meu próprio desenvolvimento intelectual, meu destino, minha maturidade e meu relacionamento cósmico com a força divina. Tenho, portanto, o direito de usá-los em minha coroa, e quem desejar tirar essa coroa de mim, seja secreta, privada ou publicamente, primeiro terá que consagrar a Espada Mágica da maneira que descrevi e terá que cortar minha cabeça antes de poder usar aquela coroa. Meu nome não é Verbius[14] à toa.

A coroa é também um símbolo da dignidade e da autoridade do Mago, é um símbolo da perfeição do intelecto, um símbolo da minha relação com o Microcosmo e o Macrocosmo – o pequeno mundo e o grande mundo – e, para mim, é a expressão máxima do meu poder mágico, servindo-me para coroar a minha cabeça.

Não importa se você tem um gorro, coroa ou faixa, ele deve ser feito com os melhores materiais à sua disposição e não deve servir a nenhum outro propósito além das operações que está realizando dentro do seu Círculo Mágico.

Assim que sua coroa, gorro ou faixa estiver pronta e tiver sido testada para garantir que cabe, ela deve ser santificada pela meditação e um juramento sagrado. Portanto, você só a colocará na cabeça quando estiver totalmente absorvido pela ideia de sua unidade com a divindade; e só fará uso da coroa para operações que exijam esse tipo de simbolismo. Ao fazer o juramento, você deve colocar sua mão direita na coroa, gorro ou faixa, e deve se concentrar pela força da imaginação na ideia de que no momento em que colocar o adorno em sua cabeça, estará unido com a divindade, ou com os símbolos que ornamentam sua cabeça.

Depois de fazer isso, você deve guardar seu adorno de cabeça, em segurança, com seus outros implementos mágicos. Então, sempre que estiver preparado para evocações; depois de ter meditado com esse propósito e colocado seu capacete, você se unirá imediatamente à divindade. Você terá não apenas em si mesmo, mas em todo o espaço ou lugar onde o colocar, aquela sensação de uma atmosfera de templo sagrado. Portanto, deve concordar que seu adorno de cabeça também é uma parte intrínseca de seus implementos mágicos e que você deve dar

14. Nome da Arte de Alex Sanders.

toda a sua atenção a ele.

Feiticeiros e magos que praticam magia negativa também usam gorros e coroas, que são ornamentados com símbolos de demônios; mas costumo rir dessas pessoas e tratá-las com o ridículo e o desdém que merecem. Pois apenas alguns deles sabem sobre o significado genuíno e a aplicação correta, nem mesmo mencionando o simbolismo real. Um Mago, no entanto, que faz tudo conscientemente, nunca pode decair em um mero feiticeiro e nunca fará nada que não entenda. Tudo o que ele faz é para um propósito especial.

Gravação por Stewart Farrar da mensagem canalizada por Alex Sanders – 26 de maio de 1970

Recebi a ordem de dizer a todos vocês que os corações famintos do mundo estão clamando pela verdade, pois passaram fome de tudo o mais. A Era de Aquário se aproxima. O homem recebeu disciplina estrita, muitas religiões e ciência materialista –, mas o coração humano não respondeu a essas disciplinas; e nisso aprenderam sua grande lição e agora sabem que somente as emanações da divindade satisfarão sua fome. Eles buscam mais uma vez o *maná* sagrado do céu.

Em verdade digo, o *maná* vem; e será visto por todos os homens.

Frequentemente, um mortal fica absorto com as coisas do dia, até que todas as suas energias sejam absorvidas e exauridas pela futilidade de cada dia e seus muitos becos sem saída. Vamos aproveitar pelo menos alguns momentos de cada dia e ver a visão que logo deixará o reino das visões da fantasia e o reino da ilusão, e descerá e habitará entre nós; e será real, e podemos sentir sua grande substância.

Pois não servimos incontáveis milênios em muitas terras, sob muitos nomes, sob muitas raças? Provamos os frutos de muitos povos de toda a carne. Outrora pudéssemos contar cada vida; pudéssemos contar e recordar cada mão que foi colocada sobre nossa fronte febril de amor; cada braço robusto de um jovem que nos apoiou em nossa miséria; e em nossas tristezas, cada palavra amável de cada vizinho ou esposa. Lembremo-nos de seu amor, o qual conhecemos através de inúmeras vidas; essas coisas são indeléveis; elas existem para sempre no tempo. Todas essas coisas ainda existem no tempo, pois o amor se perpetua e nunca morre. Só o ódio se gasta em fúria, como o "vórtice descontrolado".

Queridos, neste momento estamos enviando a vocês o raio e a frequência de nossa amada Deusa. Esqueça o que está ao seu redor, perca-se, deixe sua mente flutuar no vazio, como se estivesse nas mãos da Deusa. *Rama Elohim Elohim Rama.* Lembre-se de que as novas vibrações chegam como um maremoto de verdade espiritual – e quando digo "maremoto", quero dizer o termo literal e figurativamente, que se manifestará em todos os planos, físico, mental e espiritual – lembre-se de que os grandes ventos da Deusa lhe abraçam; a grama quer brincar com seus pés, o vento com seus cabelos. Com isso quero dizer que você deve permanecer sem pudor como a chama diante do altar, que é a nossa própria vida.

O Livro Dourado está aberto agora; o selo quebrado para nunca mais ser substituído e, naquele Livro Dourado, apenas alguns nomes estão escritos. Pois ela é a estrela escura da criação. Você não pode ter ideia do que será visto nos céus; grandes manifestações espirituais – o mundo inteiro estará de joelhos, as rochas cairão sobre aqueles que buscam um refúgio, aqueles que buscaram a vida de seu irmão, para o exército sempre vigilante da Horda Dourada, o exército da carruagem e asas douradas, os portadores das sandálias douradas; Acrescento a espada dourada de dois gumes, que é a espada da verdade que emana da boca da Mãe. Não falhará em seu julgamento.

Rama Elohim Elohim Rama.

Alex Sanders

Apêndice 5
As entrevistas de Alex Sanders

A seguinte série de entrevistas entre Stewart Farrar e Alex Sanders ocorreu entre 8 de dezembro de 1969 e 2 de junho de 1970. Elas deveriam formar a espinha dorsal da pesquisa realizada por Stewart para *O que as Bruxas Fazem*. Muitos desconhecem o nível de colaboração entre Stewart e Alex Sanders. Alex ditaria o material para Stewart, que por sua vez organizaria e colocaria em contexto. Isso pode ser visto na maneira como Stewart faz as perguntas para Alex, por exemplo; "*O que vamos dizer sobre a busca de convertidos?*"

Sendo um jornalista profissional, o método de Stewart era gravar as perguntas e respostas em um gravador, de bobina a bobina, além de fazer anotações na taquigrafia de Pitman. Isso foi no final dos anos 1960 e início dos anos 1970, bem antes da era digital, e as gravações eram facilmente corrompíveis, então ele não deixou nada ao acaso, sabendo que uma vez que uma entrevista fosse gravada, ela seria única; muito raramente as respostas são repetidas da mesma forma duas vezes. Stewart então transcreveu as fitas e taquigrafou digitando as respostas e perguntas. Isso resultou em mais de 25.000 palavras de material.

Para o benefício deste livro, reduzi consideravelmente a quantidade de palavras. Fiz isso removendo material que foi repetido no manuscrito principal do livro, bem como o conteúdo de natureza mais pessoal, que senti ser inapropriado. Também foi necessário, em benefício da alfabetização, reescrever algumas das afirmações de Alex

Sander para torná-las mais compreensíveis. Alex tinha um forte dialeto de Manchester, e Stewart registrou sua linguagem palavra por palavra em suas entrevistas. Ele incluiu hifens, dois pontos e ponto e vírgula para mostrar a ênfase da fala que Sander estava usando. Infelizmente, isso tornou o conteúdo impossível de publicar em sua forma original, então, pequenas alterações tiveram que ser feitas, tentando manter o importante significado do texto.

Enquanto a intenção das entrevistas de *O que as Bruxas Fazem* era a de reunir informações em um livro objetivo, principalmente sobre a prática da Wicca de Alex e Maxine Sanders, Stewart era um jornalista que tinha um histórico de entrevistar pessoas regularmente. Parte desse processo foi incentivá-los a dar seus próprios pontos de vista, ao mesmo tempo em que traziam à tona aspectos de suas próprias personalidades. Isso fica muito claro nesta série de entrevistas. Enquanto Stewart a princípio fazia principalmente perguntas sobre a natureza objetiva da Wicca, ele lentamente começou a fazer as perguntas cada vez mais profundas sobre seus próprios pontos de vista e de como ele finalmente via seu papel dentro da "Wicca". Alex Sanders ficou mais do que feliz em atender.

Essas entrevistas, portanto, fornecem uma visão surpreendente não apenas da relação de trabalho entre Stewart Farrar e Alex Sanders, mas também do raciocínio de Sander para querer que o livro fosse publicado, em primeiro lugar. Fica muito claro que Sanders "*era um homem em uma missão*"; para ele, *O que as Bruxas Fazem* era sobre relançar sua carreira como "Rei das Bruxas". Deve-se lembrar, no entanto, que foi Sanders quem originalmente abordou Stewart para escrever outra biografia sobre ele, depois que os editores ficaram insatisfeitos com a primeira, o livro escrito por June John, *King of the Witches*. Stewart faz um comentário nesse sentido no início de sua primeira entrevista: "*A biografia publicada foi muito reduzida – perdendo muitas sequências e experiências mágicas; os editores pediram a ele para fazer outro livro com mais personalidade*". Ele também faz referência ao que leu no livro, o que claramente o estimulou a fazer perguntas mais profundas. Isso significa que essas entrevistas são agora uma das explorações mais profundas dos pontos de vista de Sanders sobre a espiritualidade e a teologia Wiccanianas. Seja qual for a sua opinião sobre o papel dele na florescente religião Wicca do final dos anos 1960 e início dos anos 1970, há pouca dúvida de que essas entrevistas lhe darão uma visão sobre o caráter e as motivações de uma das personalidades mais fascinantes que emergiram da religião Wiccaniana.

Stewart Farrar: Como você vê a compatibilidade da Wicca com outras religiões?

Alex Sanders: Ainda há muito paganismo nas principais religiões de hoje. As pessoas tendem a pensar que a prática das Bruxas deriva da religião mais antiga do mundo - adoração de espíritos, adoração de pedras e adoração de árvores[1], que evoluíram gradualmente até as religiões estilizadas de hoje; os Deuses do passado tornaram-se os demônios do presente. Isso é um mal-entendido; a verdade universal que está nessas coisas é absolutamente compatível com o Cristianismo. Temos um Círculo Mágico, que é baseado em um ciclo solar, um ciclo lunar e também,no ciclo da natureza, que leva um ano inteiro de quatro estações para funcionar. Em todos os símbolos muito antigos, você verá o próprio homem estendido no Círculo Solar - e isso é tudo o que Cristo é; o Deus sacrificado pela humanidade. Assim como as histórias dos Pagãos[2], com algumas pequenas alterações. Nossa Deusa; exatamente como Cristo, vai para o Submundo. Ela fica lá embaixo por determinado período e conquista o Senhor da Morte[3], assim como Jesus foi para o Submundo e venceu a morte. Ele então ressuscitou e foi visto caminhando sobre a face da Terra. Da mesma forma, nossa Deusa caminhou após sua ascensão à Terra e começou a ensinar as pessoas sobre Bruxaria e a como se comunicar com os mortos, na verdade, como manter contato com todas as coisas do passado. Ela ensina o futuro também. O simbolismo, a essência por trás disso é que não há começo nem fim para absolutamente nada, e que você faz parte disso tanto quanto qualquer outra coisa. Nada realmente morre; mesmo que pareça morrer na superfície - como no inverno, quando tudo morre, mas com a primavera vem uma nova promessa. Mesmo hoje, as pessoas sempre esperam a primavera quando passam pelo inverno, quando não há nada de bom por perto. Sempre há esta promessa de vida eterna, e isso basicamente é o ensinamento religioso das Bruxas; eternidade

1. Geralmente referido como animismo.

2. Uma referência aos Deuses sacrificados dos tempos clássicos, como Dionísio, Tammuz e Baal.

3. Conhecido na Wicca como "A Lenda da Descida da Deusa". Originado do mito grego de Perséfone.

e que não existe morte. Da adoração da Deusa, obtém-se essa força emanando, você está se colocando em contato com elementos básicos, e isso desperta essas coisas dentro de você, e se confiar nela dentro do Círculo Mágico, terá uma força muito real trabalhando; você pode direcionar a consciência. Ensinamos consciência. Consciência a partir da vontade. Você pode ser uma pessoa comum, muito comum, porque não seria bom ser uma Bruxa o tempo todo; você sabe prever coisas, usar as cartas, usar o cristal, curar – isso queimaria sua vida. Então, às vezes, pode conscientemente trazer essa força através de seu próprio corpo e usá-la com consciência, bem diferente das pessoas que usam drogas para abrir seu olho interior – elas mesmas, enquanto estão sob a influência, podem ser capaz de prever, como a Sibila e as Sacerdotisas costumavam fazer milhares de anos atrás; elas previam sob a influência de folhas de louro e ficavam sobre gases vaporosos; mas estavam completamente sob o controle dessas drogas e gases, até que estivessem fora de seu sistema. Ensinamos a consciência em plena consciência, não é necessário tomar drogas ou quaisquer ajudas artificiais dessa natureza. O Círculo é um auxílio artificial; as armas e coisas que usamos são todos símbolos objetivos, com os quais podemos manter e direcionar nossa vontade, e ainda manter nossa consciência funcionando de uma maneira particular.

Stewart Farrar: O QUANTO VOCÊ ACHA QUE ESSAS COISAS, COMO O CÍRCULO MÁGICO E ESSES VÁRIOS INSTRUMENTOS, E ASSIM POR DIANTE, QUE VOCÊ USA – O QUANTO DE PODER REAL ELES TÊM E QUANTO DE AJUDA PSICOLÓGICA?

Alex Sanders: Isso tudo são auxiliares psicológicos. Eles não têm nenhum poder em si mesmos. Na verdade, é como se você ensinasse uma criança; você coloca um alfabeto na frente dela e, uma vez que ela domina o alfabeto, não precisará de um conjunto de blocos. Ela não precisa de uma casa com xícaras de chá e pires. Como começa a aceitar esse simbolismo e trabalhar com ele, ela forma seu próprio conjunto de símbolos reconhecíveis depois disso. Quando começamos a ensinar, ensinamos todas essas coisas; mas chega um ponto em que você apenas mantém seus instrumentos, seu Círculo e seu simbolismo externo para ensinar aos outros que aparecem; é muito difícil para eles não entenderem nada. Eu posso falar sobre isso de uma forma muito abstrata, e você simplesmente não entenderia, não significaria nada. O Círculo representa o infinito – e o homem, em sua consciência limitada, representa os limites do Círculo; mas quando você começa a evoluir, a receber seu treinamento, o Círculo se torna ilimitado, assim como sua consciência. A Espada representa o Fogo, a Varinha representa seu próprio intelecto; representa o Ar. O Fogo representa a atividade do seu eu, o lado positivo da sua natureza; e assim você descreve as diferentes coisas. Esses são símbolos que você adota e trabalha constantemente.

Stewart Farrar: Você diz que existem cerca de 4.000 Bruxos na Grã-Bretanha?

Alex Sanders: Isso foi há 4 anos. Agora, pelo menos 6.000, e está se espalhando muito rapidamente. Existem dois cultos de Bruxaria[4]. Não tenho ideia de quantos me seguem agora. Desde que me casei, tive que me afastar de muitos deles para manter meu casamento. Minha esposa e meu bebê vêm em primeiro lugar e são os mais importantes, embora na superfície pareçam secundários. Se eu começasse a visitar todos os Covens, mergulhar em todas as cartas que recebo e responder a todos os telefonemas, não teria vida alguma. Mas eles estão todos começando a perceber isso, e é apenas em casos de extrema necessidade que me ligam ou me deixam uma linha e, na maioria das vezes, se eu recebo uma carta de qualquer pessoa, digo "me ligue agora neste número". Então é uma conversa de três minutos e ponto final.

Stewart Farrar: Quantos dos 6.000 reconheceriam você como Rei Bruxo? Um terço?

Alex Sanders: Provavelmente todos eles, exceto os Gardnerianos. Eles são absolutamente antagônicos comigo, em parte no pessoal. Eu não quero me envolver nisso, então costumo deixar que todos continuem assim. Gardnerianos, e aqueles que não querem publicidade, tendem a se referir às minhas Bruxas como "alexandrinas"[5]. Na verdade, existem

4. Uma referência à Tradição Gardneriana mais antiga à sua própria, Alexandrina. Curiosamente, nenhuma referência é feita aos "Tradicionais" ou "Hereditários" nesta fase.

5. Stewart mais tarde seria creditado com o termo, por publicá-lo em *O que as Bruxas Fazem*, mas claramente isso se originou com Alex Sanders.

três cultos, os Gardnerianos, as Bruxas hereditárias e eu e meu povo (os alexandrinos).

Comecei a receber publicidade quando o Manchester Evening News soube de um grupo com o qual eu havia rompido, porque não gostava do que estava acontecendo. Como não queria publicidade para algumas das pessoas envolvidas, disse ao jornal que lhes daria uma história para cobri-lo. Eu nunca sonhei que eles espalhariam isso nas manchetes: "Investigações sobre locais de missas negras" (15 de setembro de 1963). Desde então, tenho recebido muita publicidade, então pensei: de que adianta esconder isso agora? No geral, pensei que faria mais bem do que mal. Se eu tivesse ficado quieto, haveria muitos jovens viciados em drogas hoje que não teriam sido curados e não teriam um caminho na vida. Muitos jovens que vieram até mim se interessaram pelo ocultismo sob a influência de heroína, mescalina, haxixe, maconha. Você escolhe, dê o nome que quiser. Eles estão na previdência social vagando pelas ruas, dormindo em qualquer lugar que puderem. Pessoas vêm até mim porque querem ser Bruxas, mas não são adequadas. Esses jovens tiveram experiências psíquicas, porque sua consciência psíquica foi aberta com as drogas. Meu conselho foi dar-lhes livros para ler que eu achava que seriam bons para eles. Se eles são católicos romanos decaídos, eu aponto as partes místicas da Bíblia no Antigo Testamento, digo a eles para irem para casa e estudarem isso, começarem a ir à igreja, ver se conseguem desvendar o mistério disso. Mas, antes de tudo, que arranjem um emprego, saiam da previdência social e depois venham me ver uma ou duas vezes por semana e eu lhes mostrarei como sair das drogas. Eu vou lhe dar algo que valha a pena em sua vida. Se eu não tivesse aquela primeira publicidade, não teria conseguido fazer isso. Eu ajudei alguns.

Antes de eu receber publicidade, os Gardnerianos eram a autoridade publicamente, por meio de publicidade em jornais, particularmente sobre Gerald Gardner, que era apenas um Bruxo de 1° Grau[6]. Quando você é um Bruxo de 1º Grau, pode copiar o 1º livro de rituais, mas ao todo são três livros. Ele recebeu apenas um ano de treinamento. Então ele realmente não tinha nada para passar para ninguém. O 1º Grau transforma você

6. A maioria das Bruxas que praticam a forma Gardneriana da Wicca argumentaria com isso, afirmando que Gardner realmente recebeu o equivalente a este 3º Grau no Coven de New Forest em que foi iniciado.

em uma Bruxa. O 2º grau permite que você se separe e forme seu próprio Coven; o 3° Grau (o Rito Sexual) não é bem um Grau, é uma cerimônia, e tem que ser tomado com o 2º. Isso traz o Deus com chifres, a adoração do Deus-pai e a adoração da Deusa-mãe em harmonia, na Terra, no homem-mulher. Assim, eles podem formar seu próprio Coven e começar a família novamente. Existem graus além desse que não mencionei no livro (*King of the Witches*). Isso leva você ao que é conhecido como Magia, em vez de "Bruxaria". Sou chamado de Rei das Bruxas, mas na verdade não sou mais um Bruxo, eu sou um Mago – o que inclui ser um Bruxo.

Stewart Farrar: Esses 6.000 incluem as Bruxas Negras?

Alex Sanders: Oh, não. Não tenho a menor ideia de quantos são. Você recebe renegados e nós os consideramos maléficos[7]. Nós nem sabemos realmente o que eles estão fazendo. Eles "tornaram-se comerciais".

Stewart Farrar: Você tem um anel que pertenceu a Éliphas Lévi. Como conseguiu isso?

Alex Sanders: Quando eu tinha 10 anos, minha avó me levou a Londres para conhecer um homem chamado "Sr. Alexander". Fiquei com ele a noite toda para fazer uma Cerimônia Egípcia[8]. Ele deu à minha avó este selo, e ela o colocou em um anel para mim. Ele disse que pertencia a Éliphas Lévi[9]. Conheci muitos Magos, muitas Bruxas, e nenhum deles viu nada parecido, exceto no próprio livro de Lévi. Eu dei o anel a joalheiros para tentar fazer uma cópia e eles dizem que não têm ideia de como foi feito. A prata não foi esculpida, arrancada, desgastada nem fundida. Muito mais tarde, reconheci uma foto de Aleister Crowley como "Sr. Alexander".[10] Não o mencionei no livro, porque ele tem sido muito caluniado.

7. "Negro" geralmente não é um termo usado na Wicca para descrever alguém que é negativamente ético. Este termo é geralmente usado na mídia, como Stewart o usa aqui.

8. Esta é uma história que Sanders contava regularmente, mas muitos duvidam se isso realmente aconteceu.

9. Éliphas Lévi foi um ocultista francês do século 10. Ele é uma figura particularmente importante na história da Magia moderna.

10. Alexander era o nome do meio de Aleister Crowley.

Stewart Farrar: Qual é a sua opinião sobre ele?

Alex Sanders: Eu o admiro muito; Admiro seus escritos. Ele é muito difamado por causa de sua sexualidade. Mas as pessoas com quem ele se envolveu eram adultos e muitos haviam passado por experiências ocultas antes de conhecê-lo. Ele tinha 75 anos quando morreu e só iniciou 49 pessoas em toda a sua vida.

Stewart Farrar: Acho que há certos elementos teatrais nele.

Alex Sanders: Isso está em todas as pessoas mágicas; elas têm que ter isso, assim como um padre em uma igreja deve ter, caso contrário, ele não poderia usar suas vestes com dignidade. Se você faz as coisas dramaticamente, obtém mais poder delas, obtém mais força com o que tem.

Stewart Farrar: Bruxas hereditárias. Quantas você acha que existem?

Alex Sanders: Tanto quanto sei, existem cinco famílias hereditárias. Não tenho comunicação com elas; Já tentei contatá-las. Eu sei que elas estão lá, mas não querem se comunicar comigo por causa da minha publicidade.

Stewart Farrar: Como você sabe que sua linhagem (de Bruxaria) remonta ao século 15?

Alex Sanders: Por causa das histórias que minha avó me contava. Membros da minha família gastaram muito dinheiro estabelecendo nossos vínculos com Owen Glyndower[11], um dos últimos chefes tribais, e esses chefes tribais ainda guardavam seus segredos de muitas maneiras diferentes. Eu deveria ser um descendente direto de Owen Glyndower, e não tenho motivos para duvidar disso.

Stewart Farrar: Você diz que o Deus das Bruxas é o mesmo que o Deus cristão?

11. Responsável pela revolta galesa de 1400-1415, dizia-se que ele era governado por "emoção e Magia", com uma alegação de que ele "podia invocar diabos e demônios".

Alex Sanders: Em essência, não importa em que parte do mundo esteja, você tem a força divina, que é apenas personificada de forma diferente. De acordo com os antigos egípcios, o lado masculino da força era Osíris, o lado passivo ou feminino era chamado de Ísis. São aspectos do Uno, masculino e feminino, porque tudo deve ser masculino e feminino, caso contrário não é produtivo. Buda é um aspecto gentil de nosso Deus e Deusa – o absoluto combinado em um. Cristo é apenas um aspecto do Deus com chifres; se você ler o Antigo Testamento, vai descobrir que existem vários Deuses. Jeová era adorado em um matagal com o Deus bode, então devia ter chifres na cabeça. "Yah weh" não é, portanto, um, mas dois, o bode e a Deusa. O Moisés de Michelangelo no Vaticano[12] tem chifres na cabeça; os patriarcas são apenas Deuses menores, e os anjos apenas aspectos superiores desses Deuses menores. Nossa adoração é uma coisa universal; Cristo é mostrado com raios de luz em sua cabeça, que são apenas chifres que se tornaram uma auréola. Pan, o Deus com chifres, é o símbolo perfeito para expressar iniciação ou evolução espiritual, de que o homem já teve uma natureza animal, aquele animal mais próximo da terra, e o humano surgindo e evoluindo a partir dela.

Stewart Farrar: Na mitologia cristã, Satanás usa chifres. É por que eles tentaram se livrar desse simbolismo e passá-lo para Satanás?

Alex Sanders: Sim, eles tentaram se livrar do lado da fertilidade; não há necessidade disso agora. Adore Deus. Adore a Cristo, ajoelhe-se e adore a Cristo na sujeira e na humildade e limpe-se do pecado. Você não deve fazer sexo, não deve fazer isso e não deve fazer aquilo. Essa ainda é a atitude ensinada nas igrejas. Ainda há muitas atitudes vitorianas pairando sobre eles até hoje.

Stewart Farrar: Eles também tentaram se livrar do aspecto feminino, não é?

Alex Sanders: Sim, mas eles não têm isso na Igreja Católica Romana.

12. A estátua de Moisés está na igreja de San Pietro in Vincoli.

Stewart Farrar: Acho que eles gostariam. Eles tiveram que canalizar isso para a Mariolatria[13] para absorver esse instinto para uma Deusa Mãe.

Alex Sanders: Adoramos nossa Deusa no ponto cardeal Norte de nosso Círculo. Nas Igrejas Católicas Romanas, a Capela da Senhora está sempre no Norte. Na verdade, poderíamos entrar em uma igreja e, sem ser depreciativos, poderíamos adorar nossa Deusa. A estátua geral da Virgem Maria, vestindo seu manto azul e túnica branca, veio dos templos Pagãos da Itália. Um padre católico romano, quando a religião começou a ser fundada, entrou em um pequeno templo Pagão em algum lugar e viu uma garota adorando em frente a esta estátua muito bonita. Ela disse "este é o dia do meu casamento e estou adorando a Deusa Virgem". Ele teria pensado que isso era tão maravilhoso que a levou para sua própria igreja e a tornou na Virgem Maria, a Mãe de Deus. Dentro da Wicca, temos 12 pontos ao redor do nosso Círculo, assim como você vê a Virgem Maria com 12 estrelas ao redor de sua cabeça, de pé na lua e com a serpente a seus pés. Esta serpente representa a sabedoria.

Stewart Farrar: embora você os simbolize como Deus e Deusa, realmente eles são apenas aspectos diferentes da mesma força?

Alex Sanders: Sim. Os antigos egípcios e os hindus se aprofundaram nisso, assim como os chineses. São tantos aspectos; os egípcios tinham mais de 1.500 Deuses, que eram apenas aspectos de um. Portanto, você poderia explorar todos os aspectos e, ao fazê-lo, estaria conhecendo a si mesmo, porque deve haver uma identificação de alguém com essas coisas, caso contrário, você nunca poderia atingir a divindade.

Stewart Farrar: Então realmente não há nada que impeça um cristão, um muçulmano ou um judeu de ser um Bruxo?

Alex Sanders: Absolutamente nada. Para meu próprio trabalho, prefiro os antigos Deuses e Deusas egípcios, porque há tantos aspectos que você pode explorar, que pode continuar obtendo informações. Você pode continuar aprendendo coisas novas com o velho, novos aspectos da

---

13. Adoração a Virgem Maria, como "*Theotokos*"; Mãe de Deus.

sabedoria, novos insights sobre a natureza humana e o universo ao seu redor. Mas se alguém vem e prefere os aspectos gregos ou os mistérios célticos, eu digo tudo bem, há os mistérios célticos, há a correspondência com o grego, e se você quiser levá-lo por esse caminho, faça por todos os meios. Mas faça isso em particular, estabeleça seu próprio lugar, receba os ensinamentos aqui e então siga seu próprio caminho. Eu não posso andar com você; eu só posso lhe mostrar o caminho. Se você está escolhendo esse caminho, pode fazê-lo. Se você quer ser um cristão melhor e acrescentar isso ao que está fazendo, então eu lhe mostrarei esse caminho. Portanto, depende inteiramente de sua consciência. Tivemos Sacerdotes iniciados; tivemos ministros da Igreja da Inglaterra, bem como ministros metodistas.

Stewart Farrar: Esses ministros foram totalmente iniciados no terceiro nível (grau)?

Alex Sanders: Oh, sim. Muitos deles disseram que depois de se tornarem Bruxos e receberem algum treinamento, eles se sentiram muito mais confiantes; que eles entendem mais sobre cerimônia e que suas congregações tendem a começar a crescer. Se é porque eles se tornaram mais interessantes, ou o quê, não sabemos, mas parece ser isso que acontece. Eles estão bastante satisfeitos com a maneira como conseguem encher suas igrejas. Acho que é porque eles estão desvendando o mistério. Na verdade, eles agora estão distribuindo o Cristo vivo em vez do Cristo crucificado.

Stewart Farrar: Isso seria um problema para os padres católicos romanos? Quero dizer, toda a questão do celibato e do Terceiro Grau (Rito Sexual)?

Alex Sanders: Você pode tomá-lo como símbolo; não tem que fazer isso realmente[14]. Pode usar o simbolismo para contornar isso. Por exemplo, se a filha de alguém fosse se Iniciar aos 18 ou 19 anos e ela fosse virgem, não seria necessário que ela abrisse mão de sua virgindade. Esses tipos de sacrifícios acabaram séculos atrás. Eles não são necessários,

14. Essa era a principal diferença entre as formas Gardneriana e Alexandrina da Wicca naquela época. Algumas linhas Gardnerianas ainda insistiam em um rito sexual como obrigatório durante a Iniciação. Este não é necessariamente mais o caso hoje.

pois estamos evoluindo espiritualmente para coisas mais elevadas, e não é necessário abrir mão da virgindade nesse sentido.

Stewart Farrar: SEU DEUS OU DEUSES NÃO PARECEM SER ONIPOTENTES. ELES PARECEM PRECISAR DA AJUDA DO HOMEM.

Alex Sanders: Sim. Novamente, isso depende de como agora a mensagem é transmitida. O Deus dos cristãos se tornou onipotente. Ele não era onipotente em Cristo. Ele morreu pela humanidade.

Stewart Farrar: VOCÊ CONSIDERA CRISTO COMO DEUS, OU APENAS COMO UM HOMEM QUE FOI ACUSADO DE DIVINDADE?

Alex Sanders: Não sei o que ele era, porque eu não vivia naquele tempo. Assim como nossos Deuses e Deusas, não há evidência histórica ou factual de que Cristo tenha vivido. Mas isso não faz nenhuma diferença para a mensagem. A mensagem do Cristianismo, se alguém quiser segui-la ao máximo, é absolutamente excelente; você só pode ser uma pessoa melhor com isso. Da mesma forma, se alguém adota nossa religião Wicca e a segue, pode ser uma pessoa melhor. Você tira aquele senso de responsabilidade disso.

Stewart Farrar: Sobre SUAS IDEIAS SOBRE A VIDA APÓS A MORTE. ELAS ME PARECEM MUITO COM OS HINDUS, REENCARNANDO OU SENDO ABSORVIDOS PELO ABSOLUTO.

Alex Sanders: Sim. Só posso dizer que não tenho nenhuma prova positiva de que alguém sobreviva; a única prova que tenho é quando recebo mensagens[15]. Eu não as interpreto muito e não entro em detalhes se é dos mortos, dos vivos ou dos mortos reencarnados ou de onde quer que seja. Mas não há nenhuma razão para que eu deva duvidar do que recebo, por causa de certas experiências que fiz voltando no tempo. Estou obtendo diferentes informações, anotando-as e mantendo registros delas. Em seguida, encontro partes idênticas em livros; descrições de coisas que eu usava, coisas diferentes que eu fazia, verificando em livros sobre assuntos que eu não tinha lido antes. Se é precognição ou o que é eu não

15. É importante ressaltar que Alex Sanders se considerava principalmente um médium, capaz de canalizar informações dos reinos espirituais.

sei, mas sobre o que dizer absolutamente da reencarnação, vou esperar até que eu esteja morto para descobrir. É um ato de fé. Não sei. Mas não há por que duvidar disso, porque o ciclo da natureza ao meu redor se extingue, ele ressurge. Por que não deveria ser assim ao homem, que parece ser o epítome de tudo o que é elevado, belo e bom ao nosso redor? Por que não deveríamos sobreviver a tudo isso?

Stewart Farrar: Exceto que a natureza surge novamente em uma nova geração, normalmente. Não em um indivíduo diferente?

Alex Sanders: Não sei. Acho que é um ato de fé.

Stewart Farrar: Mas você sente que já teve essas vidas antes?

Alex Sanders: Sim. É uma experiência pessoal; eu não gostaria de entrar muito profundamente nisso, porque eu não sei. Eu realmente não sei. Fui criado para acreditar que existe uma vida após a morte onde você pode estar preparado para voltar à Terra novamente e elaborar um destino que foi interrompido ou algo assim. Você sabe, você tem que se purificar. Claro, isso pode ser o medo inerente do homem de deixar de existir. O que não faria nenhuma diferença para mim, realmente, porque não tenho medo da morte. Posso ter medo de sofrer em agonia; mas já vi muita gente morrer, e morrem assim mesmo, depois de muito sofrimento, simplesmente elas morrem. A morte real não é nada. É o tempo anterior, e é como a Bíblia diz, o que quer que você encontre para fazer nesta vida, faça, mas faça de boa vontade, porque não há conhecimento nem sabedoria na sepultura.

Stewart Farrar: É como a atitude budista. Eles dizem que você não sabe e isso não importa.

Alex Sanders: Não. Se você está morto, você não sabe sobre isso de qualquer maneira.

Stewart Farrar: O Livro da Lei[16] diz: "Você não pode ser um Bruxo sozinho". Por que não?

16. O Livro da Lei teve origem na Tradição Gardneriana da Wicca e continha as 160 Leis Wiccanianas estabelecidas para administrar um Coven.

Alex Sanders: Acho que isso depende da interpretação. Se fosse perseguido, eles não acreditariam que você era o único Bruxo; deveria haver um Coven. Se pegassem você, iam perguntar: "*onde estão os outros 12?*" Então você não poderia ser um Bruxo sozinho. Mas por outro lado, isso pode significar que, se você é homem, seu trabalho é perfeito? Onde está a outra metade de você, a mulher, para equilibrar isso? Na Bruxaria, o Sol e a Lua e o Deus e a Deusa são mencionados como estando em equilíbrio. Então, um Bruxo sozinho é um desequilíbrio. Você só pode cultuar, não pode operar como Bruxo, não pode usar sua força mágica e não pode liberar o poder. Então, acho que é um ponto de interpretação, o que é uma maneira sensata de ver isso.

Stewart Farrar: Quem eram os Elders citados no Livro da Lei?

Alex Sanders: Pessoas atarefadas, pelo que eu saiba! Eram as pessoas mais antigas, que tinham muita experiência na Bruxaria e em trabalhar com Magia. Eles tendem a ser sábios como as pessoas mais velhas, portanto, podem receber um relatório imparcial de contravenções e dizer "*bem, achamos que é assim que deve ser feito*". Eles não são realmente escolhidos como tal, essas coisas geralmente acontecem sozinhas.

Stewart Farrar: Também diz no Livro da Lei: "O castigo deve ser seguido por algo agradável", o que isso significa, é um símbolo de redimissão e perdão?

Alex Sanders: Sim. Normalmente, a punição é uma brincadeirinha, de modo geral! Você pode encontrar alguém fazendo um talismã para outro alguém e se vangloriando enquanto o faz. Geralmente isso tende a acontecer com Bruxas mais jovens. Você diz: "*percebe que vai se meter em problemas se continuar assim – este não é o caminho – isso deve ser feito no Círculo, você deve ter um Alto Sacerdote ou a Alta Sacerdotisa lá até você obter esse nível*" – vocês todos se vestem para isso; você veste mantos. De muitas maneiras, isso é pior do que ficar nu. Então você pergunta: "*Tudo bem, agora o que tem feito?*" Você os faz entrar em detalhes, então eles tiram isso do sistema deles. "*Você percebe que tem que ser punido agora? O que você vai escolher como punição?*" Eles ficam tão nervosos com isso, que não conseguem pensar em nada. "*Bem,* *acho que devemos dar-lhes 360 golpes (com o flagelo). É uma pena não termos um chicote de verdade aqui nem nada. Não importa, vamos pegar a Espada, vamos golpeá-lo com ela".* A Alta Sacerdotisa pega a Espada e vai em direção a ele com a ponta exposta. Então ela larga a Espada e o beija, e diz: "*Acho que vou beijá-lo por inteiro*". Você vê que geralmente é uma brincadeirinha.

Stewart Farrar: QUANDO *O LIVRO DAS SOMBRAS* FOI ESCRITO? FOI CLARAMENTE DURANTE AS PERSEGUIÇÕES.[17]

Alex Sanders: O que é dado no livro (*King of the Witches*) como *O Livro das Sombras* é apenas *O Livro da Lei. O Livro das Sombras* é o livro do ritual. Os editores começaram a cortar tantas coisas no livro, o que deixou June John em pânico. Eu estava muito ocupado na época, e certas coisas acabaram sendo omitidas. Isso não foi prejudicial para o livro, no entanto.

Stewart Farrar: VOCÊ ESTÁ EM APUROS COM OUTRAS FACÇÕES POR PERMITIR QUE A LEI SEJA PUBLICADA?

Alex Sanders: Oh, sim. Claro que estou. Nas outras facções[18]onde têm a lei, eles não a darão aos Iniciados. Eles dizem: "*Ah, não, você tem que chegar no Terceiro Grau antes de saber alguma coisa sobre a Lei*". Esta é uma das falhas neste país hoje, que você pode fazer algo errado inadvertidamente. Eles dizem que a ignorância da Lei não é justificativa para aquilo que você fez, e eu acho isso uma coisa muito errada. Estou ensinando meu povo, e não adianta deixar a Lei de lado. Desde o início ela é disponibilizada para eles, para que saibam exatamente onde estão. Muitas dessas leis estão desatualizadas, mas gosto de mantê-las como registro.

Stewart Farrar: MAS O *LIVRO DAS SOMBRAS* AINDA PERMANECE SECRETO?

Alex Sanders: Mais ou menos. Pequenos pedaços saíram.

---

17. A história do *Livro das Sombras* Alexandrino e Gardneriano é muito conhecida hoje em dia. Agora é geralmente aceito que ele não data de antes da década de 1950. *O Livro da Lei*, segundo Doreen Valiente, só pode ser datado de 1957.

18. Principalmente os Gardnerianos, pois o *Livro das Sombras* que ele obteve era de uma fonte Gardneriana.

Stewart Farrar: Este livro. Você copiou da sua avó?

Alex Sanders: Sim. Este é o meu 50º livro, eles se desgastam e se rasgam. Às vezes até fico com raiva e eu mesmo rasgo eles!

Stewart Farrar: Isso nunca foi impresso?

Alex Sanders: Nunca foi impresso na íntegra.[19] Não faria diferença se fosse, na verdade, por causa do treinamento por trás disso. É uma das minhas ambições reunir todas essas informações, sem entregá-las; da mesma forma você pode obter os ritos maçônicos. Não significa nada para quem o pega, a menos que tenha tido experiência com isso. Isso seria muito útil para as pessoas interessadas no culto, quer façam parte dele ou não.

Stewart Farrar: Você diz que a Bruxaria está de acordo com o mundo moderno e os requisitos modernos. Um dos nossos maiores problemas no próximo século é a explosão populacional. A Bruxaria é basicamente um culto à fertilidade. Qual é a sua atitude em relação à superpopulação?

Alex Sanders: Acho que originalmente era um culto à fertilidade, mas isso está caindo em segundo plano. Tornou-se permitido tomar um curso progressivo. Acho que a ideia de nos tornarmos superpovoados é falha, porque a natureza sempre vai vencer, você tem guerras e coisas assim, tudo parte do jeito da natureza de limitar nossa população.

Stewart Farrar: Estou um pouco confuso sobre esse negócio da Missa Negra. Posso dizer que a missa, de uma forma ou de outra, é uma forma de comunhão com os Deuses que pertencem a muitas religiões anteriores ao Cristianismo; é a Páscoa e muitas outras coisas. Eu posso entender que durante a perseguição algumas Bruxas devem ter sido tentadas a aliviar seus sentimentos fazendo uma missa de paródia e se vingando dos cristãos em particular. Mas o que é exatamente a Missa Negra hoje em dia?

---

19. Stewart copiou o *Livro das Sombras* da "Avó" de Alex Sanders. Mais tarde, ele descobriria que não era diferente do *Livro das Sombras* Gardneriano, exceto por algumas pequenas alterações.

Alex Sanders: A Missa Negra, no que nos diz respeito, é qualquer cerimônia elevada fora do alto serviço da religião particular do país em que você vive, que se opõe contra ela de maneira depreciativa. Ela se opõe, perverte-a, quebra-a e a destrói. Na verdade, traz à tona o lado obscuro da missa; você deve ter o lado escuro e o lado claro; há sempre dois lados para uma coisa. A missa que retratamos no filme (A Lenda das Bruxas), eu não tinha controle.[20] É muito triste não ter escrito o comentário, pois deu a impressão de que as pessoas hoje ainda fazem cerimônias como essa. Na verdade, elas não fazem. Isso foi uma mera reconstrução. É o que pensamos que as Bruxas fariam. Não é nem mesmo o tipo de cerimônia que os chamados "Magos Negros" fariam, que era apenas uma desculpa para uma orgia e para fazer coisas para perturbar os cristãos.

Stewart Farrar: Satanismo, é apenas um mal-entendido cristão da palavra "Diabo", que significa "pequeno Deus", ou até que ponto existe o satanismo?

Alex Sanders: Há pessoas que adoram Satanás, mas acho que trabalham principalmente na ignorância; eles não sabem que Satanás é apenas Lúcifer. São os cristãos que o chamam de "Diabo"; acho que você só encontra Lúcifer mencionado duas vezes na Bíblia. No que me diz respeito, Satanás é apenas o portador da luz, enquanto Cristo é conhecido como a Luz do Mundo. Os druidas o adoravam como Dionísio.[21] Acho que os satanistas não levam seu simbolismo tão longe; eles acreditam que Satanás governa a terra completamente, o que eles tiram do *Livro do Apocalipse*.[22]

Stewart Farrar: Então, em certo sentido, tudo o que os satanistas estão fazendo é tirar uma foto da igreja medieval construída para combater a Bruxaria, eles foram enganados por ela?

Alex Sanders: Sim. Eles estão se baseando muito no que dizem no *Livro do Apocalipse*, no qual Satanás governa a terra por 1.000 anos

20. Em *A Lenda das Bruxas*, de Malcom Leigh, Alex e Maxine Sander retratam uma Missa Negra. A maior parte do ritual foi adaptada do material do *Livro das Sombras*, que tem pouco a ver com a tradicional Missa Negra satânica.

21. O druidismo original provavelmente não adoraria uma divindade grega como Dionísio. Teria sido uma divindade de origem celta/gaélica.

22. O *Livro de São João*, o Divino na Bíblia.

antes da Batalha do Armagedom. Então, eles pervertem tudo o que fazem. Você sabe, as chamadas más ações; orgias sexuais, embriaguez. Mas e daí, que mal há nisso? O único mal que pode resultar disso é quando alguém descobre que outra pessoa está matando sua esposa. Você sabe, esse tipo de coisa, esse é o único mal que pode resultar disso. Mas se está sendo usado em um contexto espiritual, quando é usado como uma força espiritual, então é uma coisa muito errada, porque vai contra algo que só pode melhorar sua natureza e torná-lo uma pessoa melhor.

Stewart Farrar: Sobre o caso Sharon Tate.[23] Você acha que esse culto hippie em particular é o que você definiria como Bruxaria negra? Ou é apenas uma forma de doença mental grupal?

Alex Sanders: Acho que é uma doença mental de grupo. O homem (Charles Manson) tinha uma força potencial para o bem. Obviamente, ele é um hipnotizador talentoso e poderia sugerir coisas às pessoas que elas seguiriam implicitamente. Se ele tivesse dito a esse grupo: "*Vamos, vamos formar uma comunidade. Nós a formaremos na Terra e a tornaremos produtiva. Vamos mostrar às pessoas o que você pode fazer por sugestão, vamos provar desta forma – em vez de seguir Satanás!*" O que ele fez, esse tipo de coisa, é destrutivo. Eu acho que o básico vem do ciúme de pessoas com dinheiro e de pessoas bonitas. Conheci Sharon Tate antes de ela se tornar muito sofisticada, antes de se casar com Roman Polanski – uma garota adorável.

Stewart Farrar: Você acha que Bruxaria é sobre recapturar habilidades psíquicas perdidas, como a clarividência?

Alex Sanders: Não recuperar capacidades perdidas; sinto que nunca as perdemos; elas ainda estão lá dentro de nós.

Stewart Farrar: Dormindo?

Alex Sanders: Sim. Elas caíram em uso indevido. A expressão externa de usar o Círculo data dos tempos antigos, e esta é a melhor

23. Deve-se lembrar que, quando esta entrevista foi gravada, os assassinatos de Charles Manson e "The Family" haviam ocorrido apenas alguns meses antes. Ainda era uma notícia sensacionalista.

maneira que encontramos de explorar essa capacidade. Mas isso não significa que somos antiquados; significa apenas que não encontramos uma maneira melhor. Estou tentando encontrar uma maneira melhor. Eu gostaria de fazer minhas iniciações sem – se preferir –, toda essa ladainha. Essa é uma palavra errada, sem todos os enfeites; mas as pessoas precisam dos objetos, precisam dos rituais. Elas precisam dos objetos, porque são apenas humanas. É como pôr a mesa para o chá – torna-se a hora do chá, porque você tem coisas para o chá na mesa.

Stewart Farrar: Acho que a maioria das pessoas precisa de um senso de ocasião, não é, um senso de cerimônia?

Alex Sanders: Existem pouquíssimos indivíduos que podem trabalhar sozinhos e explorar essa capacidade dentro de si. O homem, como os outros animais, gosta de se movimentar em bandos. Eles gostam de se enganar dizendo que são individualistas, mas na maioria das vezes odeiam ficar sozinhos. Na verdade, eles são bem mais "morais" do que os animais, pois precisam encontrar algum motivo para o que querem fazer; os animais não, eles apenas seguem em frente e não são mimados por isso. Somos mimados. Cobrimos nossa *psique* real com o que chamamos de "civilização", adquirindo coisas que basicamente não são tão necessárias.

Stewart Farrar: Parece-me que essas forças mentais, que você tenta explorar, não são boas nem más em si mesmas.

Alex Sanders: É a abordagem. É um fato bem conhecido que as pessoas possuem essas coisas em sua natureza, como o iogue, que pode fazer todos os tipos de coisas por causa de seus exercícios respiratórios e meditativos. Nós também somos capazes de fazer essas coisas, mas depende de quão bem-organizado é o seu ritual, como você o dirige e para que vai usá-lo. Infelizmente, é muito mais fácil errar do que acertar.

Stewart Farrar: Que tipo de pedidos você recebe de pessoas comuns?

Alex Sanders: Na semana passada recebemos uma garota que estava noiva há 6 anos de um rapaz. De repente ele sai com outra garota sem nenhuma explicação, então ela fica completamente desequilibrada com isso. Eu vi no futuro que se ela fizer uma abordagem direta com ele e disser: "*vamos, vamos nos casar, deixa de mexer com noivado, que eu vou esquecer o que você fez com essa moça*", que eles terão uma vida muito feliz e bem-sucedida. É ela que tem sido o bicho-papão, pois ela queria manter o noivado por muito tempo, pelo bem da respeitabilidade de seus pais.

Stewart Farrar: Quanto disso é clarividência e quanto é psicologia pura? Quero dizer, muitas vezes você pode olhar para qualquer garota com esse tipo de problema e dizer essas coisas.

Alex Sanders: Sim, mas pouquíssimas pessoas podiam ver o futuro e como ele seria, e dizer: "*Se você fizer isso, este será o resultado*", e "*confie em mim e isso acontecerá*". Isso é clarividência. Eu não tive que conhecer o homem; a garota me escreveu primeiro sem dar muitos detalhes. Eu já havia recebido a resposta enquanto lia a carta. Isso eu faço com muitas cartas. Tenho advertido um jovem durante todo este ano: "*Você vai para a prisão, do jeito que você continua, vai para a prisão. Já vi grades ao seu redor*". Esse jovem está sob custódia, no momento. Se ele tivesse me ouvido, ele não estaria lá.

Stewart Farrar: E quanto à moralidade. O que as Bruxas consideram bom ou mau?

Alex Sanders: O que as Bruxas consideram bom e ruim? Só posso falar da minha personalidade, por experiência própria, que uma coisa é boa para mim até que eu sinta que aquilo não é certo para mim. No momento que eu perceber que não está certo, então é pecado continuar com isso, não vai me servir de nada. Será prejudicial para mim, fisicamente, mentalmente ou espiritualmente.

Stewart Farrar: Talvez possamos dizer que enquanto outras religiões tentam muito definir capítulo e verso, o que é certo e o que é errado, a Wicca, em certo sentido, desenvolve um instinto para isso?

Alex Sanders: Sim, mas acho que esse instinto está em todo mundo.

Também depende do que está na moda. No momento, a Bruxaria está na moda, mas não é uma moda que todos seguirão. A imagem da Idade Média ainda funciona; mas apenas da Idade Média, por algum motivo. Você pode falar sobre Bruxaria no Egito Antigo, onde ela era usada nos maiores templos, ou onde ela está em plena exibição, no Museu Britânico, nos Deuses e Deusas gregos. As pessoas tendem a ignorar o lado estético, a beleza disso; elas olham para a Idade Média. É porque é controverso, tem a ver com sexo e tem a ver com a escuridão. Qualquer coisa obscura e desconhecida tende a ser misteriosa e incompreendida; é misterioso ao invés do próprio mistério.

Stewart Farrar: Isso é verdade até mesmo para pessoas inteligentes que não querem ser hostis; elas estão carregadas com todas essas imagens antigas.

Alex Sanders: Isso é culpa de muitos dos livros populares também. As pessoas estão sempre prontas para explorar a escuridão; as partes inexploradas da natureza do homem. Mesmo que você não queira saber, você ainda fica fascinado, como quando vai ver filmes de terror. Mesmo sabendo que eles não são bem reais, vai se assustar de qualquer maneira. Ninguém tem um ataque cardíaco nesses filmes. Da mesma forma, ninguém que assiste Bruxas trabalhando jamais tem um ataque cardíaco, porque é muito diferente do que eles veem publicado nos jornais ou do que as pessoas que estão explorando esse tipo de coisa estão divulgando. Se todo mundo que escreve sobre as Bruxas explorasse o lado bom do que as Bruxas fazem[24], seríamos perfeitamente aceitos. O problema é a mídia, os jornais. Se você menciona à imprensa sobre fazer trabalho de caridade, eles simplesmente não querem saber. É o mesmo quando digo a eles que tirei as pessoas das drogas e da previdência social e os ajudei a reorganizar suas vidas. Os jornalistas não estão interessados nesse aspecto.

Stewart Farrar: Tenho a sensação de que a Bruxaria moderna é muito mais sofisticada e consciente do que a Bruxaria medieval, certo?

24. Esta resposta foi de onde o título deste livro se originou.

Alex Sanders: Oh, sim. É uma questão de progresso espiritual. Estamos começando a entender o que os antigos tinham em mente. Tivemos que passar pela idade das trevas e agora estamos nos recuperando novamente, onde poderemos construir nossas próprias igrejas e templos, ou como você quiser chamá-los, e adorar legitimamente. Antigamente, as Bruxas usavam túnicas e vestimentas e tinham os mais belos templos. Não há razão para não fazermos isso de novo.

Stewart Farrar: As implicações de *O Livro da Lei* parecem ser a de que você deve sempre iniciar jovens, que a Alta Sacerdotisa deve ser sempre jovem, mas cercada por estadistas mais velhas.

Alex Sanders: Sim, mas geralmente na Arte não é assim. São as mulheres a partir dos 40 anos. Elas têm sua própria pequena Arte juntas e é o fim. Se elas souberem que alguém tem algum dinheiro o convidam para entrar, quer seja financeiramente ou comercialmente estabelecido; isso eu sei por experiência pessoal. Estou interessado em pessoas mais jovens.

Stewart Farrar: Mas não apenas isso, fico feliz em ver, porque estou na casa dos cinquenta. Essa é uma das coisas que eu gosto no seu Círculo, você parece ter todas as idades, ambos os sexos e todos os tipos.

Alex Sanders: Estou apenas começando a aprender isso. Sempre tive uma ou duas pessoas ao meu redor que são mais velhas, com mais de 30 anos. Isso pela simples razão de que sempre acreditei que é um culto à fertilidade, e que poderia ser um ponto de encontro para os jovens se casarem e manter o culto vivo, do ponto de vista da fertilidade. Foi apenas nos últimos 5 anos que percebi que, se você tem um Coven de jovens, pode sair do controle e deve ter o equilíbrio dos mais velhos; pessoas em quem você pode confiar.

Stewart Farrar: É mais ou menos como aquilo que perdemos no sentido social comum. Algumas centenas de anos atrás, a família era uma unidade que se estendia provavelmente do bisavô ao bebê mais novo. Todos se conheciam e se ajudavam, conviviam e aprendiam uns com os outros, e agora estão todos separados. A família extensa

Tinha algo a oferecer e agora se foi. Parece-me que, dentro do Coven, a mesma coisa se aplica.

Alex Sanders: Sim. Com meus Bruxos e aspirantes a Bruxos, não há barreiras de idade. Porque os jovens sabem que os mais velhos – mais uma vez devo insistir no meu grupo – vão sempre estar ao seu nível, e vão respeitá-los pelo que estão desenvolvendo. Nos Covens mais antigos, se você falar com alguém, eles dizem: "*Oh, em que Grau você está?*" Você diz Primeiro (Grau), e eles falam: "*Então me desculpe meu querido, não posso lhe contar nada*". Eles nem mesmo insinuam as coisas, o que daria um incentivo a qualquer jovem. Consequentemente, eles estão saindo, deixando aquele Coven. Há sempre esse ar de mistério. Eu acredito no mistério; mas ponha o seu mistério à mostra. Divulgue para todos; deixe-os encontrar por si mesmos. Eles sabem que está lá, mas precisam trabalhar para encontrá-lo. Vou falar do Segundo e Terceiro (Graus), porque não revela nenhum segredo, porque é preciso passar por isso; experiencie.

Stewart Farrar: Bem, sei disso por minha própria Iniciação[25]; eu sei que significou algo para mim. Não importa o quanto você veja, você mesmo terá que passar por isso.

Alex Sanders: Depois, há esse ponto de vista moral das pessoas que dizem: "*Poder, eu quero poder*". Poder não só no sentido mágico, mas poder no mundo, no sentido social, e isso tende a corromper. O poder pode trazer fartura; mas não necessariamente vai trazer paz. Pode trazer medo. Pode trazer territorialismo, como Nixon no Camboja, e agora é a causa da agitação na própria América[26]. A paz e a força acompanham a espada; e as pessoas estão dispostas a morrer para trazer a paz. As pessoas podem se tornar indisciplinadas por causa disso; mas a Wicca ensina o poder; poder em abundância e livre-arbítrio para usá-lo. Isso depois de entender como usá-lo; e o treinamento traz essa visão equilibrada sobre o poder. Uma vez que você sabe que conseguiu, é quase o mesmo que

25. Alex e Maxine Sanders iniciaram Stewart enquanto ele ainda trabalhava no manuscrito de *O que as Bruxas Fazem*. A iniciação ocorreu em 21 de fevereiro de 1970.

26. Esta é uma referência ao principal evento atual do período da Guerra do Vietnã e à revelação de que as tropas dos Estados Unidos estavam realmente no Camboja, independentemente dos protestos do presidente Nixon de que não estavam. Isso causou grandes manifestações públicas nos Estados Unidos.

o ditado de Crowley, o ditado de Thelema[27]: "*Faça o que tu queres há de ser tudo da lei*". Esta é a única coisa que já foi citada publicamente; mas o resto é: "*O amor é a lei; amor sob vontade*". No momento em que você obtém essa sensação do poder do amor; os muitos e muitos significados do amor, mas em seu sentido geral de viver em sociedade, viver em comunidade, você então pensa: "*É melhor eu não fazer isso; pode estar tudo bem para mim, pode estar tudo bem para a próxima pessoa se ela concordar com isso; mas deve ser a vontade deles, assim como a minha*". Agora, isso é poder, isso dá a você um senso de responsabilidade. Você tem a autoridade com o poder; aí vem o senso de responsabilidade, então você muito, muito raramente usa o seu poder, só quando acha que é absolutamente necessário, e só quando é com a vontade da outra pessoa em um sentido comunitário. Ao fazer isso, sinto que você está trabalhando em seu nível físico e material, mas também está puxando os aspectos mais elevados de si mesmo para esse nível e percebendo isso; na verdade, é a realização espiritual na manifestação física. Novamente, as pessoas não estão interessadas neste aspecto moral da Bruxaria. Elas estão interessados em sexo.

Stewart Farrar: ENTÃO, NA VERDADE, VOCÊ PODE DIZER QUE O COVEN, A PRÁTICA DE TRABALHAR EM GRUPOS, TEM UMA DUPLA FUNÇÃO. POR UM LADO, VOCÊ TEM UM TIPO DIFERENTE DE PESSOA ENRIQUECENDO UMAS ÀS OUTRAS, DE MODO QUE O PODER É MULTIPLICADO. POR OUTRO LADO, DE CERTA FORMA, VOCÊS CONTROLAM UNS AOS OUTROS; PORQUE VOCÊ É UMA PEQUENA COMUNIDADE QUE, EM SI MESMA, DESENVOLVE UM SENSO DE RESPONSABILIDADE. VOCÊ NÃO SAI DOS TRILHOS SOZINHO.

Alex Sanders: Nosso Círculo representa o infinito; e todas as pessoas nele fazem parte desse infinito. Isso significa que há poder ilimitado e expressão ilimitada da própria natureza de cada um. Você pode se expressar sem limites na Arte. Eu conheci os guardiões de outros Covens e eles me disseram: "*Oh, não, nós não aceitaríamos uma pessoa assim. Claro, você sabe, querido, eles são desequilibrados*". Agora, para mim, todo o propósito da Iniciação é que você esteja buscando iluminação, conhecimento e sabedoria. Então, o fato de estar

27. O Templo Thelêmico, a ordem de Crowley, a Ordo Templi Orientis. Sanders foi fortemente influenciado pelos ensinamentos de Crowley.

buscando isso significa que você está desequilibrado; e o propósito da sabedoria na Wicca é restaurar esse equilíbrio. Eu escolheria uma pessoa desequilibrada, de preferência alguém que é muito legal, calmo e controlado, embora eles soubessem de tudo; não há propósito na Wicca para alguém que sabe tudo e é bem equilibrado. Eles não precisam disso; eles já conseguiram. Você recebe pessoas que estão procurando. Não há sentido em ser um Alto Sacerdote ou uma Alta Sacerdotisa se não puder restaurar esse equilíbrio de uma forma ou de outra, ou fazer o seu melhor para restaurá-lo. Você receberá essas brigas e calúnias, é claro, nenhum de nós é perfeito, e todos buscamos a perfeição. Para alguns de nós isso pode levar séculos, é por isso que ensinamos a reencarnação. Dessa forma, se não conseguir nesta vida, terá uma chance na próxima. Alguém pode ser o maior brigão e caluniador aqui, e aprender a pior lição de sua vida, ainda que todos possamos massacrá-los, quem somos nós para julgar? Que atire a primeira pedra! Atirei muitas primeiras pedras e agora percebi, moralmente, quem sou eu para atirar a primeira pedra? Estou progredindo no mesmo caminho.

Stewart Farrar: O QUE VOCÊ VAI DIZER SOBRE A SOBREVIVÊNCIA PESSOAL, SOBRE AS CRENÇAS BÁSICAS?

Alex Sanders: As crenças básicas? Bem, a Deusa nos ensina, exatamente, assim como no Cristianismo, que a morte não é o fim. Depois de receber a mão fria da morte e sobreviver, você aprende o mistério da morte, então não tem medo da morte. Ensinamos projeção astral, que prova sem sombra de dúvida que enquanto você tem sua manifestação física, existe o ego, que é externo e pode se manifestar fora desse corpo, sem expressão física. Existem muitos outros níveis de consciência. Nosso corpo físico é apenas um aspecto dele, um aspecto menor, mas muito importante para nós, porque estamos confinados a ele. Porém somos ensinados a não temer a morte, porque, no final de nosso tempo, apenas nos livramos desse corpo físico. O propósito da Iniciação, portanto, é que você esteja em plena consciência naquele momento de partida de seu corpo físico, para que apenas avance para o próximo plano, ou plano interno, onde quer que você esteja. Este poderia ser o conceito da Wicca de voltar para as plantas e animais verdes e férteis, como no paraíso, como no Jardim do Éden. Ou para outra estrela, há centenas de milhares de pessoas que acreditam que há vida em outro planeta, ou o conceito do Egito antigo; viver no Antigo Egito, ou pode se esperar uma espécie de período de descanso para renascer em outro corpo, e continuar a Wicca.

Stewart Farrar: VOCÊ ACHA QUE PODE RENASCER EM UM PERÍODO ANTERIOR, ACREDITA QUE SUA PRÓXIMA VIDA NÃO PRECISA SER CRONOLOGICAMENTE DEPOIS DESTA?

Alex Sanders: Não, não precisa, porque não existe tempo, e não existe espaço, altura, comprimento e largura.

Stewart Farrar: O QUE SÃO ESSAS COISAS, ENTÃO?

Alex Sanders: Estes são conceitos, para nossa compreensão dos atributos e das vibrações ao nosso redor. Não há começo nem fim, que é o significado do Círculo Mágico. Você está no mesmo ponto do tempo; tempo é uma expressão ruim, o tempo todo, porque o "agora" se foi, e estamos sempre no antes.

Stewart Farrar: MAS DE CERTO MODO, DEVE HAVER ALGO QUE SE APROXIME DO TEMPO, CASO CONTRÁRIO, HAVERIA DESENVOLVIMENTO, NÃO É? VOCÊ FALA SOBRE O PROGRESSO INDIVIDUAL, O QUE SUGERE QUE AMANHÃ VOCÊ É MELHOR DO QUE ONTEM. DEVE HAVER ALGUM TIPO DE CONCEITO COMO O TEMPO PARA QUE POSSA PROGREDIR.

Alex Sanders: Não, este conceito é um conceito humano; todas as coisas estão lá. Elas já aconteceram e você está vivendo isso; mas há tantos caminhos, passagens e formações desse "já aconteceu", que você, em sua própria consciência, pode se mover em sua própria órbita e pode experimentar todas essas coisas de muitas maneiras diferentes, entre o aqui e o desistir de seu corpo. Você está tão perto do Antigo Egito agora quanto estaria daqui a 10.000 anos. Temos o conceito de tempo de que se tem uma mulher de 105 anos, um bebê de 6 meses e eu de 40, na verdade somos tão velhos uns quanto os outros, porque temos estado aqui desde o primeiro momento da criação.

Stewart Farrar: Mas onde isso deixa o conceito de almas jovens e velhas?

Alex Sanders: Sim, posso entender esse conceito completamente; é que só tocamos em momentos diferentes desse ciclo, todo o Universo entre nós. Assim, consequentemente, devido à taxa de vibrações ao nosso redor, todos nós nos vestimos e resistimos de maneira diferente; temos aparências diferentes, envelhecemos de maneira diferente e temos perspectivas diferentes. A maneira como manifestamos essas coisas em cada vida depende inteiramente de nós mesmos e de nosso propósito. Nós os usamos para nos fazer conhecer aos outros. Você veio escrever uma história sobre mim e a Wicca ensina que se você entrou na Arte, é porque foi isso que o trouxe de volta aqui. Você já pertenceu à Arte antes e agora está encontrando o caminho de volta; você reapareceu no ciclo novamente, assim como iniciou um novo ciclo. Não há razão para não acreditarmos na reencarnação e no renascimento; no que nos diz respeito, o homem é considerado a forma de vida mais elevada e mais inteligente, pois tem uma consciência. Os animais da chamada "escala inferior" seguem seus instintos e não raciocinam, tanto quanto sabemos. Eles apenas fazem determinadas coisas, porque é seu instinto fazê-lo. Ocasionalmente, seguiremos nossos instintos, mas invariavelmente os cortaremos. Não cheiramos mais a animais; deveríamos ser capazes de dizer se há algo errado com uma pessoa simplesmente cheirando-a; e, na verdade, alguns dos rituais envolviam cheirar e tocar. Por que o homem, o mais nobre de todos no que nos diz respeito, deveria cessar? Seria absolutamente inútil, sem propósito.

Stewart Farrar: Mas claro, muitas pessoas poderiam dizer "Sim, é claro que o homem sobrevive, mas ele não sobrevive como indivíduo, ele sobrevive em seus filhos".

Alex Sanders: Eu também concordo com esse ponto; mas não tenho motivos para duvidar da reencarnação. Acho que qualquer pessoa de inteligência razoável saberia que até em nossa história registrada, a qual se estende por milhares de anos – mesmo em formas de pintura, nas cavernas –, o homem tem acreditado na sobrevivência após a morte. Existem muitos registros ao longo dos séculos de sobrevivência, de vida após a morte, através de vários líderes tribais, Xamãs, Bruxas e Sacerdotes. Não há nenhuma razão para duvidar, e é uma crença inerente a todos os homens, mesmo a um ateu, que eles não vão morrer. Eles querem viver para sempre.

Stewart Farrar: Matematicamente, por assim dizer, é preciso postular outros mundos, não é verdade, até mesmo porque a população aumenta. De onde vieram todos eles, se todos sobreviveram?

Alex Sanders: Sim, é verdade. Você se limitou agora aos atributos físicos. Tudo ao nosso redor está vibrando em ritmos diferentes; aquele sofá, por exemplo, não vibra tão rápido quanto você, senão ele estaria se mexendo; é uma vibração estável e permanece lá até que a movamos. Uma vez que você perdeu seu corpo físico, você é o ego, uma ideia, um espírito, uma taxa de vibrações, um conceito. Isso não ocupa espaço. Estamos limitados em nosso vocabulário por expressões físicas. O que é o mundo e o que são as pessoas? O que são as coisas ao nosso redor? Qual é a realidade última? Está aqui, já foi ou vai ser? Este é o nosso sonho? Somos ensinados que tudo acontece primeiro no astral, e apenas o representamos aqui; daí o ditado "*castelos no ar*". Você tem castelos no ar.

Stewart Farrar: O budismo fala de reencarnação, progressão, mas do fim, onde o indivíduo se funde com a realidade última e deixa de existir como indivíduo. É uma linha estreita. Mas se considerarmos isso como um ciclo, onde está sempre a acontecer, os problemas desaparecem. Não há fim para isso.

Alex Sanders: Isso é o infinito e a divindade. Chame como quiser, seja a realidade última, seja estar em harmonia com a Deusa ou com o Deus, todos eles fazem parte dessa realidade última. Esta é a única maneira que podemos expressá-lo, por falta de vocabulário. Se pudéssemos expressar isso, nós o expressaríamos na palavra "*Aum*"[28]. Sempre que digo isso, o mundo inteiro vibra. Cada cor que existe de repente ganha vida e vibra, e a chuva cai e o sol brilha, quando você diz essa palavra. O "*Aum*" vibra cada letra de cada alfabeto conhecido.

28. Um mantra budista relacionado ao Chakra da Coroa - *Akasha* ou espírito.

Este é o segredo do açoite e dos sinos[29], que quando você faz isso, os palácios aparecem de repente, e os dogmas evoluem, e estes se tornam os adornos da verdade. "Aradia"' tornou-se lugar-comum, o que significa que tem pouco poder; mas quando estou usando o nome do poder, digo "*Arayda*"; e "*Arayda*" então vibra dentro de mim, e eu tenho uma sensação de consciência do que estou fazendo. Recebemos esses nomes de poder, e o poder é o propósito do mantra; e para elevar a consciência, deve ser uma expressão de cada força que existe. "*Om mani padme hum*"[30]é a expressão do Universo e do Omniverso, e é o poder dos Deuses e das Deusas, assim como Aradia (*Arayda*) e Cernunnos, a pronúncia correta de Karnayna, que se tornou tão comum na Wicca, que se tornou um problema.

Stewart Farrar: Um nome de poder torna-se enfraquecido, à medida que se torna moeda comum?

Alex Sanders: Sim, mas desde que você não explique; ainda tem seu poder. Dizem que um segredo compartilhado é um segredo dividido pela metade. Poder compartilhado é poder dividido pela metade. Um grupo de pessoas trabalhando juntas, semissecretamente, e respeitando os nomes do poder, usa-os para um propósito, eles criam esse nome de poder; constroem uma forma para ir com ele. Ainda tenho que fazer isso com este grupo atual, construindo a imagem da Deusa. Ela está lá; ela é aquela imagem no altar, vestindo um manto azul e branco. Se alguém pode dizer "*Arayda*" e visualizar essa coisa, pode fazer com que as coisas aconteçam. Na verdade, você pode construí-la tão grande, tão fortemente como algo de um grupo, que ela aparecerá, entrará em seu Círculo e falará com você. São as forças ou energias naturais com as quais você trabalhou e criou que permitem que você faça isso.

Stewart Farrar: Quando a Deusa entra no Círculo e aparece para as pessoas no Círculo, qual é a natureza de sua realidade?

Alex Sanders: Ela é uma mulher.
Stewart Farrar: Uma pessoa autoconsciente viva?

29. O Açoite e os Sinos são ferramentas mágicas usadas para iniciação na Tradição Alexandrina.

30. Traduzido como "A joia está no lótus".

Alex Sanders: Sim.

Stewart Farrar: E QUANDO ELA FALA COM VOCÊ, NÃO É ALGO DO SUBCONSCIENTE DO GRUPO QUE ESTÁ APARECENDO. É UMA ENTIDADE SEPARADA FALANDO COM VOCÊ?

Alex Sanders: Uma entidade absolutamente separada, mas você deu a ela o poder de se manifestar. A Wicca ensina que os Deuses são impotentes sem a ajuda do homem. Eu acredito que isso seja baseado nas lendas egípcias onde Osíris é morto por Set, e então trazido de volta à vida por Thoth, Anúbis e Ísis. Ele foi então assassinado novamente, pouco antes de se tornar o governante do Submundo. Set cortou seu corpo em pedaços; e a única coisa que não foi recuperada foi seu falo. Ísis teve que conseguir que Thoth a ajudasse, pois ela então se deitou no corpo de Osíris e ganhou um filho póstumo. Acho que é aí que entra o poder, que os Deuses são impotentes sem a ajuda do homem, pelos Ritos de Ísis. Esses se tornaram os ritos mais licenciosos de todos naqueles dias, pois eram mal compreendidos; eles se tornaram a orgia no sentido mais baixo. O Deus do Submundo não tinha poder para procriar, mas o homem tinha; e se o homem venerava Osíris pela procriação, pelos Ritos de Ísis, ele então dava poder aos Deuses. Podia-se rezar ou invocar Ísis para intervir e ela passaria o poder e novamente Osíris viveria por um tempo.

Stewart Farrar: QUEM SÃO OS MORTOS PODEROSOS?

Alex Sanders: Os Gardnerianos chamam os Mortos Poderosos ao redor das Torres de Observação[31]. Eu não. Eles não são os Mortos Poderosos, são os não nascidos. Os Deuses dos Ventos são os não nascidos, os incriados, mas dão expressão nos ventos e em outras formas como essa. Os Mortos Poderosos para mim são as pessoas às quais pertenço, que já se foram, de um ponto de vista ancestral. Mas os Mortos Poderosos, do ponto de vista dos Deuses, são pessoas como Osíris, que morreu pela humanidade, assim como Cristo, Buda e a

31. Um erro da parte de Alex Sanders; os Gardnerianos na verdade chamam os poderes dos quadrantes de "Os Poderosos".

Deusa, personificados como pessoas. Todos eles foram para o Submundo e ressuscitaram. Plutão, Hades, Radamanto, Hécate; eles são os Mortos Poderosos.

Stewart Farrar: A Wicca, vai se expandir?

Alex Sanders: A última guerra e o lançamento da bomba atômica em Hiroshima colocaram certas coisas em movimento. Eles liberaram forças espirituais. Disseram-me que Hitler, que abriu as portas do Submundo, o inferno dos cristãos, liberou certas forças espirituais. Isso liberou as forças demoníacas o que, durante anos, resultou em uma batalha entre a luz e as trevas. A luz superou a escuridão, eventualmente. Foi necessária uma explosão de luz muito drástica, equivalente à coluna de fogo que derrubou Sodoma e Gomorra. Isso foi feito em Hiroshima; e enquanto trouxe paz, também trouxe medo, que mantém a paz hoje, geralmente em todo o mundo. A humanidade está tentando romper com as manifestações físicas do medo e encontrando alívio na expressão espiritual; e não é a minha geração ou a nossa geração que geralmente está tentando fazer isso. Somos exceções à regra; é por isso que temos publicidade. Eu avancei com a geração mais jovem, estou me mudando com meus filhos e os filhos deles, e estou alcançando a idade agora em que também são os filhos deles. Eles estão tentando encontrar uma expressão de paz; você tem o pessoal das flores, o pessoal hippie, você tem essa grande onda de música; que inicialmente era dura e discordante, que agora está começando a se acalmar. A geração mais jovem deseja esta liberdade no espírito do amor, liberdade no espírito da Wicca. Os antigos mistérios que foram escritos nos antigos livros e manuscritos, até mesmo os julgamentos das Bruxas, sugerem liberdade e êxtase, que vão além do físico. Eu acho que os mais jovens hoje estão encontrando isso. A Wicca é uma das maneiras de encontrar isso. O verdadeiro budismo, glorificando o corpo, é outra maneira. O povo Hare-Krishna, que agora está começando a se tornar comercial, tinha essa liberdade, mas agora nos últimos meses está começando a perdê-la. Alan Gingsberg[32] e Michael Malik[33] também tinham, mas eles se tornaram conscientes do

32. Alan Gingsberg foi um famoso poeta da contracultura e autor da época.

33. Michael de Freitas, mais conhecido como "Michael X", foi um radical porta-voz da comunidade afro-caribenha do Reino Unido, mais tarde mudou seu nome para Michael Abdul Malik.

poder e começaram a perdê-lo. Esse poder se deteriora; mas serve a um propósito, porque enquanto os tinha, as pessoas viam a verdade do que tinham quando era novo, fresco e bonito para elas. As pessoas reais estão nos bastidores fazendo isso. Fui empurrado para a frente como pioneiro, tanto quanto posso. Agora só depende do que você pensa que a Bruxaria seja. A Wicca para mim é sabedoria, e a sabedoria é universal em toda a sua perspectiva; não é necessariamente o Círculo Mágico dos meus Bruxos. Meu Círculo Mágico de sabedoria pode estar sentado com uma turma de crianças em um parquinho; vendo-os jogar, pode ser na África, pode ser na Índia; sentado ao pé de um professor. Pode ser qualquer coisa; depende apenas do que você pensa que a Bruxaria seja. A Bruxaria é apenas um trabalho sábio.

Stewart Farrar: MAS A BRUXARIA, BASICAMENTE NESTA FORMA, VOCÊ ACHA QUE ISSO VAI SE EXPANDIR?

Alex Sanders: Acho que a Bruxaria nesta forma está apenas começando. Ainda está apenas em seus estágios iniciais. Sei pela quantidade de pessoas de quem recebo correspondência, pelas pessoas com quem falo que vieram da América, que estão esperando pela Wicca. Estou esperando, imaginando quem será o Messias para isso. De certa forma, eu sou o Messias aqui; eu sou o Rei Bruxo. Estou pronto para ser sacrificado e crucificado por qualquer um. Isso já acontece nos bastidores. Não estou dizendo que sou o Messias, mas sou aquele que foi colocado em primeiro plano. Estou carregando, se quiser, a glória comigo, mas também estou carregando o fardo. A América está pronta para isso. O continente está pronto para isso. Eles estão ficando cansados do que é conhecido como feitiçaria. Eles estão lendo muito sobre a organização e estabelecimento da Bruxaria na Grã-Bretanha, e querem saber mais sobre isso. Está se espalhando; Os australianos também estão demandando Covens. Mas está se espalhando; tem futuro. Sempre esteve aqui conosco e, nos últimos 6 a 700 anos, você pode rastrear a partir de manuscritos e vários livros que estão por aí, que não mudou muito do ponto de vista do Círculo Mágico. Não vai mudar muito no futuro, porque o Círculo representa o zero, o infinito. Está lá o tempo todo e sempre estará.

Também não estou tão preocupado com o fato de a Wicca ser um culto matriarcal. Para mim, um poder é tão igual quanto o outro, portanto, permito-me ser chamado de "Rei das Bruxas". Sou o representante do Deus Cornífero e tenho tanto poder quanto ele. Enquanto eu penso no Deus Cornífero, ele tem poder; no momento em que paro de pensar nele, ele não tem nenhum. O mesmo é verdade para a Deusa. Eles têm poder em diferentes épocas do ano, mas na maioria das vezes, o Deus Cornífero é negligenciado, e isso é uma coisa amoral, porque significa que apenas as mulheres estão governando a Wicca, e as mulheres que conheço que fazem isso não são adequadas para serem Sacerdotisas na Arte. Eles estão jogando um jogo, e não é o jogo da bela e jovem Deusa, é o jogo da Bruxa, o misterioso jogo da Bruxa da Idade Média.

Stewart Farrar: O quanto você acha que sempre haverá um Círculo Interno, uma espécie de pessoas escolhidas que guardam os segredos, a sabedoria?

Alex Sanders: Eu penso que sempre; sempre haverá, assim como vocês têm governos. Eles são necessários, porque as pessoas podem ser fracas; quero dizer em massa, elas podem ser fracas. Mas temos algumas que nos guiam. Você sempre terá pessoas puxando as cordas. Claro que tem, precisa ter, para manter o estabelecimento funcionando. É como um relógio; todas as rodas são independentes, na corda, e isso também acontece com os Covens. Todos os Covens são interdependentes, mas estão interligados, pois possuem o *Livro das Sombras*, que atua como um guia para mantê-los unidos. Mas você não escolhe deliberadamente as pessoas para serem esses guardiões da sabedoria e dos segredos.

Stewart Farrar: Eles encontram seu próprio nível?

Alex Sanders: Deixe que aqueles que tenham ouvidos, ouçam, e eles o farão, e eles encontrarão seu nível, e encontrarão seu próprio comando e sua própria autoridade, em virtude de seus próprios esforços; o trabalhador é digno de seu salário. À medida que as pessoas se graduam, ela pode se separar. Eles podem ficar com essas coisas; podem deixá-las morrer com eles, como essa coisa estúpida de "*temos uma lista de espera de três anos*". Ridículo, em três anos você poderia treinar uma dúzia de pessoas e promover a Wicca; e estas são as pessoas que devem ser depostas; ou definir corretamente. Eles precisam de orientação divina; precisam atrair algum espírito para o Círculo. Em primeiro lugar, eles querem que seus próprios Açoites sejam usados neles, como Cristo expulsou os agiotas do Templo. Tenho que voltar sempre ao Cristianismo, porque é uma parte essencial do nosso ambiente; é um padrão pelo qual você pode testar sua Wicca, como uma comparação. Mas sempre haverá pessoas governando; e isso não tem nada a ver com atributos políticos ou com o quanto você leu; mas pela sabedoria eterna, que está dentro de você. Pessoalmente, não preciso dizer às pessoas de que sou um Bruxo. Eu sou apenas um homem pequeno; pequeno na aparência, não há nada de surpreendente na minha aparência. No entanto, posso ir a lugares onde nunca estive antes, posso me sentar e, em poucos minutos alguém se aproxima de mim, pede para tomar uma bebida e me faz uma pergunta ou diz: "*Não fique aí tão triste...isso pode nunca acontecer*". Estou emanando algo, e isso atrai as pessoas, e isso é autoridade; isso atrai as pessoas. Eles podem não reconhecer o que é, mas atrai as pessoas. Há pessoas que sentam e conversam comigo e não têm a menor ideia de quem eu sou. Eles vão me dizer: "*você parece um padre*". Eles precisam de um padre, um Bruxo Sacerdote ou uma Bruxa Sacerdotisa no Conselho Mundial de Igrejas, e isso faria muito bem.

Stewart Farrar: Bem, do ponto de vista deles, além do que pensam sobre as Bruxas, não há nenhuma organização que possa eleger um representante; eles têm uma mentalidade muito estabelecida, não são, os outros credos, enquanto a Wicca é muito fluida.

Alex Sanders: Sim, mas há certos membros da Arte que tiveram muita publicidade nos últimos 10 anos, e são líderes óbvios, que podem ser abordados.[34] Há Pat Crowther, Sra. Eleanor Bone, Sr. Basil Crouch de Balham, Olwyn Wilson da Ilha de Man; ela recebeu muita publicidade negativa imerecida, Doreen Valiente e, obviamente, eu. Essas são pessoas que podem ser abordadas; são pessoas confiáveis e sua autoridade geralmente é inquestionável. Eles não fazem nada prejudicial à Arte. Mas eu, sou o progressista que diz as coisas ultrajantes, mas precisa de

34. Alex fez uma anotação aqui dizendo "*na verdade eu gostaria que esses nomes fossem mencionados no livro*".

alguém de vez em quando para ser um pouco direto.

Stewart Farrar: Essas pessoas, algumas delas são Gardnerianas?[35]

Alex Sanders: Bem, esta é a história que a Sra. Bone me contou recentemente. Ela disse que pertencia à Arte hereditária; iniciada em 1942, no norte da Inglaterra, e que durante a guerra veio para Londres. Depois disso, ela sentiu falta de trabalhar com pessoas hereditárias, então fez contato com o Dr. Gardner e, se bem me lembro, ela cuidou dele por um tempo. A Sra. Bone trabalhou com ele e então sentiu que a expressão não estava certa, então formou seu próprio Coven; e é assim que ela tem trabalhado desde então. Ela não me defende; ela acha que sou um Mago ritual, não um Bruxo. Eu realmente deveria dizer isso às pessoas, mas sinto que existem graus além da Bruxaria. Não acho que isso necessariamente me impeça de ser um Bruxo; na Wicca está a sabedoria. Patricia Crowther era amiga de Gerald Gardner e uma de suas iniciadas. Olwyn na Ilha de Man é obviamente Gardneriana. Doreen Valiente eu acho que é uma Bruxa tradicional.[36]

Stewart Farrar: O que é "Tradicional"?

Alex Sanders: Acho que Doreen Valiente é.[37]Vou citar uma pequena citação que ela fez em um de seus artigos: "*Estou entediada com os Deuses!*" Essa citação vem diretamente de Dion Fortune, entao acho que ela era uma seguidora de Dion Fortune. Ela geralmente tende a se isolar de todos os Bruxas agora; ficou temperamental com os anos, ela não vê muitas pessoas. O Sr. Crouch é hereditário. Ele está em seus 70 anos. Excelente homem, ele acredita na tradição atlante, como eu. Na verdade, acho que somos apenas os dois que ensinam. Ele ensina muito parecido comigo, exceto que seus iniciados usam calçolão vermelho! Acho que eles usam um antigo ritual romano, e lá estavam eles buscando

35. Na verdade, todos eles eram, exceto Basil Crouch. Doreen Valiente, Patricia Crowther e Olwyn Wilson eram todas Altas Sacerdotisas que foram iniciadas e trabalharam com Dr. Gerald Gardner.

36. Doreen Valiente deixou o Coven de Gardner em 1957 e passou a trabalhar com Robert Cochrane (*The Magister*), que alegou que sua família era de Bruxas hereditárias.

37. Alex Sander parece ter entendido mal a questão aqui. Ele responde como se lhe perguntassem 'Quem são os tradicionais?'

a púrpura imperial, que eles não perceberam, era escarlate. Depois, há Lois Pearson[38] em St. Alban. Ela está fugindo há anos. Lois não recebe muita publicidade agora, mas é conhecida. Todas essas pessoas são excelentes à sua maneira, se você puder ignorar suas imperfeições; eles são consistentes no que fazem. Todos nós discordamos, mas enquanto eu digo isso na cara deles, eles não fazem o mesmo, eles escrevem cartas sobre mim.

Stewart Farrar: Mas você também concorda, como Crowley sempre sugeria, que existem mestres ocultos[39] ao redor do mundo que estão guardando os Segredos Internos?

Alex Sanders: Essas pessoas, no nosso círculo interno, nós as chamamos de mutantes, elas são os "super-homens" da sociedade, da humanidade. Ocasionalmente, você os encontra na rua e sabe que encontrou um, e se sente absolutamente carregado com esse poder por dias. Elas estão ali; elas existem. Eu sei disso sem sombra de dúvida, porque foi decretado que eu irei para o Tibete. Uma dessas pessoas se manifestou em meu quarto quando eu estava prestes a me suicidar; seu nome era Salon. Quando eu tinha uns 10 anos, peguei um saquinho de café, abri e escrevi uma carta para o Dalai Lama, coloquei um selo usado nele e coloquei em uma caixa de correio. Até hoje não sei de onde tirei a ideia de fazer isso. Provavelmente nunca foi postado. Quando, em 1965, Salon se manifestou pela primeira vez a mim, ele sabia tudo sobre aquela carta; estava em observação. Ele é um homem vivo, vivendo no Tibete agora[40], mesmo sob o domínio chinês. Meu futuro e meu verdadeiro trabalho estão apenas começando. O que estou fazendo agora é apenas uma alfinetada no oceano, uma gota d'água. O que vai ser eu não sei, a menos que seja contra o comunismo, o comunismo no sentido que está sendo ensinado agora.

Stewart Farrar: Sim, fui comunista por muitos anos.[41]

38. Mais tarde, ela se casou e agora é mais conhecida como Lois Bourne.

39. O conceito de "Mestres Ocultos" se origina com Madame Blavatsky e o movimento da Teosofia, assim como a "Tradição Atlante" mencionada anteriormente.

40. Esta foi uma das previsões bem conhecidas de Alex Sanders, mas nunca aconteceu.

41. Stewart foi comunista de 1945 a 1956; trabalhando no Soviet Weekly, em Londres. Ele saiu desgostoso com a invasão soviética da Hungria.

Alex Sanders: Eu também, embora não seja do conhecimento geral. Eu morava com Geoffrey Hann.

Stewart Farrar: BEM, ESPERO ESTAR POR PERTO PARA VER O QUE ACONTECE COM VOCÊ, TALVEZ FAZER PARTE DISSO.

Alex Sanders: Tudo isso está previsto para mim. Não consigo ver a razão, porque, embora na superfície eu esteja interessado no Tibete e na Índia, ainda não consigo ver isso acontecer. No entanto, supostamente vai acontecer; eu tenho que aprender a estar lá e aprender sobre isso. Obviamente, tenho que aprender as artes da Magia tibetana, porque a Magia é minha vida. Consequentemente, tenho que aprender a consciência tibetana e indiana. Isso significa que tenho que ver o mundo ocidental através dos olhos da Índia e do Tibete, através da antiga sabedoria do Tibete, e encontrar o método de equacioná-los. Provavelmente, porque muitos jovens desta parte do mundo estão indo para a Índia. No momento estou ficando muito, muito inquieto; parece que todos os compromissos que tenho aqui não se concretizam. Está decretado que tenho que andar; quase como uma peregrinação.[42] Embora eu não ache que será bem assim; há tantas pessoas em tantos países diferentes que queriam me conhecer ao longo dos anos, que eu tenho que ir. Talvez para Paris primeiro, e então as pessoas me levarão para o próximo lugar e assim por diante.

Stewart Farrar: QUANDO VOCÊ ACHA QUE ISSO VAI ACONTECER?

Alex Sanders: No que me diz respeito, deveria ter sido em abril deste ano. Acho que agora será no ano que vem.

Stewart Farrar: BEM, PURAMENTE EGOÍSTA, ESPERO QUE, ANTES DE VOCÊ IR, EU TENHA APRENDIDO O SUFICIENTE PARA ME COLOCAR EM MEUS PRÓPRIOS PÉS, POR ASSIM DIZER.

Alex Sanders: Isso não me preocupa, porque estou sob orientação do espírito. Não orientação espiritual, orientação do espírito. Eu tenho

42.Alex Sanders permaneceu em Londres, até 1973 quando se mudou para Bexhill Kent, ele nunca fez esta viagem ao Tibete ou ao continente.

um professor espiritual que não vem com muita frequência agora, mas se eu precisar de ajuda, ele estará lá. Ele nunca me permite assumir mais do que sou capaz de lidar. Então, qualquer responsabilidade que eu assumi, qualquer compromisso vai ser exatamente na medida do necessário. Isso independentemente de ser para o bem da Wicca em geral ou para o bem de uma pessoa. Não há uma única pessoa que será deixada esperando. Há muitas, muitas coisas que sei sobre o futuro que não tenho permissão para contar ou ir além.

Apêndice 6
O Livro da Lei

Gerald Gardner introduziu as leis originais na Wicca em 1957. Antes desta data, não há exemplos existentes encontrados em nenhum dos Livros das Sombras da Wicca. De acordo com Doreen Valiente, uma das coautoras de *O Livro das Sombras*, eles se originaram após uma disputa sobre privacidade com Gardner[1]. Valiente originalmente produziu as utilitárias Regras Provisórias da Arte, que foram rejeitadas por Gardner em benefício de uma forma mais arcaica de escrever as leis listadas a seguir. Elas originalmente consistiam em apenas uma pequena amostra das leis mostradas aqui; Stewart Farrar marcou em sua edição de June John's, *King of the Witches*, onde ele viu as leis pela primeira vez: "apenas 51-80 no Livro das Sombras de Gardner". Em 1961, leis adicionais foram adicionadas ao *Livro da Lei*, como Sanders o chamou, elevando o número para 160. É provável que Sanders, direta ou indiretamente, tenha recebido as seguintes leis completas de Pat Kopinsky, uma iniciada da respeitada Alta Sacerdotisa Gardneriana Patrícia Crowther. Sanders foi o primeiro a publicá-las abertamente, incluindo-as no livro de June John, aqui mencionado.

1. As origens das Leis são mencionadas no livro de Doreen Valiente, *The Rebirth of Witchcraft*, publicado por Robert Hales, em 1989.

1. A Lei foi feita e ordenada desde antigamente.
2. A Lei foi feita para os Wicca, para aconselhar e ajudar em seus problemas.
3. Os Wicca devem prestar o devido culto aos Deuses e obedecer a sua vontade, na conformidade do que eles ordenam, pois isso se fez para o bem dos Wicca assim como o culto dos Wicca é bom para os Deuses. Pois os Deuses amam a irmandade dos Wicca.
4. Tal qual um homem ama uma mulher, dominando,
5. Assim os Wicca devem amar aos Deuses sendo dominados por eles.
6. E é necessário que o Círculo, que é o Templo dos Deuses, seja verdadeiramente lançado e purificado e que se torne um lugar adequado para que os Deuses possam entrar.
7. E os Wicca devem estar preparados apropriadamente e purificados para entrar na presença dos Deuses.
8. Com amor e adoração em seus corações, eles devem elevar o poder de seus corpos para dar poder aos Deuses.
9. Assim como foi ensinado antigamente.
10. Pois somente assim é possível ter comunhão com os Deuses, pois os Deuses não podem prestar auxílio aos homens sem ajuda deles mesmos.
11. E a Alta Sacerdotisa governará o seu Coven como representante da Deusa.
12. E o Alto Sacerdote apoiará a ela como representante do Deus.
13. E a Alta Sacerdotisa escolherá a quem ela quiser, desde que ele tenha posição suficiente para ser seu Alto Sacerdote.
14. Pois, como o próprio Deus, ele beijou seus pés na Saudação Quíntupla, colocando seu poder aos pés da Deusa por sua juventude e beleza, sua doçura e bondade, sua sabedoria e justiça, sua humildade e generosidade.
15. Então ele renunciou a Ela todo o seu poder.
16. Mas, a Alta Sacerdotisa deve ter sempre em mente que todo o poder vem Dele.
17. É apenas emprestado para ser usado com sabedoria e justiça.
18. E a maior virtude de uma Alta Sacerdotisa é que ela reconheça que a juventude é necessária para a representante da Deusa.
19. Portanto, ela irá graciosamente se retirar em favor de uma mulher mais jovem, caso o Coven assim decida em conselho.

20. Pois uma verdadeira Alta Sacerdotisa sabe que renunciar graciosamente seu lugar de honra é uma das maiores virtudes.

21. E assim ela retornará ao seu posto de destaque em outra vida, com maior poder e beleza.

22. Antigamente, quando a Bruxaria se estendia, éramos livres e cultuávamos em todos os templos maiores.

23. Mas nestes tempos infelizes, devemos celebrar nossos sagrados Mistérios em segredo.

24. Assim seja ordenado que ninguém, exceto os Wicca, possa ver nossos Mistérios, pois nossos inimigos são muitos e a tortura torna solta a língua do homem.

25. Assim, que seja ordenado que nenhum Coven saiba onde o outro está.

26. Ou quem são seus membros, exceto pelo Sacerdote, Sacerdotisa e o mensageiro.

27. E não haverá comunicação entre eles, exceto por meio do mensageiro dos Deuses, ou pelo Invocador.

28. E somente se for seguro os Covens podem se reunir em algum lugar protegido para os Grandes Festivais.

29. E enquanto estiverem lá, ninguém dirá saber de onde vieram e nem darão seus verdadeiros nomes.

30. Pois assim, se alguém for torturado, em sua agonia não poderá contar se não souber.

31. Assim, fica ordenado que ninguém deve contar a ninguém sobre a Arte dos Wicca, nem dar nomes ou onde moram, ou de qualquer forma contar alguma coisa que possa trair qualquer um de nós aos nossos inimigos.

32. Nem podem dizer onde se localiza o *Covendom*.

33. Ou o *Covenstead*.

34. Ou onde serão as reuniões.

35. E se alguém quebrar essas Leis, mesmo sob tortura, que A MALDIÇÃO DA DEUSA RECAIA SOBRE ELES, para que nunca mais renasçam na Terra e permaneçam ao lugar que pertencem, no inferno dos cristãos.

36. Que cada Alta Sacerdotisa governe seu Coven com justiça e amor, com a ajuda e o conselho do Alto Sacerdote e dos Elders, sempre seguindo o conselho do Mensageiro dos Deuses, se ele vier.

37. Ela atenderá todas as reclamações de todos os irmãos e se esforçará para resolver todas as diferenças entre eles.

38. Mas deve-se reconhecer que sempre haverá pessoas que se esforçarão para forçar os outros a fazerem as coisas de acordo com sua vontade.

39. Estes não são necessariamente maus.

40. E muitas vezes eles têm boas ideias, e tais ideias devem ser discutidas no conselho.

41. Porém, se eles não concordarem com seus irmãos, ou disserem:

42. "Eu não vou trabalhar sob esta Alta Sacerdotisa",

43. Sempre foi a Antiga Lei conveniente aos irmãos evitar disputas.

44. Qualquer um dos terceiros pode reivindicar fundar um novo Coven, porque vivem a mais de uma légua do *Covenstead*, ou porque estão a ponto de fazer isso acontecer.

45. Qualquer um vivendo nos limites do *Covendom* e desejando formar um novo Coven deverá contar aos Elders sobre sua intenção e imediatamente evitar sua residência e se mudar para o novo *Covendom*.

46. Os membros do antigo Coven podem se juntar ao novo quando ele for formado. Mas se o fizerem, devem sair definitivamente do antigo Coven.

47. Os Elders dos velhos e novos Covens deverão se encontrar em paz e amor fraterno para decidir os novos limites.

48. Aqueles da Arte que residem fora de ambos *Covendoms* podem se juntar a qualquer um, mas não a ambos.

49. Embora todos possam, se os Elders concordarem, eles poderão se reunir para os grandes festivais se for realmente em paz e amor fraternal.

50. Mas dividir o Coven muitas vezes significa conflito, então, por esta razão, essas Leis foram feitas no passado, e que a MALDIÇÃO DA DEUSA ESTEJA SOBRE QUALQUER UM QUE AS DESCONSIDERAR. Assim seja ordenado.

51. Se quiser manter um livro, que seja escrito por sua própria mão. Deixe os irmãos e irmãs copiarem o que quiserem, mas nunca deixe o livro longe de suas mãos, e nunca guarde os escritos de outra pessoa.

52. Pois se ele for encontrado com a caligrafia deles, poderão ser arrastados e indiciados.

53. Que cada um guarde seus próprios escritos e os destrua sempre que o perigo ameaçar.

54. Aprenda o máximo que puder de cor, quando o perigo passar, reescreva seu livro, para que esteja seguro.

55. Por essa razão, se alguém morrer, destrua seu livro se não puderem fazê-lo.

56. Pois, se for descoberto, será uma prova clara contra eles.
57. E nossos opressores sabem "Não se pode ser um Bruxo sozinho".
58. Assim, todos os seus parentes e amigos correm risco de tortura,
59. Portanto, destrua tudo que não seja necessário.
60. Se o seu livro for encontrado consigo, é uma prova clara contra você, que poderá ser indiciado.
61. Mantenha todos os pensamentos da Arte longe da sua mente.
62. Se a tortura for grande demais para suportar, diga, "Vou confessar. Não posso suportar esta tortura. O que você quer que diga?"
63. Se eles tentarem fazê-lo falar da irmandade, não fale.
64. Mas se eles tentarem fazer você falar de impossibilidades como voar pelos ares, conviver com um demônio cristão ou sacrificar crianças, ou comer carne humana,
65. Para obter alívio da tortura diga, "Tive um pesadelo, estava fora de mim, estava enlouquecido".
66. Nem todos os magistrados são maus, se houver uma desculpa, eles podem mostrar misericórdia.
67. Se confessou algo, negue depois, diga que estava alucinando sob tortura, diga que confessou sob tortura, diga que não sabia o que estava dizendo.
68. Se for condenado, não tema.
69. A irmandade é poderosa e vai ajudar você a escapar se tiver permanecido firme, mas se fizer alguma traição, não há esperança para você nesta vida ou na que está por vir.
70. Tenha certeza, se for firme para a pira, drogas o alcançarão e nada sentirá. Você irá para a morte e para o que está além, o êxtase da Deusa.
71. Para evitar a descoberta, os instrumentos de trabalho devem ser coisas comuns que qualquer um poderia ter em casa.
72. Que os Pentáculos sejam de cera para que possam ser quebrados imediatamente, ou derretidos.
73. Não tenha Espada a menos que sua posição o permita.
74. Não tenha nomes ou sinais em nada.
75. Escreva os nomes e símbolos neles com tinta antes de consagrá-los, e lave-os imediatamente depois.
76. Que a cor do punho identifique qual é qual.

77. Não grave[2] nada para que não causem descobertas.

78. Lembre-se sempre que você é o filho oculto da Deusa, então nunca faça algo que possa desonrá-lo ou a ela.

79. Nunca se gabe, nunca ameace, nunca diga que deseja o mal a alguém.

80. Se qualquer pessoa que não esteja no Círculo falar sobre a Arte, diga, "Não fale comigo sobre isso, pois me assusta e é má sorte falar sobre essas coisas".

81. Por esta razão, os cristãos têm seus espiões em todos os lugares. Eles falam como se fossem atraídos por nós, como se viessem às nossas reuniões, dizendo "Minha mãe costumava adorar os Antigos. Eu gostaria de ir pessoalmente".

82. Para tais como estes, sempre negue todo conhecimento.

83. Mas para os outros, sempre diga, "esses homens tolos falam de Bruxas voando pelos ares. Para fazer isso elas devem ser tão leves quanto o cardo. E os homens dizem que todas as Bruxas são velhas caolhas, então que prazer pode haver em uma reunião de Bruxas como as pessoas falam?"

84. E diga, "Muitos homens sábios agora dizem que tais criaturas não existem".

85. Sempre brinque, em algum tempo futuro, talvez a perseguição acabe e possamos adorar nossos Deuses em segurança novamente.

86. Rezemos todos por este dia feliz.

87. Que as bênçãos da Deusa e do Deus estejam sobre todos que guardam as leis que são ordenadas.

88. Se a Arte tiver algum apanágio[3], que todos protejam e ajudem a mantê-lo limpo e bom para a Arte.

89. E que todos guardem justamente todo o dinheiro longe da Arte.

90. Mas se algum Irmão verdadeiramente tiver forjado isso, é correto que ele tenha seu pagamento, e que seja justo. E isso não é receber dinheiro pela Arte, mas pelo bom e honesto trabalho.

91. E até os cristãos dizem, "O trabalhador merece seu pagamento", mas se algum irmão quiser voluntariamente trabalhar para o bem da Arte sem remuneração, que seja para sua grande honra. Que assim seja ordenado.

---

2. "Grave duplamente", no original e na versão publicada de *King of the Witches*, de June John.

3. Apanágio, de acordo com o Webster's Dictionary, significa: "Qualquer gratificação habitual e legítima apropriada à sua posição na vida".

92. Se houver qualquer disputa ou discussão entre os irmãos, a Alta Sacerdotisa convocará diretamente os Elders e investigará o assunto, e eles devem ouvir ambos os lados, primeiro sozinhos e depois juntos.

93. E eles devem decidir com justiça, sem favorecer um lado ou outro.

94. Sempre reconhecendo que existem pessoas que nunca aceitarão trabalhar sob o comando de outros.

95. Mas ao mesmo tempo, existem algumas pessoas que não podem governar com justiça.

96. Para aqueles que querem sempre ser chefes, há só uma resposta.

97. "Saia do Coven ou procure outro, ou faça seu próprio Coven, levando com você aqueles que quiserem ir".

98. Para aqueles que não podem governar com justiça, a resposta é, "Aqueles que não podem aceitar seu comando irão deixá-lo".

99. Pois ninguém pode comparecer a reuniões com aqueles com quem está em desacordo.

100. Portanto, se um ou outro não pode concordar, siga adiante, pois a Arte deve sempre sobreviver. Assim seja ordenado.

101. Antigamente, quando tínhamos poder, podíamos usar a Arte contra qualquer um que maltratasse a irmandade. Mas nestes dias maus nós não devemos fazer isso. Pois nossos inimigos criaram um poço ardente de fogo eterno no qual dizem que seu Deus lança todas as pessoas que o adoram, exceto os poucos que são libertados pelas orações e missas de seus Sacerdotes. E isso ocorre principalmente dando dinheiro e presentes valiosos para receber seu favor, pois seu Grande Deus está sempre precisando de dinheiro.

102. Mas como nossos Deuses precisam de nossa ajuda para tornar o homem e a colheita férteis, assim é o Deus dos cristãos, que precisa da ajuda do homem para nos encontrar e nos destruir. Seus Sacerdotes sempre dizem que qualquer um que receber nossa ajuda está condenado ao inferno para sempre, e então os homens ficam loucos com o terror disso.

103. Mas eles fazem os homens acreditarem que eles podem escapar deste inferno se derem vítimas aos torturadores. Por esse motivo, todos estão sempre espionando, pensando, "Se eu capturar apenas um destes Wicca, eu escaparei desse poço ardente".

104. Assim, por essa razão, temos nossos esconderijos, e os homens que procuram por muito tempo e nada encontrando, dizem, "Não há nenhum, e, se houver, eles estão em algum país distante".

105. Mas quando um de nossos opressores morre, ou mesmo fica doente, sempre há o clamor, "Isso é malícia das Bruxas", e a caçada recomeça. E embora eles matem dez de seu povo para cada um dos nossos, ainda assim não se importam. Eles têm incontáveis milhares,

106. Enquanto somos poucos de fato. Assim seja ordenado.

107. Que ninguém deve usar a Arte de maneira a causar mal a alguém.

108. Por mais que possam nos ferir, não prejudique a ninguém. E agora muitos acreditam que nós não existimos.

109. Para que esta Lei sempre continue nos ajudando em nossa situação, ninguém, por maior que seja uma injúria ou injustiça recebida, pode usar a Arte de qualquer maneira para fazer mal ou prejudicar alguém. Mas eles podem apenas, depois de grandes consultas com todos, usar a Arte para impedir os cristãos de prejudicar a nós, irmãos, mas apenas impedi-los e nunca os punir.

110. Para este fim, os homens dirão, "'Tal é um poderoso caçador, um perseguidor de mulheres velhas que eles consideram Bruxas, e ninguém lhe fez mal, e isso é uma prova de que elas não têm poder ou que na verdade não há mais nenhuma".

111. Pois todos sabem muito bem que muitas pessoas morreram, porque alguém tinha algum rancor contra elas, ou foram perseguidas porque tinham dinheiro ou bens para confiscar, ou porque não tinham nada para subornar os caçadores. E muitas morreram por serem velhas rabugentas. Tanto que os homens hoje dizem que só as velhas são Bruxas.

112. E isso é uma vantagem para nós e afasta de nós as suspeitas.

113. Na Inglaterra e na Escócia já se passaram muitos anos desde que uma Bruxa morreu. Mas qualquer uso indevido do poder pode aumentar a perseguição novamente.

114. Portanto, nunca quebre essa Lei, por mais que você seja tentado, e nunca consinta que ela seja quebrada.

115. Se souber que ela está sendo quebrada, deve trabalhar fortemente contra isso,

116. E qualquer Alta Sacerdotisa ou Alto Sacerdote que consentir com sua violação deve ser imediatamente deposto, porque é o sangue dos irmãos que eles estão colocando em perigo.

117. Faça o bem e esteja seguro e somente se for seguro.

118. Siga estritamente a Lei Antiga.

119. Nunca aceite dinheiro pelo uso da Arte, pois o dinheiro sempre mancha aquele que o recebe. São os feiticeiros, conjuradores e os Sacerdotes dos cristãos que sempre aceitam dinheiro pelo uso de suas artes. E eles vendem perdões para permitir que os homens escapem de seus pecados.

120. Não seja como eles. Se você não aceitar dinheiro, estará livre da tentação de usar a Arte para causas malignas.

121. Todos podem usar a Arte para seu próprio benefício, ou para o benefício da Arte, apenas se houver a certeza de que não irá prejudicar ninguém.

122. Mas deixe que o Coven debata isso longamente. Somente se todos concordarem que ninguém será prejudicado, poderá a Arte ser usada.

123. Se não for possível atingir seu objetivo de uma maneira, talvez o objetivo pode ser alcançado de outro modo de forma a não prejudicar ninguém. QUE A MALDIÇÃO DA DEUSA ESTEJA SOBRE QUALQUER UM QUE QUEBRAR ESTA LEI. Assim seja ordenado.

124. É considerado ilícito a qualquer um da Arte que precisar de uma casa ou terra e ninguém quiser vender, inclinar a mente do proprietário para que ele esteja disposto a vender, desde que não o prejudique de maneira alguma e que o preço total seja pago sem barganhas.

125. Nunca barganhe ou pechinche qualquer coisa quando estiver comprando para a Arte. Assim seja ordenado.

126. Esta é a Lei Antiga e a mais importante de todas as leis, que ninguém faça qualquer coisa que ponha em risco qualquer membro da Arte, ou que o coloque em contato com a lei da terra ou quaisquer perseguidores.

127. Em qualquer disputa entre os irmãos, ninguém deve invocar nenhuma lei, exceto as da Arte.

128. Ou qualquer tribunal exceto o da Sacerdotisa, Sacerdote e Elders.

129. Não é proibido falar como dizem os cristãos, "Há Bruxaria neste lugar", pois há muito nossos opressores classificaram como heresia não crer na Bruxaria e, portanto, um crime negá-la o que o colocá-la sob suspeita.

130. Mas sempre diga, "Eu não sei disso aqui, talvez haja apenas longe, não sei onde".

131. Mas sempre fale delas como velhas caquéticas, que se unem ao Diabo e cavalgam pelos ares.

132. E sempre diga, "Mas como elas podem voar pelos ares se não são leves como a penugem de cardo".

133. Mas a Maldição da Deusa recai sobre qualquer um que lançar suspeitas sobre qualquer membro da Irmandade,

134. Ou que falam sobre algum verdadeiro local de encontro ou onde moram.

135. Que a Arte mantenha livros com os nomes de todas as ervas, que são boas, e todas as curas, para que possam aprender.

136. Mas mantenha outro livro com todos os fardos e ápices[4] e que apenas os Elders e outras pessoas de confiança possuam este conhecimento. Assim seja ordenado.

137. E que as bênçãos dos Deuses estejam sobre todos que cumprem essas Leis, e que as maldições do Deus e da Deusa estejam sobre todos os que as quebram.

138. Lembre-se de que a Arte é o segredo dos Deuses e só pode ser usada de maneira respeitosa, e nunca para exibição ou vanglória.

139. Magos e Cristãos podem escarnecer de nós dizendo, "Vocês não têm poder, mostre-nos seu poder. Faça Magia diante de nossos olhos, só assim acreditaremos", procurando nos obrigar a trair a Arte diante deles.

140. Não dê atenção a eles, pois a Arte é sagrada e pode apenas ser usada em caso de necessidade, e que a maldição dos Deuses esteja sobre quem quebrar esta Lei.

141. Sempre acontece com as mulheres, também com os homens que buscam um novo amor.

142. Não devemos repreendê-los por isso.

143. Mas pode ser uma desvantagem para a Arte.

144. Pois muitas vezes aconteceu de um Alto Sacerdote ou uma Alta Sacerdotisa, impelida por amor, partir com seu amado. Ou seja, eles deixaram o Coven.

145. Se a Alta Sacerdotisa desejar renunciar, ela deve fazê-lo perante todo o Coven.

146. E essa renúncia é válida.

147. Mas se eles fugirem sem renunciar, quem garante que não voltarão em poucos meses?

148. Assim a Lei é, se uma Alta Sacerdotisa deixar seu Coven, ela deve ser aceita de volta, e tudo deve ser como antes.

149. Enquanto isso, se tiver uma representante, ela atuará como Alta Sacerdotisa pelo tempo que a Sacerdotisa estiver ausente.

4. Esta palavra provavelmente era originalmente "auspícios".

150. Se ela não retornar no final de um ano e um dia, então o Coven deverá eleger uma nova Alta Sacerdotisa.

151. A menos que haja uma boa razão para o contrário.

152. A pessoa que fez o trabalho deve receber o benefício de sua recompensa. Se outra pessoa for eleita, a auxiliar será feita Donzela e representante da Alta Sacerdotisa.

153. Descobriu-se que a prática da Arte causa uma forte afeição entre aspirante e tutor, e este é o motivo de melhores resultados se assim o for.

154. E se por qualquer motivo isso não for desejado, pode facilmente ser evitado por ambas as pessoas desde o início, decidindo firmemente em suas mentes que são como irmão e irmã, ou pai e filho.

155. E é por esta razão que um homem só pode ser ensinado por uma mulher e uma mulher por um homem, e por isso mulher e mulher nunca devem tentar as práticas juntas. Assim seja ordenado.

156. Ordem e disciplina devem ser mantidas.

157. Uma Alta Sacerdotisa ou um Alto Sacerdote podem, e devem, punir todas as falhas.

158. Penas.

159. Para esse fim, todos da Arte devem receber esta correção de boa vontade. Todos preparados apropriadamente, o culpado, ajoelhado, deve ser informado de sua falta e sua sentença pronunciada.

160. A punição deve ser o Açoite, seguido por algo agradável. O culpado deve reconhecer a justiça de sua punição beijando a mão ao receber a sentença e novamente agradecendo a punição recebida. Assim seja ordenado.

BIBLIOGRAFIA

ADLER, Margot. *Drawing Down the Moon*, Boston (Beacon Press); 1981.

ANON. *Book of Pagan Rituals. New York.* (Samuel Weiser Inc.); 1978.

BLAVATSKY, H. P. *Isis Unveiled.* New York (Lane); 1891.

________. *The Secret Doctrine.* 2 vols., Pasadena, Calif. (Theosophical University Press); 1963.

BUDGE, Sir E. A. Wallis. *The Book of the Dead.* London (Rutledge & Kegan Paul); 1969.

BURLAND, C. A. *The Magical Arts, a Short History.* London (Arthur Barker); 1966.

________. *The Arts of the Alchemists.* London (Weidenfeld & Nicholson); 1967.

BUTLER, W. E. *How to Develop Clairvoyance.* London (Aquarian Press); 1968.

CASE, Paul Foster. *The Book of Tokens, Tarot Meditations.* Los Angeles (Builders of the Adytum); 1968.

CAVENDISH, Richard. *The Black Arts.* London (Routledge & Kegan Paul); 1967.

CROW, W. B. *A History of Magic, Witchcraft and Occultism.* London (Aquarian Press); 1968.

________. *Precious Stones, their Occult Power and Hidden Significance.* London (Aquarian Press); 1968.

________. *The Occult Properties of Herbs*. London (Aquarian Press); 1970.

________. *The Arcana of Symbolism*. London (Aquarian Press); 1970.

CROWLEY, Aleister. Magick. *In Theory and Practice,* 3 vols. New York (Castle Books); n.d.

________. *The Confessions of Aleister Crowley*. London (Jonathan Cape); 1969.

________. *The Book of the Law*. Los Angeles (Xeno Publications); 1967.

________. *The Book of Thoth*. Berkely, Calif. (Shambala Publications); 1969.

________. *777 Revised*. New York (Samuel Weiser); 1970.

FORTUNE, Dion. *The Secrets of Dr. Taverner*. St. Paul, Minn. (Llewellyn Publications); 1962.

________. *Psychic Self-Defence*. London (Aquarian Press); 1930.

________. *The Mystical Qabalah*. London (Ernest Benn); 1935.

________. *Sane Occultism*. London (Aquarian Press); 1967.

________. *The Cosmic Doctrine*. Cheltenham, Glos. (Helios Books); 1966.

FRAZER, Sir J. G. *The Golden Bough*. London (Macmillan); 1890.

GARDNER, Dr. Gerald B. *Witchcraft Today*. London (Rider); 1954.

________. *The Meaning of Witchcraft*. London (Aquarian Press); 1959.

GARDNER, Richard. *The Purpose of Love*. London (Rigel Press); 1970.

________. *Evolution through the Tarot*. London (Rigel Press); 1970.

GINSBURG, C. D. *The Kabbalah*. London (Routledge & Kegan Paul); 1955.

GLASS, Justine. *Witchcraft, the Sixth Sense and Us*. London (Neville Spearman); 1965.

GRANT, Joan. *Winged Pharaoh*. London (Arthur Barker); 1937.

________ and KELSEY, Denys. *Many Lifetimes*. London (Gollancz); 1970.

GRAVES, Robert. *The White Goddess*. London (Faber); 1947.

GRAY, Eden. *The Tarot Revealed*. New York (Bell); 1960.

GRAY, W. G. *Magical Ritual Methods*. Cheltenham, Glos (Helios Books); 1969.

HEYWOOD, Rosalind. *The Sixth Sense.* London (Chatto & Windus); 1959.

________. *The Infinite Hive.* London (Chatto & Windus); 1964.

HUGHES, Pennethorn. *Witchcraft.* London (Longmans, Green); 1952.

JOHNS, June. *King of the Witches – the World of Alex Sanders.* London, (Peter Davies); 1969.

JUNG, Carl G. *Man and his Symbols.* London (Aldus Books); 1964.

KING, Francis. *Ritual Magic in England (1887 to the Present Day).* London (Neville Spearman); 1970.

KNIGHT, Gareth. *A Practical Guide to Qabalistic Symbolism.* 2 vols. Cheltenham, Glos (Helios Books); 1965.

KRAMER, Heinrich and SPRENGER, James. *Malleus Maleficarum.* (Cologne 1 450), trans. by Montague Summers, Rodker); 1928.

LELAND, Charles G. *Aradia, the Gospel of the Witches.* New York (Buckland Museum); 1968.

LETHBRIDGE, T. C. *Witches: Investigating an Ancient Religion.* London (Routledge & Kegan Paul); 1962.

LÉVI, Éliphas. *Transcendental Magic.* London (Rider); 1968.

________. *The History of Magic.* London (Rider); 1969.

________. *The Key of the Mysteries.* London (Rider); 1969.

LLEWELLYN, Mervyn. *Initiation and Magic.* Cheltenham, Glos. (Helios Books); 1964.

MAPLE, Eric. *The Dark World of Witches.* London (Robert Hale); 1962.

________. *The Realms of Ghosts.* London (Robert Hale); 1964.

________. *The Domain of Devils.* London (Robert Hale); 1964.

________. *Magic, Medicine and Quackery.* London (Robert Hale); 1968.

MATHERS, S.L. MacGregor (trans.). *The Greater Key of Solomon,* Chicago (De Laurence); 1914.

________. (trans). *The Book of the Sacred Magic of Abramelin, the Mage.* Chicago (De Laurence); 1962.

________. *The Tarot.* New York (Samuel Weiser); 1969.

MAYANANDA. *The Tarot for Today.* London (Zeus Press); 1963.

MULDOON, Sylvan and CARRINGTON, Hereward. *The Projection of the Astral Body.* London (Rider); 1968.

MURRAY, Dra. Margaret A. *The Witch-Cult in Western Europe.* London (Oxford University Press); 1921.

________. *The God of the Witches.* Castle Hedingham, Essex (Daimon Press); 1962.

________. *The Divine King in England.* London (Faber); 1954.

OPHIEL. *The Art and Practice of Astral Projection.* San Francisco (Peach Publishing Co.); 1961.

PAPUS. *The Tarot of the Bohemians.* New York (Samuel Weiser); 1958.

POWELL, Arthur E. *The Astral Body and Other Astral Phenomena.* London (Theosophical Publishing House); 1927.

PUSHONG, Carlyle A. *The Tarot of the Magi.* London (Regency Press); 1967.

REGARDIE, Israel. *The Golden Dawn.* 4 vols. 3rd ed. Wisconsin (Hazel Hills Corporation); 1970.

________. *The Middle Pillar*, 2 and ed. St. Paul, Minn. (Llewellyn Publications); 1970.

________. *The Art and Meaning of Magic,* Cheltenham, Glos. (Helios Books); 1969.

ROBBINS, Rossel Hope. *The Encyclopaedia of Witchcraft and Demonology*, London (Hamlyn Publishing Group); 1959.

SCOT, Reginald. *Discoverie of Witchcraft.* London; 1584.

STARHAWK. *The Spiral Dance.* San Francisco (Harper & Row); 1979.

STRACHAN, Françoise. *Aquarian Guide to Occult, Mystical, Religious, Magical London and Around.* London (Aquarian Press); 1970.

TORRENS, R. G. *The Inner Teachings of the Golden Dawn.* London (Neville Spearman); 1969.

TREVOR-ROPER, H. R. *The European Witch-Craze of the 16th and 17th Centuries.* London (Penguin Books); 1969.

WAITE, Arthur E. *The Pictorial Key to the Tarot.* New York (University Books Inc.); 1960.

________. *The Book of Black Magic and of Pacts.* Chicago (De Laurence); 1910 revised and reprinted as The Book of Ceremonial Magic. New York (University Books Inc.); 1961.

WEINSTEIN, Marion. *Earth Magic,* Custer, Washington (Phoenix Publishing); 1980.

________. *Positive Magic.* Custer, Washington (Phoenix Publishing); 1981.

WREN, R. C. *Potter's New Encyclopaedia of Botanical Drugs and Preparations.* Rustington, Sussex (Potter & Clark); 1917.

GLOSSÁRIO

Akasha - Princípio Akáshico	O éter espiritual; o onipresente quinto elemento oculto, que abrange os outros quatro - Terra, Ar, Fogo e Água - e do qual eles se originam.
Alexandrinos	Bruxas contemporâneas que receberam sua iniciação de Alex ou Maxine Sanders, diretamente ou de outros Alexandrinos, e que em geral aderem aos seus princípios.
Alma-gêmea	Um indivíduo cujo destino está ligado ao de outro através de encarnações sucessivas.
Alto Sacerdote/ Alta Sacerdotisa	Estritamente, qualquer Bruxa que tenha recebido Iniciação de Segundo Grau. Porém mais comumente os líderes masculinos e femininos de um Coven.
Ankh	A *crux ansata* ou "cruz em arco" (ver Fig. 6, pág. 101), o antigo hieróglifo egípcio para a Vida, amplamente usado como símbolo do Ocultismo em geral. Quando combinado com uma rosa de cinco pétalas (Foto 15) é um emblema dos Alexandrinos (q.v.).

Ankh-ka	O *ankh* emoldurado por um par de braços levantados unidos nos ombros (Fig. 7d, pág. 119). Este, o antigo hieróglifo egípcio para "vida da alma", é usado como símbolo do Grande Rito (q.v.) ou da alma gêmea (q.v.).
Aradia	O nome Wiccaniano mais comum para a Deusa.
Arcanos Maiores e Menores	As duas partes do baralho de Tarô (q.v.). Os Arcanos Maiores (ou "segredos maiores") são os vinte e dois Trunfos Maiores; os Arcanos Menores (ou "segredos menores") são as cinquenta e seis cartas dos quatro naipes.
Árvore da Vida	O diagrama cabalístico de dez esferas interligadas ou *Sephiroth* (singular *Sephirah*) representando a involução do universo manifesto do Supremo Incognoscível, e sua evolução de volta à sua fonte. Tem sido chamada de "O Projeto do Ocultismo na Tradição Ocidental" (Ver Figs. 8-11, pág. 183-186).
Athame	A faca de cabo preto da Bruxa, gravada como mostrado na Figura 2, pág. 66. É uma ferramenta puramente ritual, ao contrário da faca de cabo branco (q.v.). Seu uso principal é lançar e banir o Círculo, para o qual é intercambiável com a Espada mágica.
Beijo Quíntuplo/ Saudação Quíntupla	A saudação ritual das Bruxas, com beijos: (1) em cada pé, (2) em cada joelho, (3) acima dos pelos pubianos, (4) em cada seio e (5) nos lábios - realmente oito beijos em tudo. É usado apenas dentro do Círculo, mas as palavras que o acompanham (Ver págs. 38 e 39) são a origem da saudação universal de saudação ou despedida das Bruxas: *Blessed be*.
Cabala	O antigo sistema hebraico de filosofia esotérica centrado na Árvore da Vida (q.v.). Provavelmente a maior influência individual na tradição oculta ocidental. (Também se escreve Kabbala, Qabala, etc.)

Caminho da Mão Direita	O termo geral oculto para o trabalho "branco". Magia Branca.
Caminho da Mão Esquerda	O termo oculto para o trabalho "negro" ou Magia Negra.
Carga	As palavras tradicionais da Deusa para seus seguidores ou "crianças ocultas", normalmente declamadas pela Alta Sacerdotisa em cada Círculo de Coven. O texto completo é fornecido no Apêndice 2.
Cone de Poder	O poder psíquico coletivo gerado por um Coven, visualizado como um campo carregado em forma de cone e que se eleva acima do Círculo.
Corpo Astral	O "duplo" psíquico do corpo físico, consistindo de uma substância mais tênue que a matéria, porém mais grosseira que a mente ou o espírito. (Veja também etérico).
Corpo/Plano Etérico	Um nível de ser ainda mais próximo do físico do que o astral (q.v.). A "aura" de uma pessoa, visível para alguns sensitivos, está associada ao Corpo Etérico.
Coven	Um grupo de Bruxas lideradas por uma Alta Sacerdotisa e um Alto Sacerdote e que se reúnem regularmente. Os membros tradicionais são treze, mas na verdade podem ser de quatro a vinte.
Covenstead	O local de encontro do Coven.
Deosil	No sentido horário, na direção do movimento do sol. Círculos "Brancos" são sempre lançados e banidos deosil, pelo menos no Hemisfério Norte. Ao sul do Equador, onde o sol se move no sentido anti-horário, existem argumentos óbvios para lançar e banir no sentido anti-horário. (Veja também *Widdershins*).

Donzela	Uma nomeação realizada por uma das mulheres membros em muitos Covens. Ela é virtualmente a assistente da Alta Sacerdotisa.
Elemental	Uma entidade não humana primitiva, da natureza de um dos quatro elementos. A palavra também é usada para uma forma--pensamento humana que, espontaneamente por forte emoção ou deliberadamente por esforço mental, é separada de seu originador humano e adquire existência independente temporária. "Elementais criados" do último tipo podem receber trabalho de cura para fazer; eles também têm sido usados maliciosamente para perseguição psíquica.
Elemento	Terra, Ar, Fogo ou Água mais o espírito, que inclui todos eles (ver *Akasha*). São considerados como reinos ou categorias da natureza (tanto materiais quanto não materiais) e não devem ser confundidos com a tabela de elementos do físico, que o Bruxo moderno aceita naturalmente; nem com os elementos alquímicos de enxofre, mercúrio e sal.
Esbat	Uma reunião de Coven, além de um dos oito festivais sazonais. Alguns Covens realizam Esbats semanalmente, alguns mensalmente na lua cheia.
Escada de Bruxa	Um cordão de quarenta contas, ou um cordão de quarenta nós, usado (como um rosário) para práticas autossugestivas, para evitar a necessidade de contagem consciente.
Evocação	O ritual de "chamado" de uma entidade não humana para comunicação com o chamador, seja através de um meio ou por manifestação visível. (Cf. Invocação).
Faca de cabo branco	Uma das ferramentas da Bruxa, usada dentro do Círculo para criar outras ferramentas. (Cf. Athame.)

Gardnerianos	Bruxas contemporâneas que derivam do movimento de renascimento do falecido Dr. Gerald Gardner.
Gnomo	Uma entidade primitiva do reino do elemento Terra.
Golden Dawn	O movimento ocultista ocidental mais importante do final do século 19 e início do século 20, do qual derivam muitos rituais modernos (incluindo alguns Wiccanianos). Aleister Crowley, Dion Fortune, WB Yeats, S. L. MacGregor Mathers e A. E. Waite estavam entre seus líderes mais conhecidos.
Grande Rito	O rito que é a principal característica da Iniciação de Terceiro Grau, e que também é estabelecido para certos festivais. É de natureza sexual, mas pode ser "real" (e privado para os casais envolvidos) ou simbólico, conforme os participantes desejarem.
Grimório	Um livro de feitiços e procedimentos mágicos. Os grimórios clássicos são medievais, sendo o mais conhecido *A Chave de Salomão* (*A Chave Maior de Salomão, o Rei*) e o de *Abramelin* (*O Livro da Magia Sagrada de Abramelin, o Mago*) embora a tradição diga que *A Clavícula de Salomão* foi compilada pelo próprio rei Salomão.
Handfasting	Casamento dentro da Bruxaria, pode ter caráter temporário ou não.
Hereditárias	Bruxas contemporâneas que reivindicam uma prática familiar contínua de Bruxaria desde os dias da Antiga Religião.

Hexagrama	A estrela de seis pontas (Fig. 1, pág. 65) também conhecido como "o Selo de Salomão", ou (em contextos não ocultos) como "a Estrela de Davi". Seus dois triângulos entrelaçados representam o princípio oculto de "como acima, assim abaixo".
Invocação	O ritual de "chamada" de uma entidade superior à humana, seja para comunicação com o chamado por meio de um médium, seja por manifestação visível, seja para entrar em um corpo humano como em "Puxar a Lua" (q.v.). (Cf. Evocação). Algumas autoridades aplicam o termo "evocação" apenas aos espíritos malignos e "invocação" apenas aos bons).
Karma	Carrega de uma encarnação para a próxima – o saldo de realizações negativas e positivas em vidas passadas, que devem ser resolvidas em última análise. Na visão ocultista, ninguém pode escapar da reencarnação repetida e passar para um nível mais alto de existência, enquanto seu karma ainda está "no vermelho".
Karnayna	O nome Wiccaniano mais comum para o Deus Cornífero. Sua raiz é o gaulês Cernunnos.
Livro das Sombras	O livro tradicional de rituais, copiado à mão por cada nova Bruxa após sua iniciação.
Macrocosmo	O mundo, o Universo. (Cf. Microcosmo.)
Manifestação	O aparecimento na consciência de um observador de qualquer entidade ou força não humana (ou humana, mas desencarnada). A manifestação pode ser visível, audível, através de um médium ou, no extremo mais primitivo da escala, por coisas como fenômenos *poltergeist*.

Medida	Um pedaço de fio ou cordão cortado no comprimento do corpo de um postulante durante a Iniciação de Primeiro Grau. A medida costumava ser mantida pelo Coven como garantia de fidelidade, juntamente a cortes de cabelo e unhas. Hoje a maioria dos Covens a devolve ao iniciado pelo motivo oposto, como um sinal de confiança.
Médium	Uma pessoa psiquicamente receptiva, através da qual entidades desencarnadas, sejam humanas ou não humanas, podem se comunicar com humanos encarnados. Os "médiuns mentais" transmitem mensagens oralmente por escrita automática; "meios físicos" produzem fenômenos materiais como o som de batidas em uma mesa.
Microcosmo	O pequeno mundo. O ser humano. (Cf. Macrocosmo.)
Ondinas	Uma entidade primitiva do reino do elemento Água.
Pentáculo	Um talismã em forma de disco; em particular, o disco de metal (Fig. 4, pág. 82), que representa o elemento Terra entre os instrumentos de trabalho da Bruxa.
Pentagrama	A estrela de cinco pontas. Com um único ponto para cima, representa um ser humano, e é também o símbolo de invocação e banimento dos vários elementos de acordo com a ordem e direção em que é traçado. (Fig. 5, pág. 84). Invertido, com dois pontos para cima, pode ter associações satanistas; mas não necessariamente, pois seu significado "branco" mais importante é como um símbolo de Iniciação de Segundo Grau (Fig. 7b, pág. 75).

Plano Astral	O nível de ser e consciência no qual o corpo astral funciona. Abrange um amplo espectro, o "astral inferior" correspondendo intimamente ao plano físico, o "astral superior" aproximando-se do puramente mental. (Veja também etérico.)
Planos Internos	Outros níveis de ser e consciência além do físico, ou seja, etérico, astral, mental e espiritual.
Projeção Astral	A arte de transferir a consciência do corpo físico para o astral, para que se perceba e se mova no Plano Astral enquanto o corpo físico permanece inerte.
Puxar a Lua para Baixo	Invocação ritual do espírito da Deusa no corpo da Alta Sacerdotisa, pelo Alto Sacerdote.
Registros Akáshicos	Os traços ou "registros" deixados no Princípio Akáshico por cada evento. Ocultistas avançados adquirem o dom de recuperar esses eventos (por exemplo, detalhes de encarnações passadas de si mesmos ou de outros) "lendo" os Registros Akáshicos.
Runa das Bruxas	O canto tradicional de um Coven enquanto circula de mãos dadas para aumentar o poder. O texto completo está na pág. 35.
Sabbat	Uma reunião de um ou mais Covens para um dos oito festivais sazonais.
Salamandra	Uma entidade primitiva do reino do elemento Fogo.
Scrying	Concentrar o olhar em um cristal ou outro objeto para fins de clarividência; a prática da clarividência por tais métodos.
Sephirah (pl. Sephiroth)	Uma das dez esferas da Árvore da Vida (q.v.).
Sigilo	Um selo ou sinal oculto. Exemplos são os sigilos de Hagiel e de Vênus (Figs. 12, 13, pág. 246).

Silfo	Uma entidade primitiva do reino do elemento Ar.
Sistro	Um equivalente maior do chocalho de uma criança, usado para fins rituais. Ele apareceu na adoração de Ísis, que muitas vezes é mostrada segurando um em pinturas egípcias.
Tarô	O tradicional baralho de setenta e oito cartas usado para adivinhação, mas também para outros fins de estudo oculto devido ao seu simbolismo universal. É composto por vinte e dois Trunfos Maiores (Louco, Mago, Alta Sacerdotisa, Imperatriz, etc.).
Templo	No sentido Wiccaniano, um *Covenstead* (q.v.) apropriadamente decorado, mobiliado e não usado para qualquer outro propósito.
Tempo das Fogueiras	Um termo usado por algumas Bruxas para o período de perseguição na Idade Média e depois. Na verdade, é um nome impróprio na Inglaterra, onde as Bruxas costumavam ser enforcadas, não queimadas.
Tradicionais	Uma seita de Bruxas contemporâneas. Embora não necessariamente hereditárias, afirmam ser pré-Gardnerianas e pré-Alexandrinas em suas práticas. Ao contrário da maioria das outras Bruxas, elas trabalham vestidas.
Wicca	O nome das Bruxas para sua Arte. Tradicionalmente, vem de uma palavra anglo-saxônica que significa "sabedoria", embora o Dicionário Oxford de Inglês diz que a palavra raiz *wiccian* (praticar Bruxaria) é "de origem obscura".
Widdershins	No sentido anti-horário, contra a direção do movimento solar. (Cf. Deosil). Alguns praticantes "negros" lançam seus Círculos em sentido contrário.

Esta edição foi composta pela Ardane, São Paulo, SP.
Os papéis utilizados foram o pólen natural para o miolo
e o cartão triplex para a capa. O texto principal foi composto
em fonte [Minion Pro, 12 e entrelinhamento 14,4]
e os títulos em [Worcester, 16 e entrelinhamento 19,2].
Impresso no Brasil.